丁曦林 著

激情不灭

艺术隐士陈钧德的成长史

生活·讀書·新知 三联书店

陈钧德在书房中。

摄影/潘文龙

年近八旬，激情不灭。每日或宅在家里画画，或奔波于"一个人的旅途"。

摄影/潘文龙

陈钧德的父亲陈克英，陈家从宁波镇海"移居上海"的第一代。

陈钧德的母亲董玉荷，心灵手巧的持家女性。

大学刚毕业时的陈钧德。

在上海戏剧学院念书时的陈钧德，背后为黄浦江。

上海延庆路4弄10号。"大右派"罗家衡落难后被赶至这里居住。陈钧德和罗兆莲在此秘密"结婚"。

上海襄阳南路357弄。陈钧德一家最艰苦之时，不得不将延庆路住房置换至此处底层。

1990 年代末期，陈钧德终于得以去油画发源地欧洲游学。这是他在梵高曾经画过的教堂前留影，附近就是梵高的故居与墓地。

陈钧德在巴黎罗丹博物馆前留影。

陈钧德在香港举行个展时，刘海粟（左三）、夏伊乔（右四）亲临现场题诗道贺。右一为策展人"金太"（金董建平）；左一和右二分别为陈钧德与罗兆莲。

陈钧德在新加坡举行画展，右一为策展人、收藏家谢先生。左一和左二分别为陈钧德、罗兆莲。

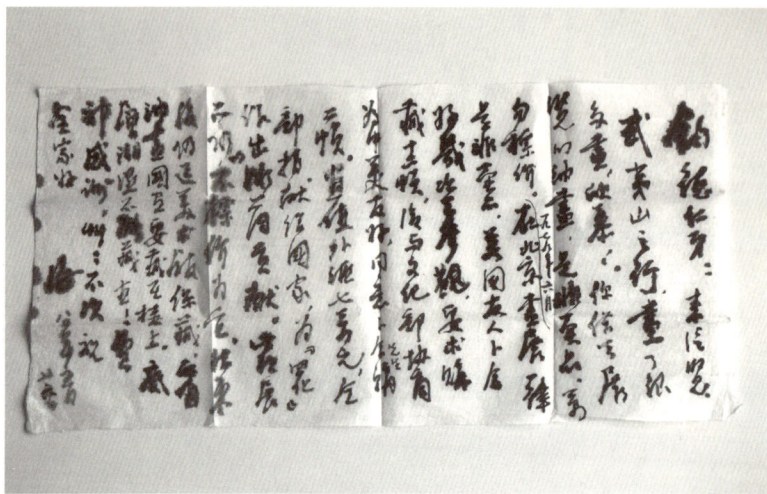

1980年，"刘海粟、关良、颜文樑、陈钧德四人画展"在上海展览中心举行。图为刘海粟当年同意参展，给陈钧德的手书影印件。

2014年，陈钧德、罗兆莲夫妇在德国贝多芬纪念像前留影。

唯有当我们热爱这个世界的时候，才算是真正活在这个世界上。而战胜衰老的最佳良药，不是物质，更不是名利，应该是那永不丢弃的梦想。

——陈钧德

我是彻头彻尾的无神论者，也是坚定不移的艺术信徒。要说信仰，我敬畏大自然，也敬畏每一天。我的所有灵感、所有感情乃至所有绘画，都是大自然的馈赠和生活的馈赠。要说感谢，我首先感谢大自然，感谢生活！

——陈钧德

目 录

引子

叙述这位画家的故事之前，我先得啰唆几句"油画"。

油画是什么？许多人第一反应是：视觉艺术。不错，当然是。但是，当你意识到它与铁路、电灯、自来水、有轨电车、电话、公厕、电影院、交响乐团、西餐馆等等一样，作为曾经的"舶来品"，有力地推动了上海从乡村生活向都市生活的跨越时，你会恍然，噢，原来油画还是后人引以为傲的中国"现代化进程"中的"最斑斓的力量"。的确如此。

当然，油画的传奇身份远不止这些。

它是一种普世性语言。它既是艺术文献，又是生活镜子，也是财富象征。它看似一张纸，一块板，却能富可敌国，价值连城。它还能成为国家名片乃至外交使者。

《蒙娜丽莎》就是如此。她对法国的意义，绝不只是卢浮宫的镇馆之宝，也是法国乃至欧洲的文化象征，她曾经是帮助戴高乐和肯尼迪缓解法国与美国分歧的"外交使者"。1960年代，昵称"莎莎"的这位四百五十岁高龄、生活在卢浮宫墙壁上的艺术巨星，带着她的神秘微笑横渡大西洋，抵达美国，受到美国的盛情款待。美国副总统亲自去机场迎接，全美国报章给予热情洋溢的报道，数百万美国民众纷纷前往亲睹芳泽。由于"莎莎"充当了"冷战"高峰时期的外交利器，发挥了极为特殊的作用，她的亲善出使，成为国际政治关系史上的一段佳话。

2014年，莫奈的《睡莲》携带它的姐妹作飞抵上海，"你去看了吗"成了街头巷尾的问候语，油画成为都市气质和生活的重要元素，也就远不是"一幅画"那么简单了。

油画最初被叫做西画，传入中国迄今不过百年有余。

西画的悠悠百年，像一条辽阔大河，时而奔突，时而滞缓，许多艺术家就在这条岁月河上，漂移、浮沉、嬗变、冲撞、融合，构成了中国式的波澜壮阔的奇观。

上海，是外来现代文明大潮冲击乡村中国的前滩阵地。多少时髦的新经济、新生活，包括现代意义上的银行、医院、报纸、照相馆、咖啡馆、甚至还包括日常生活中的老虎窗、火柴、肥皂、化妆品等等，均由这里形成风潮后，再辐射内地。西画流行也如出一辙。

1860年，西方列强踏入上海"自由传教"，天主教教士范廷佐、马义谷等在土山湾建立工艺工场，即土山湾画馆，那时起中国人开始接触素描、油画、水彩和版画的训练。

而头一个创办西洋画专修机构的，是个名叫周湘的人。他在中国油画史上占据这个"第一"，是因为他当年敢为天下先，于上海法租界南诸家桥一个石库门弄堂里，创办了"中西图画函授学堂"，据史料记载，开学仪式上，众多社会名流如康有为、梁启超、吴稚晖等均到场祝贺；中国本土第一代大名鼎鼎的油画家，譬如丁悚、张聿光、汪亚尘、陈抱一、刘海粟、乌始光等，都就读于这所学堂。它是西画在中国萌芽期的标志，也可谓中国油画的"摇篮"。

此后，第一批留洋研习西画归国的艺术家聚集上海，纷纷办学办展撰文研讨，掀起了西画在中国的一波波浪潮，最有影响的，当数李叔同、林风眠、刘海粟、徐悲鸿了。

李叔同是19世纪著名的"80后"，也是中国"第一代"油画家中角色最为复杂、经历最为传奇的艺术家。他早年风流，晚年皈依佛门，参与传播西画为时短暂，却是西画传入中国的先行者。相比之下，林风眠、刘海粟、徐悲鸿所做的贡献要大得多，由于拥有深厚的国学功底，他们既是传播西方传统艺术的"盗火"英雄，又是立足中国文化孜孜探求西画本土化的苦修行僧。他们很早就鲜明地主张中西融合，而不是简单的拿来主义，这真是很"牛"，他们是西方现代主义艺术中国化的真正教父。作为西方文化表征的油画，与中国文化审美发生"同化"，在中国"第一代"油画家那里已经显示勃勃生机，出现了酣畅淋漓的笔性、高度简括的线条、肆意夸张的色彩，使得世界油画史上开始出现一个"中国体系"！

当然，油画，作为西方现代主义艺术在中国的流传并非波澜不惊。在五四新文化运动爆发之际，中国艺术格局发生大洗牌，传统艺术一度惨遭摧枯拉朽的命运，现代派艺术红极一时，西画风头似乎首度超越传统书画，极受新派达官贵人、社会名流的追捧，到了1937年抗日救亡运动骤起，西画的命运转入一波三折，历经了困顿和险阻。

说到这儿，得说说我叙述的艺术家了。我关注他，出自思考的乐趣。我对他的成长史，他的艺术观、性爱观、财富观乃至他的文化精神，他与时代、社会甚至意识形态的关系，都充满着好奇。的确，在我看来，他是少有的杰出艺术家，他纯粹又复杂，超俗又现实，个性极其鲜明，趣味和感觉非常特别。他不像梵高——生存状态如同农民，日出而作、日入而息的唯一诱惑就是绘画，画画是梵高生命的全部，他处在狂热而人格分裂的状态下，追逐光色变化的奇妙瞬间，以怪异、癫狂的"太阳恋人"形象不朽于世；他也不像安迪·沃霍尔——颠覆传统的纯手工创作，在工厂流水线里打造波普和观念艺术，代表着美国"二战"以后新崛起一代的艺术消费态度；他更不像杜尚——嘲笑人类的传统审美，惊世骇俗地为传世名作《蒙娜丽莎》添画胡子，还将日常生活中的男用小便池当作自己的作品送出参展。

放眼世界，他经历曲折，却算不上跌宕起伏，他个性极端，却没有痞到留长发、着奇装、吸大麻、反审美的放荡不羁的程度，他的作品从未被真正冠以"某某派""某某主义"，但在我看来，他的艺术成长史，完整地体现了西方现代派艺术在中国的流变史；他的个人命运，与西方现代派艺术在东方国度的境遇，真可谓是荣辱与共。更重要的是，他的作品，尽管使用的是无国界的油画语言，但悬挂在世界油画家作品的行列中毫不逊色，而且辨识度越来越清晰，让人一眼就能认出，噢，"This is China！""中国油画！"

但对他的评价，我一人说了不算。你们看完这本书，看了他的艺术主张和生命哲学，了解他对一座城市乃至一个国家的文化贡献，自然就会产生属于自己的结论。

西画刚刚登陆东方古国引发一股风潮时，面目已非装束优雅、纤毫毕现的古典模样，而是光怪陆离、搞怪变形的现代主义。确切地说，印象派、后印象派、野兽派、立体派、抽象派等等，才是中国油画百年长河的源头。饱受西方滋养的前辈大师，如林风眠、刘海粟、吴大羽等，早就狂热于研习西方现代主义艺术，并极力倡导中西融合的探索。1930年代初，以"艺术运动社""决澜社"为代表的一批现代画家，以狂飙运动冲破画坛的庸俗陈腐，掀起新兴艺术运动，进一步推动了西画在内地的影响。1937年，随着日本入侵中国，西画的命运与民族沦丧中的救亡图存捆在一起，短时间内面貌发生骤变；抗战胜利后，中国陷入了混乱内战，艺术家颠沛流离，导致西方现代主义绘画在中国的发展时急时徐，时顺时逆。至1949年，这股大潮形成了分流，追随林风眠、刘海粟等纯粹欧美日留学派倡导中西融合道路的一脉，如赵无极、朱德群、潘玉良、常玉等，转回法国继续探索，在国际画坛发出璀璨光芒。而大部分人，包括林风眠、刘海粟、吴大羽、关良等，在苏俄写实主义独霸艺坛的中国内地，饱受动荡和摧残，及至"文革"，这一正宗遗脉，沦落成了上海滩个别冷寂公寓里的"地下文化"。

西方现代主义绘画在中国遭遇全面封杀的黑暗时期，恰恰也是本书主人公得到林风眠、刘海粟、关良、颜文樑等"第一代"油画家私授最多、暗自引导他延续探索和发展的重要时期。毕业于上海戏剧学院舞美系的他，天赋卓著，对莫奈、雷诺阿、西斯莱、毕沙罗、塞尚、马蒂斯、德加等在色彩、构图、光影处理等方面的理解和把握，显示了与众不同的锐度和深度。罕见的机缘，又让他有幸受到几位老一辈艺术家的言传身教，结合他自身桀骜不驯式的个人奋斗，随着时间积淀，他的艺术显示出既与前辈一脉相承，也在多方面实现了独创或超越的风格。他的抒情写意风格，美得罕有匹敌，连印刷专家也惊叹"他的色彩很难逼真地复制"。他将东方深厚的文人情怀、清高精神与西方艺术家常有的狂热和钻研，浑融于自身，将西方表现派、野兽派的夸张奔放与中国文人画的气韵神采奇妙地融合，画面纯净如洗，色彩明亮奇崛，构筑了一座奇幻的精神楼宇，极大地丰富了中国人的艺术性格。

但半个多世纪以来，他几乎一直是孤独的、边缘的。在非常曲折的绘画道路上，他经历了无数磨难，他怀着理想主义、浪漫主义的精神，排除各种干扰，将绘画视作"一个人的战役"，做色彩的将军、线条的统帅，迎战各种困难，独自面对胜负。他借画述心，酣畅淋漓地表现了一个艺术家自我的情绪、思想和人格，其实已经赢得了一场场战役，但他永不餍足。

快八十岁了，他仍旧激情不灭，奋斗不止。

人，本质上都是孤独的，身为画家，要承受孤独中的孤独，从他选择了绘画为生那一天，就注定了。他要么在家画画做宅男，要么出门创作写生做旅者，本质上都孤独。

幸运的是，他从来不害怕孤独，甚至享受孤独，与孤独成了患难之交。他带着画布、带着油彩，征战在"一个人的旅途"，这样的旅途，持续了半个多世纪，至今，他仍旧不知疲倦地"在路上"。当然，如今的他，早已度过了青年时代的艰难困顿，他每年遍游世界，无论纽约、巴黎、伦敦等大城市，还是卢塞恩、海德堡、马赛、威尼斯、克鲁姆洛夫、德布勒森、卑尔根、洛桑、塔林、冲绳等中小城市，他醉心于一个人旅途中的美的发现，他说："即便我有一百双手，也画不尽人世间的美。大千世界，美无处不有！"

中国的、欧美的，一些小城，诱惑着他一去再去，被他尽情地描绘和表现，成为他寄寓心灵的桃花源。他画的是在世界各地发现的美景，抒发的是中国艺术家才有的写意精神和超现实的美感，他的油画、油画棒画、钢笔速写等具有难以抵挡的魅力，令人喜爱和迷恋。

随着名气越来越大，他的作品广为人知，越来越多的人想结识他，接近他，他害怕了，不耐烦了，往往表现出拒人千里之外的"冷淡"。他说，老天爷给予每个人的光阴大致是相同的，我只能将所剩不多的时间，尽可能多地留给自己钟爱的绘画。他不想也不屑理会绘画以外的纷繁事物，拒绝与俗者为伍，宁缺毋滥，固守着自己很小的圈子，以致他身上仿佛裹着一副坚硬的壳，外人看他，越来越像个谜，无法窥清他的内奥。

其实呢，他在自己的小世界里，活得简单至极，绘画是生活，生活是绘画。他身上之所以有一股迷人有趣，与异秉、涵养交织的东西，概括之，就是身为艺术家的纯粹！当一个人对一件事物、一项工作，热爱到了融入血液、缺它不可的地步，要不想纯粹，也难了。

杜尚说，"艺术是类似吸毒的瘾"。他说，"绘画是激情与心灵的碰撞"。他与杜尚的道路迥然不同，艺术感知却相近相通，创作给予的愉悦，反射到了生理、心理等各个层面。

他走在路上，眼睛所看到的，常常不是日常生活中的实体，而是图形、色彩、线条。即便看一幅作品，或看一片景色，他也不止有视觉反应，听觉、嗅觉、触觉也都不请自到，甚至还会致幻。他不赞同杜尚所说"艺术是毒品"，他说艺术给每个人的感觉不尽相同，艺术很难描述，像阳光、像空气，又完全不同质，据他的生命体验，艺术是将一个人引入到别人无法一同感知的镜像里的旅途。听起来话儿有点拗，但他的幸福和快乐就这么简单：

> 永远源自思想在画布上的旅行，从一张白纸或一幅白布开始，随着笔触和色彩徐徐展开，于绘画过程中，抵达思想和激情的彼岸。

他是上海人，祖籍浙江宁波镇海，根却在上海的土壤里伸展得很深。出生在繁荣又正在战乱中的上海，他从小有颗异常敏感的心，性格直率，独来独往。青少年时代受东西方文明冲撞的洗礼，经历了1949年前后两个迥异的时代，自读大学起，饱经时代的跌宕起伏，其间，他穿过军装，做过工人，在研究所工作过，做了上海戏剧学院教授，最后成为名副其实的独立艺术家。曾经有过的所有职业，于他而言，都是时代和生活强加给他的"生存的代价"。他真正迷恋的、醉心的，除了绘画还是绘画，颜料、画布、画具构成了他的一个人的王国，他的私人领地。他不攀权势，不喜派对，不嗜烟酒，习惯了独自绘画，沉思默想；他成名后，中外画商纷至沓来，他不习惯也不擅长与商人亲近，故而守着矜持，保持距离，坚辞资本或机构的介入炒作；他对网络、手机等e时代生活敬而远之，大凡时髦玩意儿都无法引诱他。他只沉溺于自己的世界，与色彩画布同舞蹈，同游戏，同远足，循环往复，不知疲倦。

1995年我首次拜访他时，他已经扬名四海了，上海、北京、香港、新加坡、东京、纽约，处处有他的粉丝。尽管大名鼎鼎，他倒没摆架子，亲切友善，谈兴甚浓。

他行为方式是独特的、淡定的，甚至是老派的。时下的人们平均每天要摸手机一百五十次左右，少了心里会不踏实，陈钧德笑谈"这是异化、病态"，他自个儿拒用手机而活得从容，丝毫不忌惮拒用电脑、手机、互联网等会影响生活。他的老派，还在于运动，喜欢在林中小路散步，经常是独自散步。他亲手种植了形态各异、大大小小的仙人掌。他喜欢陶俑、石雕、木雕等，书房里，画室里，摆得星罗棋布。他穿戴不讲究也不迁就，穿的都是太太或女儿替他买的，觉得舒服就穿，不喜欢的买了也拒穿。他与陌生人话语很少，遇到知音则很健谈，不乏真诚，富有魅力，让我常常体会到"交流的快乐"。我也看过他站在竖起的画布前作画，当他使用调色刀蘸上颜料，于画布上"沙沙沙"地飞舞时，神情严峻，两眼炯炯如灯。

后来，随着一次次的走近，他的往事碎片，连同他的艺术之魅，在我的头脑里积淀着，积淀着，久而久之便发酵了，醇厚了，最后像美酒般回味无穷。有了二十年交往的基础，当他知道我想写这本书时，他默许了。之后他接受了我无数次造访，以及无数次直截了当、无所顾忌、直抵人性的提问，他始终没有回避，有一说一，有二说二，即便尖锐、难堪，也从未不悦。他理解一个长期主持深度调查的媒体人的职业习惯。相反，他面对复杂提问时的各种笑，给了我很深印象，笑时露出一排白而整齐的牙齿，有时是孩子般的笑，有时是畅怀的笑，有时是调皮的笑，有时是带讥讽的笑，还有好多次，是带着眼泪的苦笑。

中国绘画界早就有了他陈钧德一席之地，公众对他的成长经历和艺术主张却近乎一无所知，但他的艺术作品以及绘画主张所具有的魅力和价值，我想，时间将予以证明。

历史是个人的历史，个人是历史的个人。这是马克思有关个人理论的经典观点。

"每一个个人"的自由而全面的发展，是这位老人家的理论学说，特别是其"个人理论"的价值旨归。

毫无疑义，任何艺术家的个人成长史，与其所处的时代环境无法切割。

这也是我将陈钧德视作研究对象，采写这本书的思想和逻辑。

我力求从一座城市的历史、社会、文化等诸多方面，去探寻根由，与读者诸君分享我对一位真正艺术家的认识、理解和思考。我也笃信，陈钧德的经历不是独居孤岛的鲁滨逊式的故事，他是一面镜子，他身上映射着中国社会的变化，蕴藏着耐人寻味的历史细节。

启蒙时代

家传影响

"世上最奇妙的是艺术。艺术都有密码，对俗人不公开的，所以俗人会看不懂。"在陈钧德的成长途中，甚至绘画生涯里，他一直对这句话耿耿于怀。

他第一次对艺术密码探究的思考，还是六七岁的时候。他随父亲去好友卢家伯伯家玩，调皮的他在卢家的客厅、书房、卧室乱窜，这里看看，那里瞧瞧。卢家伯伯一眼就发现，尽管这个男孩的双眼流露着对各种摆设的好奇，但他的视线在移向墙壁上一幅幅西洋油画的刹那间，眼睛陡然发出了异样光亮，显然，他的内心被那些绘画击中了！

卢家伯伯抓住了这样微妙的细节。他像是怕惊动一只小鸟一样，靠近他，轻轻问："你喜欢画吗？"男孩站在凳上，踮起脚尖，着魔般仰首盯着墙上的西洋画，默不作声，却以出神的凝望，做出了清晰无误的回答。

此时的卢家伯伯得意扬扬，他神差鬼使般，指着满屋子悬挂的油画，对男孩说了一句看似无厘头的话：

世上最奇妙的是艺术。艺术都有密码，对俗人不公开的，所以俗人会看不懂。

这番话对男孩产生了巨大影响。可以说，从那天起，陈钧德歪着脑袋就开始思考："艺术是什么？"这问题几乎牵引了他的人生方向，伴随了他长达半个多世纪。

卢家伯伯是干什么的？说起来，他的职业与狭义的艺术毫无瓜葛。

他是一位医生，从德国留学归国的医生。他的专业素养是对人体的骨骼、器官、疾患有着精细的了解，人体哪个器官或哪一路神经出现故障，表现出怎样的症状，如何对症下药，他是德国派专家，他的医术与德国制造业的精密文化一脉相承。

他与陈钧德的父亲是来往频繁的"把兄弟"，经常出入陈家，也给陈家孩子医治过天花。

20世纪三四十年代，天花仍旧是个联系阴阳两界的顽症，卢家伯伯医术再高明，也没有遇到过像陈家这样，陈钧德和两个哥哥一起患上了天花，兄弟仨脸上、身上布满了繁星般的红点，还伴有高热，满嘴胡话。奶奶和父母都急坏了，用宁波土法把几个孩子相互隔离，还用冷毛巾敷在他们额头，担心高热烧坏了孩子的脑子。危在旦夕的那一刻，送医院根本来不及了，只能将卢家伯伯请来医救，结果，陈钧德的大哥第一个脱险，作为老三的陈钧德险些夭折，而"老二"未能抢救过来。哪个母亲忍受得了眼睁睁地看着自己的孩子这么死去？陈钧德的母亲发疯似的，冲上去揪住卢家伯伯的衣服，猛扇耳光，失声恸哭，而全然不顾卢家伯伯是被请来"帮忙救治的"。

这个情景，让幼小的陈钧德懂得，生命多么脆弱，死神随时会降临，哪怕医术再好的留德医生能招之即来，但对于人与死神的赛跑，却是无济于事的。

卢家伯伯是拥有世界级先进医术的专家，他有着将许多人从死亡线上救回来的口碑，也与许多患者缔结了深厚的私谊。靠着多年行医挣来的钱，他在上海购置了洋房、汽车、西式家具、摩登的吊灯，还有各式各样、晶莹剔透的车刻玻璃。他家拥有的、带有西方情调的一切，彻底征服了陈钧德那颗敏感而又充满好奇的童心：原来，世界上有个强大的国家叫德国，德国乃至欧洲的文明，就像眼前的一件件宝贝，是如此灿烂，如此辉煌。

幼年的陈钧德尤其迷恋卢家伯伯家悬挂的西画，那些风景画像有魔力一般，一次次吸引着陈钧德伫立、仰望。卢家伯伯说了，那些西画是他花了许多许多钞票，从欧洲画廊或拍卖会上一幅一幅买的，然后将它们漂洋过海运抵上海。

"看到它们，就像我还拥有德国，拥有在欧洲的日子……"

一个与艺术无关的医生，对艺术竟然如此痴迷，令陈钧德幼小的心灵受到从未有过的震动。

从卢家伯伯嘴里，陈钧德第一次听到一个拗口的西洋画家名字，叫鲁伊斯达尔。他还琢磨，鲁伊斯达尔的风景油画很美，但美在哪些地方呢？艺术的密码是什么？这让他很费思量。

卢家伯伯在家里感到像国王般富足，他不仅骄傲地告诉陈钧德，世上奇妙的艺术都是有密码的，对俗人是不公开的，所以俗人会看不懂。他还慷慨地引领男孩登上自家楼上的密室，那里如同秘境，珍藏着更多奇妙的油画和厚重的画册。到底，是陈钧德找到了艺术，还是艺术找到了陈钧德，没有确切的答案，但我敢肯定，陈钧德此生与艺术发生联系，似乎就是从窥探鲁伊斯达尔绘画秘密开始的，或许他想成为大画家的勃勃野心，也萌芽于那样的年代。

当然，一个人从哪里出发，对人生的影响至深。

陈钧德的"艺术出发",除了冥冥之中有个卢家伯伯牵引,还有着哪些意味呢?

我想挖一挖他父母的身世。陈钧德惜字如金,简略讲了"一眼眼"他父母的隐私以及他小时候的顽劣,却也让我捕捉到画家成长中的重要轨迹。

1937年的上海,方兴未艾的西方现代主义艺术思潮,因日本全面入侵而戛然沉寂。中国油画艺术的拓荒者和播种者之一的陈抱一曾说,这是个"极度沉闷、黯淡无光,但我们也可不必过分担忧的年代"。这一年,曾经从四面八方麇集上海、兴致勃勃大搞油画运动的画家们因战乱而四散,留守画家个个如履薄冰,变得小心翼翼了。

建造于1920年代的石库门"旭东里",是旧上海一片气宇轩昂的弄堂住宅,坐落在英美租界西区的金神父路圣母院路一带。石库门本身不算显赫,但当年的"旭东里"高度和气度兼备,出出入入的男人多属"公文包一族",他们的女人也是旗袍裹身,娉婷婀娜。这里北靠南京西路,南近淮海中路,既有十里洋场的优雅繁华,也有家国遭劫的荒乱紧张。

当年金神父路(今石门一路)115号,有一幢沿街三层楼的石库门寓所,底楼的"陈永昌木器号"与比邻的"蒋永昌木器号""毛兴昌木器号"等一起,形成了家具一条街。

"陈永昌木器号"的老板姓陈,名克英;女主人姓董,名玉荷,均为宁波籍。他们与许多同乡一样,从镇海码头搭上小火轮,经过水上一夜颠簸,便踏入了与家乡截然不同、号称"远东第一都市"的花花世界——上海。尽管,伫立在有轨电车叮当作响的街头,朝着熙熙攘攘的人群望去,真正举目无亲,备感茕茕孑立,但满怀梦想、年轻英俊的陈克英没有害怕,他就是来大上海闯荡的。他聪明、好学,先给同乡来的商人做帮手,学生意,细心学得买卖规律、也渐渐积累资金后，便果断地自立门户，创办了自家商行"陈永昌木器号"。

陈克英勤劳、厚道，待人热情，经常接济穷人，备受邻居尊重。他凭自己的聪明才智自行设计家具，并印制成套的《陈永昌家具设计产品》画册，广泛赠阅。他的生意眼光也很受青睐，由于他设计的家具款式新颖，结实耐用，得到顾客称誉，销路颇畅，以致"移居第一代"的他，不仅在上海站稳脚跟，还让一家老小过上了小康生活。而董玉荷是操持家务的能手，上上下下，将一家老小的生活打理得妥帖帖。她懂得裁剪，心灵手巧，家里孩子的衣服都出自她手；她还擅长刺绣描花，家里的台布、床套、枕巾等等，凡是用得着花边的地方，她都亲手设计制作，使得他们家的氛围总透着一股优雅的气息。

是年10月的一天，陈家又诞生了一个男婴。原本宁波人有重儿轻女的习俗，但他的降生，让爸妈喜忧参半。毕竟，之前已经生了两个儿子一个女儿，又生一个儿子，增添了新希望，也意味着增添了一张等吃饭的嘴。话虽如此，祖父辈一合计，为他起名"钧德"，期望他不仅日常做个有道德的人，更要在千钧一发时表现出大道德。父亲还寄寓了延续香火的希冀，期望孩子长大后，成为一个顶天立地、堂堂正正、道德有力的男子汉。

孩提时代，陈家几个子女里，小男孩陈钧德是最为顽皮好动的。弄堂里与他一般大的孩子都喜欢找他玩。他家沿街店铺的背后，成片建筑间隙的弄堂水泥路，曲里拐弯，成了陈钧德与同龄人嬉戏追逐的神秘乐园。他们常玩躲猫猫，还有一种玩法令陈钧德记忆深刻：那是在弄堂的红砖墙上安装一只自制的小铁圈，小伙伴们利用这个铁圈投篮，开展一场场球赛……每次玩疯了就忘掉时间，还玩得满头大汗，害得晚饭时分，陈钧德的阿娘（祖母）到处急找，找不到他便站在三层楼上的窗口向外扯开嗓门大喊："钧德，吃饭嘞——"陈钧德听到后准会从哪个旮旯出现，有时浑身泥尘，免不了被管教严格的母亲责骂，甚至罚跪，但阿娘宠爱他，包容他，母亲骂归骂，却不准动手，否则阿娘会挺身而出。小伙伴都看得出，陈钧德的阿娘对这个小孙子特别疼爱和偏袒，这对陈钧德日后"死勿买账"的性格或许有着非同寻常的意义，至少让他天性少受约束，能够自由地、野蛮地发育和发展。

他五六岁光景，正是日本入侵中国最为猖狂之时。那时日本飞机经常出动，对上海恣意轰炸，尽管炸弹还是长了"心眼"，极少扔往租界，但邻居们仍旧惊恐和担心，陈钧德记得，邻居各家都预先在红木餐桌或床底下垫好厚厚棉被，以为这样能够用于遭炸时急避。陈钧德一点也"勿买账"，远处防空袭的警报声一响，别家孩子心惊胆战，赶紧躲藏到各种旮旯里，他却天真而勇敢，冲到自家的三楼阳台，甚至爬到房屋最高处的"假四层"屋顶，既紧张又好奇，引颈遥望远处升腾的深色烟雾，唯恐错过看敌机俯冲或倒栽的一幕。

"小祖宗啊，侬勿要命啦！"阿娘每次追在后面，心急火燎。

陈钧德却扬扬得意："飞机老远老远的，我一听声音就晓得，怕啥！"

租界里长大的男孩，对日本侵略军的空袭一直保有依稀的记忆。

陈钧德的祖上似乎与艺术并无交集，也没有书香门第的气息。血脉给了他一颗敏感的心，他在童年就显示出异常敏感的特质。春日的雨景、夏日的星空、秋日的落叶、冬日的风声，以及公园里的虫鸣、黄浦江上的船笛、街坊窗口飘出的音乐、自家阳台上眺望的城市天际线，等等，都会引发他遐想，甚至拨动他心弦。自然，还有两个人，是在陈钧德儿时心田里冒出艺术萌芽的过程中不得不提的人物，回想起来，所谓"家传"的影响，多少有所体现。

父亲，是他们家从宁波移居上海的第一代，也是陈氏家族的骄傲。父亲从宁波乡下闯荡上海，真正是白手起家。他读书不多，但头脑活络，广交同乡朋友，甚至还能说几句洋泾浜英语，像一条鱼儿融入了上海这片繁华的人海。他硬是靠赤手空拳打出一番天地。他思想开明，经常与外滩金融界人士来往，也时常带孩子外出与人打交道，黄浦江畔、外国建筑、大小轮船和海关钟声令陈钧德大开眼界，对现代城市的摩登、繁华习以为常，也懂得了做任何商品都要有艺术品质，外观要时尚美观才能受到人们青睐。

他的外祖父呢，是宁波镇海一带有名的石匠，靠雕刻石头为生，手艺精湛。年幼的时候，陈钧德被大人抱着，目不转睛地看着外祖父使用榔头和錾子，聚精会神地敲击石块，将一块天然采集的粗糙石块，慢慢凿成了一个充满灵动气息的龙柱或石狮。这看似无意识的行为，却让陈钧德幼小的心灵感受到，好的石雕艺术品不是一挥而就的，要靠无数个一锤一锤精细的敲击，普普通通的石块才能蜕变成神奇的石雕。家里至今珍藏着当年外祖父雕琢、被母亲用于刺绣时压绷用的一只小石狮，这只家传的"艺术品"深刻影响着陈钧德日后的绘画生涯，他那坚韧不拔和严格自律的意识，或许正是那个时候埋下的种子。

20世纪三四十年代的上海，城市面目是模糊的，也是斑斓的。历史遗留的文献资料上，兵荒马乱、一片乱象有之，歌舞升平、摩登开明也有之。环境如土壤，滋养着陈钧德的精神底色。

陈钧德在旧上海典型的小资产阶级家庭里散养着长大，旧时的国泰电影院、兰心大戏院、天鹅阁、红房子以及法租界和英美租界的欧风美雨，在别人是"别处"，在陈钧德是与生俱来的家园。他熟识都市，时常跟着大人去距家一箭之遥的电影院、戏院看电影或看演出，有时也去附近饭店吃大餐，小时候的眼界和经历，使得他习惯了对平庸粗鄙的东西不屑一顾。他天然地对租界的欧式建筑、宽大草坪，对印有西洋风景的明信片、画册，对精美的糖果盒子等兴致浓厚，也喜欢信手涂鸦，他画的房子、轮船、汽车、树木、动物等纯净、清澈，充满童趣和想象，表现了异常禀赋。那时，见过他的稚拙作品的成年人，无论父亲、老师、父亲的朋友，无不称赞不已，还夸他"耳朵大，耳垂厚，将来有大出息"。

陈钧德所念的苏氏小学，是一所创办于1920年代初的老牌学校，与历史悠久的民立中学在同一幢楼里，同窗多是城市中产家庭出身。当年时局动荡，文盲遍地，有一些志存高远的人，默默致力于教育、科技、医疗等事业。苏氏小学的汤校长就是这样一位值得尊敬的老太太。她没有结婚，膝下没有子女，却像宋庆龄一样喜爱孩子。盘着宋庆龄标志性发髻的校长老太太，面部表情时而慈祥时而威严，做事十分认真。师生们见她总恭恭敬敬，感到她身体里、性格里一股无形的坚定的力量。陈钧德从小敏感，他清晰地记得，早操后学生们回教室上课，他多次眺望窗外，看见校长老太太一丝不苟地弯腰捡起操场上的纸屑或垃圾。她的言行举止处处以身作则，透着一股凛然的尊严。八年抗战刚刚结束，列强欺凌的家国劫难，让幼小的陈钧德懂得民族自尊。那时的孩子远不像今天的孩子一般，被沉重的学业压弯了腰。那时，他对美术课发生了浓厚兴趣，大量时间就倾注在绘画上，尽管他并不知道画画背后的复杂意味，只是单纯地顺着自己的兴趣。他习惯了经常去卢家伯伯家逗留，不间断地去反复领略欧洲名画的魅力，默默与鲁伊斯达尔精神交流。每逢被父母带着去复兴公园玩乐，遇见有画家写生，他总会忍不住驻足观望。对绘画的向往，一直朦朦胧胧存在着。

老师、大哥、死党

读至初中，陈钧德的绘画天赋渐渐凸显。家人的印象是，少年时期的陈钧德狂热地迷恋绘画，经常独自爬到石库门屋顶，连续两三小时安静地独处，画各种屋顶、鸟瞰的街道、远方的树木等等。其时，有一个了不起的美术老师，给了他绘画的启蒙。

陈钧德所念的初中叫国强中学，后改名京西中学，坐落在上海市中心的北京西路王家沙点心店附近。教美术的老师姓鲍，博学而淡泊。他自赫赫有名的上海美专毕业，抗战时与熊佛西一起搞戏剧，举办过个人油画作品展。画展举办那天，正逢日本飞机轰炸，不长眼的炸弹突如其来，将鲍老师所展作品全炸飞了，只从废墟里翻出一幅书画作品《武则天沐浴图》。鲍老师因战乱而感悟生死祸福无常，便抛弃功名之心，甘心隐没在都市一所普通中学里与孩子们打交道，这对陈钧德与他的同学而言，真正是有福了。毕竟，鲍老师是在上海滩大名鼎鼎的美专学校受过严格专业训练的，他擅长教孩子们如何观察事物，如何表现明暗，如何运用原色、复色、对比色等，讲得深入浅出。他也格外赏识陈钧德和另外几个男孩的天赋，组织他们成立一个课外美术兴趣组，经常带他们外出写生。淡泊名利的他，每每投身大自然，面对绚丽多姿的山水，便发出野兽般嚎叫的"哇哦——"这种发自内心的艺术激情，如火山岩浆突然喷发，也像梵高追逐麦田阳光的狂喜，在少年陈钧德心里深深地烙下了印迹。

鲍老师非常善于激发孩子们的想象力和创造力。有一次，他看见陈钧德独自一人在翻阅一本书，便坐到他身边，随意地与他聊起家常。他问陈钧德："你除了绘画，还喜欢什么？""武术！篮球！""平时喜欢读哪些书呢？"陈钧德脱口而出：《西游记》《水浒》。""《水浒》里最喜欢谁呢？""嗯，我喜欢……豹子头林冲，还有打虎英雄武松，一百零八将，各有性格，神气活现。""那，你能不能画出他们？"鲍老师追问。"能啊！"陈钧德毫无怯意。

男儿承诺不轻易。应诺了鲍老师，就得拿出作品啊。

从学校回家的路上，陈钧德就满脑子构思起来。到家后，他从一堆小人书里翻出《水浒》，歪着脑袋琢磨千姿百态的人物，然后铺开铅画纸，大胆地画起了他所理解的"水浒将领图"。或许孩子对美的形象感悟力天然就没有大人理性的束缚，反而更接近艺术本质，陈钧德将一系列人物画得随心所欲，活泼自在，几个夜晚的连续作战，初稿就完成了。

鲍老师看了，惊喜，感动。孩子画笔下的水浒英雄，其神态和武艺，果然别开生面呀。

不久后的一天，鲍老师又出了个难题要考考少年陈钧德：让他在四张全开的纸上画出世界无产阶级革命导师"马恩列斯"之像，陈钧德初生牛犊不怕虎，也爽快地答应了，利用几天课余时间就一举完成了"命题考试"。这下鲍老师更相信陈钧德"与别的孩子不同"，尤其还欣赏他小小年纪竟有"掌控全局"的能力，于是，将陈钧德作为重点，更用心栽培他了。他多么希望看到，有朝一日陈钧德破茧化蝶，能成为一代绘画精灵啊！

遇见一位善于发掘孩子天赋和潜能的绘画老师，对陈钧德是可遇不可求，多么幸运啊。任何孩子，在少年时代往往都有着无限多的发展方向，陈钧德也是如此。他那时并非是单恋绘画的"画呆子"，读书也未显出偏科，门门考得不错。学习之外，他也顽皮，也好动，也敏感，也好胜。一到放学，他便兴致勃勃地与弄堂其他男孩一起玩玻璃弹子，抽打陀螺，或者去附近的哈同花园放鹞子，放飞心情和想象。对于国强中学小伙伴们普遍倾慕的校友偶像陆加洲（注：当时的国家篮球队队员），陈钧德也仰慕至极。这个"陆加洲"也在国强中学上的初中，是当年名气很大的篮球巨星，一只手能抓起整只篮球，球场上，他投篮与过人的动作潇洒极了，在孩子们看来实在神奇。学校曾遴选了六个个子较高、弹跳力好的学生，组建"六杰"篮球队，瘦瘦的陈钧德比同龄人高出半个脑袋，也有幸成为篮球队"六杰"之一，经常在下午放学后，跟着体育老师大运动量地训练，直到大汗淋漓。

当年国强中学篮球队在中学生里颇有名气，陈钧德至今能做到站着画画，一站就是几个小时，像外科医生开刀一样能拼体力，身体底子好与他早期的篮球缘不无关系。

我是在高中成为画家的。

陈钧德以半开玩笑的口吻回忆他的高中生活。"那时，我就在学校里举办了一次绘画习作展。"说起这件事，他满脸幸福。

陈钧德所念的高中叫中国中学，坐落在上海永嘉路襄阳南路附近，是一所创办于1933年的私立学校，校长叫周慎修。对于私立学校何以能冠名"中国"二字，陈钧德不明其奥妙，但只要看看校名四个字是赫赫有名的张学良将军亲笔所题的，就不难揣度，周氏家族拥有相当实力和广泛人脉。后来他了解到，当年不仅周氏家族显赫，校董于右任、黄绍竑、郑洪年、吴醒亚、吴经熊、吴开先、杜月笙、陆京士、李次山等也是当年的政要和名流。陈钧德喜欢这所高中，学风正，教师个个认真负责，学生也向往进步。但他的小小郁闷是，自己的身高在高中居然滞长，他依旧那么喜欢篮球运动，但篮球场上，他的身高优势明显不如初中了。

绘画优势与身高无关，他的绘画天赋继续得以发挥。高中的美术老师第一次看到陈钧德的课堂习作，就一把将他拽进了课外美术兴趣小组。每逢举行学生画展，他都挑选陈钧德的习作。让陈钧德引以为傲的是，正是在高中阶段，美术教师利用学校的礼堂，专门举办了一场"陈钧德绘画习作展"，周校长还将自己家的窗帘拿来布置展场，引起许多同学的艳羡。这个绘画习作展，使得陈钧德的绘画信心如虎添翼，他每周参加美术兴趣组活动更起劲了，课余在家绘画也更勤快了。

陈钧德兄弟姐妹一共七个，他排行老四，下有三个妹妹。

印象里，他与比他年长五岁的大哥相得最好，从小他俩住一个房间，哥哥喜欢音乐，而他喜欢绘画，他得到大哥许多照顾和帮助，也特别钦佩大哥的气质超众、文采飞扬。

大哥是家中长子，似乎得到父母特别的栽培，他上的是沪上有名的圣约翰中学，每天穿着教会中学规定的西式校服，手指上戴着类似于今日校徽的校戒。他从小学习小提琴，父母替他邀请了当年著名小提琴演奏家司徒华城先生授课。他将零花钱几乎都用来买哥伦比亚唱片公司出产的黑色赛璐珞质地的密纹唱片，他喜欢听贝多芬交响乐等世界名曲，还有一辆时髦的蓝翎牌脚踏车。大哥爱好时尚，也用功至极，陈钧德每晚耳濡目染大哥在房间里练习拉琴，有一回大哥用力跳弓，竟将头顶上的灯泡猛戳出一个洞，令陈钧德目瞪口呆。小提琴演奏极其美妙，但平时练琴又是极其枯燥的，一段简单的乐曲需要不厌其烦地练习，直到无比娴熟，这给了陈钧德启迪。他和大哥手足情深，经常一起去听音乐会、看画展等，讨论音乐家、画家、文学家，每天一早醒了就播放贝多芬《命运》交响曲的唱片，几近着魔。当大哥考上大连工学院离开上海，小小房间就成了陈钧德一个人的卧室兼画室，每天做完作业，他就在自己的小天地里埋头绘画，父亲看在眼里喜在心里，阿四头居然喜欢绘画，陈家祖上还从未出现过一个画家呀。

整个少年时代，陈钧德就是个"独头"，他性格里有热情和浪漫的因子，却不喜扎堆，独来独往，爱做白日梦。常常，别人看他是走神了，其实他是在自己的幻想里愉快地飞翔。

人有怎样的气质，往往吸引着怎样的同类。有个叫邓祖仪的邻居男孩，是陈钧德少年时代的哥们儿，也是他最早与别人建立友情的"死党"。他帅吗？他成绩好吗？都不记得了，一直忘不掉的是，邓祖仪是混血儿，父亲是美国白人，所以他长得洋里洋气。

邓祖仪也酷爱绘画，与陈钧德有着共同的爱好。那时，邓祖仪在行知艺术学校读书。那是艺校，弥漫着浓厚的绘画氛围，仿佛空气也属于绘画，与自己所在的中国中学"完全不同"。陈钧德喜欢和留恋行知艺校的绘画氛围，经常骑车一个多小时，穿过闹市，去行知艺校找邓祖仪玩。他听说行知艺校每个星期天都有素描兴趣班，便赶去蹭课。谁知第一次去蹭，就被眼尖的行知艺校的老师发觉了。老师问陈钧德："你是哪个班的？以前怎么没见过你？"

陈钧德心慌意乱，"唰"地满脸通红，像只烤熟了的虾。

幸亏邓祖仪大胆而仗义，站出来说："他是我的邻居好友，也爱画画，跟我一起来求教的。"

两位授课老师看了看陈钧德的素描习作，没有责怪，反而鼓励他："嗯，画得不错，不错，以后来考我们学校吧……有前途！"

回忆起来，陈钧德朦朦胧胧对友谊的理解，就是与邓祖仪两小无猜，相谈甚欢。邓祖仪非常喜欢往陈钧德家跑，惊叹他们家房间好多啊，一楼到四楼都有，每个房间都有漂亮的、时髦的家具，而陈钧德对自己那么真诚、友好，所以他与陈钧德无话不谈，他们甚至谈论过神秘的生理知识，谁也没有羞怯，更没有肮脏的感觉，只像谈论深不可测的未来。

陈钧德至今记得，小时候他与邓祖仪经常约玩、约画。他俩互相充当过对方的写生模特儿，其实是陈钧德更想画这个洋里洋气的小伙伴。那是非常遥远的夏天，天气非常炎热，窗外梧桐树上的"知了"不知疲倦地叫着。邓祖仪给陈钧德做模特儿时，脱去T恤，赤裸着上身，大大方方地坐着，看着陈钧德专注地对着自己画画。天生狂恋绘画的陈钧德，一画起来就忘了一切，全神贯注。毫无疑义，陈钧德最早的肖像作品，就是他的儿时伙伴"小邓"了。

奇异的是，这幅距今六十多年的习作，前不久竟然也找到了。

画面泛黄，也有些破损，但早期两个少年的友情凝聚在了习作里。

那时的友情多么美好，如蔚蓝天空般，纯净而清澈。

青春向往

考前质疑

绘画，多么美好的职业。陈钧德高中毕业前夕，就暗暗认准了，世上对自己而言最有意义的一份工作，就是做个天天与色彩、画布打交道的专职画家。

但他那时也隐隐约约听说了，自1949年新政权建立，作为东西文化高度交融的城市，上海也卷入了一场场社会改造。社会的起伏，也牵动着绘画事业随之颠簸。

陈钧德隐约记得，自己还在念初中时，地处闹市的南京东路大新百货公司的"大新画厅"举办了"新年绘画展"，他随父亲去看了。报纸上是这样报道的："众多画家踊跃参与，展出作品438件，吸引了7000多观众"，这样空前的盛况，是以往不可想象的。之后不久，空气骤变，年轻的共和国受斯大林的文艺思想理论影响至深，从"革命的摇篮"延安带来的政治文化观，与对苏联"老大哥"全面学习照搬的政策形成一股巨力，使得绘画的审美标准发生了骤变，画家们第一次意识到，艺术的好坏首先不再是美学范畴的问题，衡量新中国艺术好还是不好，政治才是权威尺度。而西方现代派绘画里的纯风景、纯静物、人体画以及稀奇古怪的艺术表现，被划归资产阶级腐朽颓废的文化，与新中国改天换地的"革命精神"格格不入。于是，美术界似乎有着"红"与"灰"的分界，从旧时代走来的油画家们纷纷改弦易辙，试图通过创新而跟上时代的步伐，他们最担心被人划归"灰色"。

陈钧德成长的背景，与1950年代千千万万个青年学子一样。在学校和社会的熏陶下，他们集体迷恋苏俄式的英雄人物，甚至是苏俄文艺作品里的偶像。譬如保尔·柯察金，这个拒绝了资产阶级小姐冬妮娅追求、也拒绝了革命者丽达纯真之爱的偶像男子，对于事业、友情、爱情的理解和追求，几乎为中国1950年代每一个青年学生所熟知。青年学生个个滚瓜烂熟地牢记着苏联卫国战争时期的战斗英雄马特洛索夫的话："活着，要让人们因你而活得更加美好。"崇高的理想目标激励着他们为之奋斗。

不同的是，陈钧德酷爱绘画，他坚信，通过绘画，一样能为国家、为社会带来荣耀，于是，在1956年临考大学前的春天，他打定了主意：报考美术专业。

陈钧德准备将想法告诉父亲时，有点惴惴不安。

父亲是经商的，平时交谈里流露过，希望孩子里有人学习经营，子承父业。他也提起过："富家的孩子可以玩艺术，普通人家的玩不起，培养兴趣和眼光也是可以的。""为什么只有富家的孩子可以学呢？"陈钧德曾经不依不饶地追问。"搞艺术常常饿肚子啊，有几个学绘画的成为画家的？富家孩子学画，如果只是玩玩，一事无成，很可能堕落成了败家子……父辈辛辛苦苦积攒的财富会被玩艺术的孩子败光的，"父亲分析说，"一个人只要专注于一种技能，学制造设计、学医疗、学法律、学商业管理，就容易找到安稳的饭碗。"

父亲的这番教诲让陈钧德牢牢铭记，然而正处于青春岁月的他不甘心也不相信自己会走不通绘画道路，他隐隐觉得，自己干别的还不如搞绘画得心应手。于是，他鼓足了勇气，单独约了父亲，第一次以"小大人"的口吻，神情严肃地表达了自己想考美术院校的愿望。

出乎意料，父亲听完陈钧德的表达，非常理解和尊重他的兴趣。不仅不反对，还主动表示："你可以去余庆路上的哈定画室补习，听说那里不错，老有名气的。"

父亲当场掏钱，吩咐他去买些复习资料。陈钧德喜出望外，拿着钱飞也似的跑出门，去买了一堆承载着梦想的东西。父亲还亲自替他去买了画架、画箱等。

其实，很多年后父亲告诉他，当时支持他学习绘画，是因为他早就发现，爱做白日梦、气质敏感的"阿四头"根本不是做买卖的料，让他经商，怕只能喝西北风了。知子莫若父。

当年的上海滩，私营的绘画训练学堂真可谓不少。坐落在洋房连片、优雅宁静的余庆路上的哈定画室，是知名度最高的一个，也的确有不少画家的美术启蒙是在哈定画室完成的。儿子高考是件大事，父亲陈克英心知肚明，所以他亲自提笔，毕恭毕敬地给哈定先生写了一封信："……早就仰慕您和画室的大名。现今，小儿高考在即，志在报考美术专业，热忱希望能在高考前得到您的辅导，恭请录取。"父亲带着陈钧德一起去余庆路画室，见到哈定先生，父亲双手递上信函。哈定展开就笑了起来，因为根本无须这样的繁文缛节，只要愿意支付学费，就能学习的。当然，哈定仔细翻阅陈钧德带来的习作，看着看着，面露欣赏之意，提出：陈钧德不必从基础课程学起，直接插班进入提高班。这时，陈钧德出乎意料地提出，还是从基础造型开始训练吧，想扎扎实实打好绘画的基础。

父亲爽快地付清了三个月学费。

谁料，陈钧德只学了一礼拜左右，竟然跟父亲说："我不想去了。"

"为什么？"父亲非常诧异，"三个月的学费已经付出去了！"

"那也不能浪费我的时间啊。老爸，侬想想，我想学的是艺术，是绘画能力，但哈老师太忙，不怎么教……那里的气氛也根本不适合我一个中学生！"

"哪一点不适合中学生？"父亲追根刨底。

　　那个画室，不是我学艺术的地方！班上多是有钱人家的太太、小姐或公子，真心学画的不多，将学画当消遣的蛮多，有的谈情说爱，有的嬉笑玩乐……

尚是中学生的陈钧德，竟然对有名气的画室如此"质疑"，令父亲意外。

听罢儿子的叙述，父亲沉默了，若有所思。他暗暗惊奇儿子的心高气正。既然儿子讲得在理，做父亲的哪有反对的道理？只是，可惜了已经付出去的三个月学费。

父亲与儿子"约法三章"：在家自学，刻苦用功，力争高考考出好成绩。随即还将原先用作堆积家具的一个仓库撤清，给儿子当作练习绘画的画室。

1950年代中后期，随着中央美院设立"马克西莫夫油画训练班"以及俄罗斯巡回展览画派的持续影响，全国美术界掀起了学习苏联著名画家马克西莫夫的热潮，新华书店有关苏联尤其马氏的油画教学和素描训练的图书汗牛充栋。西方现代派艺术虽有人谈论，却几乎看不到新的书籍问世。陈钧德买了一堆画册，主要是素描基础教材。他每天在家自学苦练，按照自己一贯的兴趣，面对周围熟悉的事物，画了大量速写，自己琢磨素描中的明暗对比，也尝试各种色彩表现，直到习作完成了一厚沓，陈钧德心里才踏实了许多。

时逢全国美术院校调整合并，原先的上海美术专科学校被归并到南京艺术学院了，偌大的上海居然没有一所自己的专业美术院校。填写高考志愿时，陈钧德自作主张，填报了与艺术相关的三所大学：同济大学建筑系、中央美术学院华东分院（即浙江美术学院前身）油画系和中央戏剧学院华东分院（即上海戏剧学院前身）舞美系。

令他自豪的是，三所大学都录取了他。在报纸上查到高校公布的录取名单里有自己，他欢呼雀跃，最终，他选择了离家最近的一所，他以为上海戏剧学院舞美系也是培养画家的。

名师荟萃

1956年9月，天高气爽。开学前一晚，陈钧德兴奋得夙夜难眠。

"我马上就要进艺术大学攻读绘画了！"他终于迎来了期盼已久的时刻。

但绘画的梦想与希望，艰难和曲折，从他对戏剧学院舞美系的"误解"开始了。

坐落在华山路上的这所著名学府的校园，静穆而典雅。陈钧德从一栋房子走到另一栋房子，好奇地打量着进进出出的人们。学院果然藏龙卧虎，一些看似朴素甚至有点滑稽的老男人，一打听，都是赫赫有名的美术教育家啊。留法归来、曾经主持苏州美专的著名油画家、美术教育家颜文樑，在苏州美专被院校改革兼并后，他来到中央戏剧学院华东分院兼职教授"透视"和"色彩"两门课程。学院还有留美归国的王挺琦教授，新中国成立前担任过上海美专的训导长，绘画功力超强。还有曾接受过苏联名家马克西莫夫绘画训练的杨祖述教授，以及早期杭州国立艺专毕业留校的闵希文教授，哪个不是集油画家与教授于一身的名家？戏剧教育方面的名家当然更多，如熊佛西教授、朱瑞钧教授等等。熊佛西教授早年留学美国哥伦比亚大学，获戏剧硕士学位，回国后参与轰轰烈烈的戏剧运动，影响深远。

陈钧德起初格外兴奋，将学院各个建筑、各个角落转遍了。他向往和醉心于教师们正在或者即将为自己打开的绚丽多姿的艺术世界。他发现学院图书馆像个宝库，伦勃朗、库尔贝、塞尚、梵高、高更、马蒂斯、毕加索等绘画大师的画册，以及意大利文艺复兴时期的"三杰"达·芬奇、米开朗琪罗、拉斐尔等艺术巨匠的著作，应有尽有。

学院的开学典礼上，熊佛西院长对一年级新生做了激情澎湃的演讲报告，提出每个学生都要爱民族，爱国家，辨是非，有情操，做一个堂堂正正的"人"。所有学生几乎都被"勤奋学习、报效祖国"的动员和理想而感染。

徜徉在这样一片"知识的海洋"，他像鱼儿般欢畅。在这里，他第一次听说了"伦勃朗的高雅""委拉斯开兹的银灰""梵高的金色"等等奇妙的词汇，多么美好的校园！

陈钧德并不清楚，源自1920年代的西方现代主义艺术趣味和探索经验，此时在以苏俄写实主义为尊的时代风潮里，已经处处碰壁。一样是油画，"重写实"与"重表现"曾经分庭抗礼，但进入1950年代后，苏俄写实主义油画成为香饽饽，一枝独秀，而西方现代艺术，包括印象主义、表现主义、立体主义、抽象主义等在内，变得异常灰暗，几乎成了毒草，成了革命建设的"负能量"，不得不噤声。命运骤转，原先大搞现代派艺术、从民国时代走来的林风眠、刘海粟、倪贻德、庞薰琹、关良、吴大羽等等著名画家，大多正处于四五十岁中壮年时期，他们突然惶恐了，害怕了。他们谁甘心落在时代后面？他们被新社会建设的欣欣向荣所吸引，也屈从于周遭的政治空气，于是纷纷顺应改造，努力走出"小我"。

而陈钧德感受到的是，全国实行工商业社会主义改造，公私合营，家境不如往昔了。

学院生活，起初对所有学子都是那么的新鲜而有趣。顺从自己的绘画初心和未来抱负，陈钧德对所有学科都怀有虔诚。马克思主义哲学、政治经济学、大学汉语等是公共必修课，他觉得艰涩和枯燥，但也认真听讲。而文学、戏剧、绘画等专业课程，与艺术直接关联，他更顺其自然地用功。让他感到兴味十足的，是系里几位"海归"画家兼教授，他们介绍的印象派、表现派、野兽派等何等有趣啊。每天睡前的同宿舍卧谈，也非常有意思。

艺术，应该遵循艺术本身规律而给人们带来审美愉悦，还是应该为政治服务而成为革命运动的号角和工具？这样的问题自从在上海戏剧学院求学开始，如影随形，伴随他的左右。一开始，他的思考是表层的，只是觉得自己天然与现代派艺术观念更为亲近。

大学里，陈钧德是班上的绘画课代表。同窗眼里，陈钧德瘦瘦的，却很精神，他看的书很多，成绩几乎门门优秀，尤其绘画，谁看了都不得不服，难怪那些画家教授们对陈钧德格外青睐，课上总拿他的习作做范本给予表扬。但成绩好并不是衡量学生好坏的唯一尺度啊，更重要的尺度是"思想表现"——看不见、摸不着，却反映在许多事情的态度上，陈钧德并不出类拔萃。用当时的眼光看，班上团支部干部、班委会干部，个个是无产阶级事业的接班人，比"思想落后"的陈钧德更胜出。那时，真正的、影响全中国的青春偶像，轮不到什么画家、作曲家、钢琴家，而是保尔·柯察金、丽达，以及许多苏联英雄。一个优秀的年轻人，最性感、最迷人的是在学习、生活、爱情方面处处体现阶级性的爱憎分明，而陈钧德一向远离政治，从不主动向组织表达进步的意愿和忠心，他天生的兴趣和气质很艺术范儿，像一个神经质的天才画家出现在同学当中。他只是舞美系里一个绘画高手而已。

校园生态就是如此，一个时代的英雄，在另一个时代可能是狗熊。

转眼，风吹叶黄，天气变冷，许多人将青春的热情、干劲投身于学校组织的"除四害"（消灭老鼠、麻雀、苍蝇、蚊子）运动，师生们一齐登上屋顶，敲锣打鼓驱逐麻雀，誓把麻雀赶尽杀绝。麻雀何罪之有？陈钧德对运动暗暗有一丝怀疑，但让他觉得浑身发冷的，是课堂生活不那么过瘾了，他甚至渐渐陷入迷狂：自己一门心思来戏剧学院，是不是来错了？

陈钧德是渴望来学习绘画的。嗜好绘画的他，着迷于素描课、色彩课，尤其喜欢听颜文樑在课上讲述欧游经历，引他沉浸美妙的艺术世界而欲罢不能。他急于提高素描水平和色彩水平，恨不得每天有绘画课程提升自己的技艺。有些课，他实在觉得索然无味，上了也提不起精神，在课堂上，不知不觉地望着窗外发呆，这时，他头一次感受到时光的脚步。无聊的课程给他带来的最大收获，是他敏锐地感受到时间的长度和温度，感受到光影的移动和变化，他也渐渐明白，戏剧学院姓"戏"啊，培养戏剧创作人才是它的天职，课程设置自有一套规范。而舞美系的目标呢，也不是培养什么画家，专业方向是舞美设计工作者，因此，舞美系每个礼拜的绘画课，只有区区两个半天，其他时间的课程当然是围绕着舞美设计的目标而提高综合素养，培养制造"小剧场魅力"的设计高手。一堆与绘画"浑身勿搭界"的课程，对绘画天赋超群的特长生而言，根本是"无用的"、"乏味的"，学院也从未想过给特长生"开小灶"。更何况，那个时候，整个中国的教育气氛偏"左"，教育的目的并不注重发掘每个人的潜能，而是誓将所有学生变成统一标准的"革命螺丝钉"。学院最红最吃香的学生，不是谁的成绩拔尖，而是谁将"政治挂帅"牢牢挂在嘴边、谁热衷向老师汇报自己进步思想，甚至揭发了别人的"落后表现"。

一旦看出了现实的真相，陈钧德傻眼了，后悔了……

他对绘画课内容实在"吃不饱"，心情便越来越郁闷。

自然而然，他主动靠拢颜文樑、闵希文、杨祖述、王挺琦等，经常向他们求教，尤其喜欢去颜文樑家听"故事"。其实，苦闷的岂止

31

是他一个？几个画家教授们也有他们的烦恼，他们所喜欢的艺术被斥为"空洞浮泛"，与"艺术为社会主义建设服务"的要求南辕北辙。

虽然对学院课程有一肚子意见，却无处发泄，于是，傍晚放学，其他学生奔着各自爱好参加课外社团活动，有的去排演话剧，有的参加篮球训练，有的喜欢形体锻炼，陈钧德呢，有时也活跃在篮球场上，初中养成的运动爱好让他在同学中能露两手，但更多的时候，他总是闷头往图书馆跑，去抢占一个安静的座位。那是他放学后最爱的去处。时代翻过许多页了，但当年学院图书馆所弥漫的淡淡霉味儿，至今在他的脑海挥之不去，那是从插满书的一排排书架上散发的，他沉浸其间，如饥似渴地阅读，内心渐渐充实起来。

一个人的人格塑造，大多在大学里完成。陈钧德那时的第一兴趣是绘画，阅读爱好也不分伯仲。阅读看似很杂，但杂中有纯，牵引他的是个人的志趣。他花了很长时间在图书馆里查阅书籍卡片。那时图书馆图书目录，全部制作成一张张小卡片，上面标注了书名、编号、作者名字，甚至还有几句内容梗概，串联在长方形的抽屉里。陈钧德依序翻阅卡片抽屉里英国译著目录、法国译著目录、德国译著目录、苏联译著目录、日本译著目录等等，仔细地在日记本上记得密密麻麻，然后分批借阅。他发誓读万卷书，也信自己能够读万卷书！

影响他们"三观"形成的，还有"人"——一个个活生生的教授们。貌似文绉绉但性格各异的老男人们，他们的言行举止，喜怒哀乐，给了学生们示范。陈钧德记得，颜文樑教授个子不高，矮矮胖胖，背有点驼，但他的名士派十足，知识丰富，经历也丰富，上课像聊天，聊着聊着，绘画的理论、规律、技巧等等都灌输给大家了。他做事出奇地认真，一是一，二是二，不容许丝毫马虎，也是所有教授中的"一绝"："同学们，你们做事要一丝不苟，譬如揿图钉，一定要对准九十度的角度和位置"；"今朝完成绘画作业后，冲洗调色板，要汰得煞煞清，清爽到可以将调色板拿来摩擦自己的脸颊为止"，说着还做出擦脸颊的动作，表演给学生看，引得同学哈哈大笑。而闵希文教授呢，负责教授油画，他大胆得不得了，报纸、电台天天宣传苏联现实主义，谁都知道绘画的"政治正确"标准是什么，但他在课堂上深情款款地讲莫奈、塞尚、梵高，仿佛他们才是神明，他的情绪超级感人，激起了陈钧德对西方现代主义绘画的浓厚兴趣和无尽想象。

陈钧德既是班上绘画课代表，也是典型的绘画迷。他上午上文化课，常常听着听着，思绪就被绘画事儿勾走了。有时，老师在台上讲，他就在桌板底下悄悄看图书馆里借的书，或偷偷画他的同学、老师等等，他的疯劲儿在于，几乎他认为好玩、有个性的学院"人物"，他们的大鼻子、小眼睛、怪发型、光脑袋、诡笑容等等，都被他的铅笔或圆珠笔精心演绎过了，这些画像博得了好友争相传阅。因为绘画课内容老"吃不饱"，无关绘画的课程太多，他还利用中午、夜晚拼命自修，自个儿琢磨中外名画家作品。中午下课，别人吃饭后在宿舍小憩，他突然就"消失"了。原来，他仗着学院离自己家近，骑"老坦克"（沪语，形容老旧的自行车）飞快回家，在自己房间里伏案作画，甚至对着大衣柜镜子画自己，哪怕画上寥寥几笔，也觉得过瘾，然后再骑车赶回学院，继续听下午的课。他也惊奇自己那时哪来那么旺盛的精力，玩命地画，从来不觉着累。

同学里，团干部、班干部是个圈子，喜欢业务而政治不积极的是个圈子，陈钧德与他们相处得都不错，但他最铁的"死党"小鲍，却远在北京。这小伙子与他同届，在中央戏剧学院导演系求学，也爱绘画，学习上有股不服输的劲头。他俩经常通信联系，互相交流，假期里两人一见面就"死磕"，或许这样的头脑风暴才能带来最为深刻的东西。小鲍同学认为，陈钧德的艺术观偏激，爱走极端。陈钧德呢，很不屑鲍同学过于中庸的态度，"中庸就是平庸，侬晓得伐？"两人时常争得面红耳赤，有关艺术的，无关艺术的，社会的、政治的、人生的，样样可辩，直辩到一方哑口无言，另一方便扬扬得意。那时班上好友中还有"老习"和"老阮"，陈钧德与他们来往密切，常有交流、争辩，这促进了彼此间的了解和信任。

住读生照例都有住读的规矩：吹哨起床，打铃吃饭，一到晚上九点半，要统一熄灯。而陈钧德天生的性情，就是喜欢循任自己的想法做事。当熄灯铃响时，他还在"天光教室"痴迷地绘画，画到兴头上如同开足马力的赛车，任性地在自己的绘画车道上横冲直撞，谁也别想阻断。有一天夜晚，熄灯铃响，其他窗口的灯光一一熄灭，陈钧德正埋头绘画，毫不理会什么熄灯。灯火通明的教室与院长熊佛西家正好相隔一条小弄，院长大人在卧室窗边看见对面的"天光教室"亮若白昼，还有人影晃动，一时忘了斯文而气急败坏地隔弄大叫："熄灯了！熄灯！"陈钧德置若罔闻，好像什么也没听见。陈钧德经常这样熬夜，弄得院长大人无法安心入眠。有一天夜晚，熊院长终于忍无可忍，决定找这个夜猫子"算账"！

翌日一早，熊院长怒气冲冲找到他，责问他："为什么不遵守作息制度？"

一向待学生和蔼亲切的熊院长，面露愠色，厉声问罪，陈钧德蒙了！他垂下脑袋诚恳地解释："昨夜画画时心思太集中了，我就啥也没听见！"他哪敢与院长大人强词夺理啊。

那个年代，"自由""个性"远不像今天美妙，相反，是落后的小资思想的代名词。

熊院长冲他发泄了一通怒火，转身"噌噌噌"地走了。

陈钧德领略了院长大动肝火的滋味，等到在校园里再遇见他，就惴惴不安地绕他而行。不料，过了没几天，熊院长从别的老师那儿听说陈钧德酷爱绘画，成绩拔尖，格外赏识和爱惜学生才华的院长大人又出人意料地屈尊向学生陈钧德主动发出邀请："这个礼拜天下午，请到我家里来一趟，我给你看看我收藏的画儿，让你知道什么是好画！"

陈钧德一听喜出望外，心头的阴影顿时一扫而光。

被熊院长狠狠地剋过一顿后，陈钧德一时有所收敛，但他不想改变自己，他觉得自己没错，他的"乖戾"不正是奋斗的体现吗？夜晚统一熄灯铃响后，他"一个人"还想继续战斗，怎么办？他将战场悄悄转移到熊院长发现不了的教室，神出鬼没地继续他的"行动计划"。经常画到时间很晚，眼睛疲劳发酸，在恍惚中，他发现素描道具里真人骨架的骷髅眼里，有一颗黄豆般东西在微微颤动，顿时后背发凉。陈钧德揉揉眼睛，怀疑自己看错了，他听说这一带有人自杀过，害怕黑夜里真有传说中游荡的鬼魂。

后来才知道，是同学恶作剧，趁他不备，将两颗黄豆粘挂在骷髅的眼眶里……

他中计了！

手抄本

小资，当下是对时尚年轻人的标签。彼时，却是用于批评的口头禅。那时排斥早恋，男女学生交往略多，会被人说成"小资病"。陈钧德情窦未开，对恋爱停留于概念与幻想。因此，同在戏剧学院，作为演艺明星摇篮的表演系美女如云，陈钧德却视而不见。

同届的祝希娟是个风靡全国的影坛新星，被谢晋看中出演了《红色娘子军》。在陈钧德眼里，她根本不是美女，就是个"假小子"，傍晚经常在操场上与一伙同学打球。但她以火辣辣的性格、锐利的眼神，成为表演系里极少数几个被陈钧德牢记的名字之一。

彼时的陈钧德对表演系的漂亮女生，是心存偏见的。他认为，世界上出色的演员，都得不计一切地塑造好各种角色，今天扮演出走的娜拉，明天扮演昼伏夜出的陈白露，演员离角色越来越近，必然离自己的本色越远。身为演员一旦习惯了表演，日常举止也无法摆脱装腔作势，透着表演味儿，对此，陈钧德完全受不了，故一向敬而远之。

《大众电影》是当时的畅销杂志，有的同学撕下封面明星图片，挂在宿舍的床头；有的男女同学悄悄地成双出入却又暗暗炫耀自己的魅力，陈钧德非常不屑。他对交往异性毫无迫切欲求，他内心忧虑的是从图书馆卡片上记录下来的那么多的图书需要阅读，什么时候才能读完它们呢？他真心为这个着急，身不由己就成了"阅读狂""名著狂"和"手抄本狂"。

他的阅读，起初都是出于兴趣，无论老师推荐的、同学传阅的、自己感觉精彩的，都会找来啃读。处在精神发育期，他对各种图书的营养都拼命吸收。

当年，巴金的"激流三部曲"《家》《春》《秋》，曹禺的《雷雨》，老舍的《四世同堂》《茶馆》等等，都是学生争相传阅的。作为文坛新星，王蒙和刘宾雁也夺尽眼球，王蒙的《青春万岁》《组织部新来的青年人》，刘宾雁的《在桥梁工地上》《本报内部消息》等轰动一时，引得众人传阅。但对陈钧德诱惑更大的，是外国名著，特别是名人传记。

是他崇洋媚外？当然不是。经典散发的魅力，如同皎皎月光，你一看书名、作者名字，就会怦然心动。法国的、苏联的、英国的、爱尔兰的、德国的；小说、诗歌、戏剧、传记、哲学；各种经典，他都搜集来看，多年过去了，苏联的陀思妥耶夫斯基、托尔斯泰、契诃夫，法国的罗曼·罗兰、莫泊桑、左拉、司汤达、雨果，英国的莎士比亚、拜伦、狄更斯，爱尔兰的伏尼契，德国的席勒等等，一长串熠熠闪光的名字，陈钧德一口气说出来，如数家珍。

那时的阅读没有移动刷屏式的浅阅读、碎阅读。那一代的阅读像啃硕大的面包，一口一口先被眼睛吞入，再被脑袋吸收，这是20世纪"90后"、21世纪"00后"很难想象和理解的读书方式。陈钧德那时边阅读边手抄警句、格言。《牛虻》《复活》《甘地传》《茶花女》等等，书本上的许多段落，被他情不自禁地用笔画了重点线，有的则被他大段大段地抄录在本子上。每一次如此专注、系统、深入的阅读，如同一次次心灵访问、一次次自我灵魂对话。对他人生观影响最大的，恐怕非罗曼·罗兰的《约翰·克利斯朵夫》莫属。

这部四卷本的长篇小说，大约是身处青年学生时期的陈钧德在思想深处根植"个性解放"意识的首个启蒙，伴随着他度过了无数个夜晚。

陈钧德沉浸其间，脑袋里天天装着约翰·克利斯朵夫的身影。他非常同情书中主人公的命运，他恍惚觉得，约翰·克利斯朵夫身上有自己的影子，他的孤独、痛苦、迷惘、奋斗，以及很多细微的生活与情感体验，让自己感同身受。陈钧德是感性的，看着看着，就动情，就暗自落泪，他将这套书里的精彩段落、主人公的思考和感悟，认认真真抄写在厚厚的黑面本子上。几大本出自他的"手抄本"，一度成为同窗好友争相传阅的"陈版"读物。陈钧德仿佛成了"陈·克利斯朵夫"，不畏命运，个人奋斗，"手抄本"融入了他的思想和意志。日后陈钧德遭受种种曲折，但他始终受到约翰·克利斯朵夫的激励。他说过：

> 人的一生应当是个人奋斗的过程，成功与否关乎天时地利，但人本身是个关键，没有个人奋斗，成就不了任何事业。

爱屋及乌，陈钧德阅读过的罗曼·罗兰的传记三部曲《贝多芬传》《米开朗琪罗传》《托尔斯泰传》，以及《甘地传》等等，译著版本都是1950年代的，他保存至今。伟大人物的曲折人生，最能触动他的内心，让他时而激动，时而郁闷。

与1950年代的多数知识青年一样，陈钧德的人格塑成与那时所读的文学名著中人物的情操、思想、命运神秘相连。他的精神青春期，最亲近的朋友不仅仅是"小鲍""老习""老阮"等同窗好友，而且还得列上陀思妥耶夫斯基、托尔斯泰、歌德、罗曼·罗兰、莫泊桑、左拉、莎士比亚、狄更斯、拜伦、席勒、普希金等等。

对了，还有书里的人物，例如约翰·克利斯朵夫！

还有陀思妥耶夫斯基小说《白夜》里面的小人物！

精神云游的朋友多如繁星。身为1950年代的文艺青年，当班上团干部、班干部积极忙碌于听报告、写心得、找人谈话、过组织生活时，陈钧德则一头钻进了自己的世界。他独自阅读了大量小说、诗歌、传记、哲学、历史，但始终没有一样爱好能替代他对绘画的痴迷。内心深处，他对世界绘画巨匠的赤诚，胜似人们对于政治领袖的迷恋，当时要是说出来，该是多么的"反动"啊！他阅读、搜藏那么多著作，感悟到那么多精神，只能默默藏在心底，任性地体现在绘画上。他最不适应的，是总有一些人鼓励同学之间互相监督，挖空心思去发现身边的"阶级敌人"动向。他天生对各种运动"敬而远之"，也怕自己嘴里说出的是"怪话"。

那时他就爱上了外出写生，这活计永远伴随着艰辛，但他不怕。

绘画老师说过，写生是画家才拥有的美妙乐趣。是啊，他也认同。那时远足写生，需要自己背铺盖和干粮，长途汽车里挤满了各色人等，车厢里充满了汗味、屁味和其他异味。但陈钧德从来不以此为苦。大学第一年暑假，他就与好友相约，去杭州写生。

为什么选择杭州？还用说吗，身为艺术门徒，前身是国立杭州艺专的浙江美术学院，还是要趁早去拜一拜的。林风眠、吴大羽、潘天寿、倪贻德……那里的教授名动天下。何况，大伙儿都说"西湖处处有神仙"，说不定能邂逅呢。

主意打定，他们整理好行囊，坐上绿皮火车，向杭州进发。

坐火车硬座"轰隆轰隆"地抵达杭州后，他们直奔西湖边上的浙江美术学院。那时，陈钧德家里经济远不如以前宽裕了，自从父亲的店铺被实施兼并后，收入远不如昔。为省钱，陈钧德与同学连小旅社也舍不得住，在浙美的一位同学帮助下，找到一间空荡荡的教室，四张课桌一拼，简易的硬板床就搭成了，再支撑起家里带来的蚊帐，铺上席子，算安顿了下来。随后，他们就开始逛校园，从校内逛到校外，一直逛到山清水秀的西子湖畔。

人说"上有天堂，下有苏杭"，果不其然。从浙江美院步行到西湖边，苏堤春晓、平湖秋月、曲院风荷、断桥残雪……一路是景，眼睛看也看不过来。

陈钧德与小伙伴沉醉了。

"还不赶紧画？"陈钧德迫不及待，仿佛湖景会稍纵即逝。

他们买不起专业用的油画画布，想画油画，使用铅画纸不行，太薄了，还吸油。陈钧德就使用论斤买的不吸油的硬板纸，先在纸面刷一层薄胶，待干后再涂上一层抄白漆，由它在纸板与油画颜料间做隔绝，这样画起来，就格外顺手了。

在旖旎的西子湖畔，陈钧德天天勤奋地写生。

那天，陈钧德与同学正在西湖畔的山坡亭子上专注地绘画，太阳火辣辣地照射着，蚊子围绕着他们嗡嗡乱叫，他们也完全不顾，全神贯注在画面上。

不知什么时候，他俩身后站着一位和蔼的老者，他矮矮的身材，浓眉宽额，两眼深沉而犀利。他默不作声地叼着一只烟斗，站在他俩身后，看他们画画。

等到看他们画得差不多，准备歇息了，老人才亲切地问："你是哪个学校的？"

"我是上海戏剧学院的。"陈钧德坦然回答，随口即问，"老先生也绘画吗？"

"嗯。"老者微笑着，颔首作答。

"请问，您贵姓？"陈钧德好奇地攀谈。

"我叫倪贻德。"

"您就是大名鼎鼎的倪先生？！"陈钧德吃惊得差点叫起来。

倪贻德，当年决澜社主要创始人之一，与一群留学归来的艺术家自由结社，勇敢地发出自己的主张，掀起了一场波及多省的中国现代油画运动，影响深远。陈钧德多么钦佩前辈们自由结社的活动啊，对早年他们的《决澜社宣言》开头几句，记忆尤其深刻：

> 环绕我们的空气太沉寂了，平凡与庸俗包围了我们的四周，无数低能者的蠢动，无数浅薄者的叫嚣。
>
> 我们往古创造的天才到哪里去了？我们往古光荣的历史到哪里去了？我们现在整个的艺术界只是衰颓和病弱。
>
> 我们再不能安于这样安协的环境中。
>
> 我们再也不能任其奄奄一息以待毙。
>
> 让我们起来吧！用狂飙一般的激情，铁一般的理智，来创造我们色、线、形交错的世界吧！……

陈钧德情不自禁轻轻哼诵了第一句，倪贻德就一字不落背诵了《宣言》全文。

稀罕，稀罕！看来，《宣言》真是老教授骨子里、血液里的东西，是他真心实意的表达。

陈钧德非常激动。本来，他幻想过，在浙江美术学院的校园会不会遇见大画家，天遂人愿，在美丽的西湖边，声名卓著的大画家倪贻德从天而降，难道不是冥冥中老天的安排？

寒暄几句，倪老先生不愧为前辈高手，旋即切入正题，指着陈钧德的写生画面说："你画的风景，形似抓得准，基本功不错。但只有形似还不够，还要神似，神似，就需要想明白，你看到对象，真实的感受、感动是什么，当感受啊，感动啊，统统在画面上出现了，就画出了纯粹的绘画……"倪贻德还说："绘画既不是单为自然的模仿，也不是为了自然的再现，绘画始终是感情的表达，心灵的独白。"

一句话千斤重！陈钧德事后反复琢磨倪贻德的话，还查阅他的画册，果然发觉，倪贻德非常擅长写生创作，他的多数作品往往只用寥寥数笔，就将细微观察到的生活场景艺术化地跃然纸上，画面很有味儿。陈钧德牢牢记住了倪贻德的话，也牢牢记住了这次邂逅。

"西湖处处有神仙"，对这句话，陈钧德突然深信不疑。

右派教授

1957年是最诡异的一年，中国的气象变幻莫测，政治运动像激烈的过山车，载着许多知识分子忽而冲上云霄，忽而跌入谷底，让许多单纯的人晕头转向。

先是4月10日，《人民日报》发表社论《继续放手，贯彻"百花齐放，百家争鸣"的方针》，在知识界、教育界、科技界等领域掀起"大鸣大放"运动，各地召开了数以万计的各类会议，鼓励大家帮助整风，谁不开动脑筋给组织提几条意见，简直像是对不起组织的信任和诚恳。有的知识人士视鸣放为福音，争相建言献策。短时间内，全国收到各种意见、建议三十七万多条。或许，是诸多言辞激烈、尖锐的批评声超出了发起者的预料和容忍底线，5月15日，毛泽东写了《事情正在起变化》，中央发出指示：反击右派分子进攻。结果，凡是在"大鸣大放"运动中敢说敢言者，旋即被一波凶猛的全国性"反右"风暴所袭击。

在"反右"扩大化运动中，一批杰出的学者、教授、作家、画家乃至科学家、医生等，一夜间被戴上了右派的帽子，成了人民的敌人。而人妖之间、敌友之间，相隔的往往就是一句话、一个观点而已，有的还掺入了人事的恩怨纠葛，被人利用机会以借刀杀人。

绘画界，六十二岁的刘海粟首当其冲，被错划为右派，从一级教授降为四级教授，华东艺术专科学校校长等职务全部被撤销。命运多么不可捉摸。一位留法归国的大艺术家，早在1912年就与乌始光、张聿光共同创办上海图画美术院（即上海美术专科学校前身），1920年代大力倡导画裸体等，声名及影响力极其显赫。1957年4月，他在江苏省政协会议上发言，提出"说真话、画真画"，这六个字里藏着不可告人的玄机吗？现在实在看不出，但当时，仅仅事隔四个月，刘海粟倡导的这六个字就被定性为"反党反社会主义"的右派言论。

事情非常诡异，刘海粟在中国美术界一向敢说敢闯，曾在多个公开场合，直言不讳地强调艺术院校领导人应当懂业务，防止教学公式化、教条化，无意中得罪了一些人。他被打成右派，谁敢肯定与美术界的恩怨纠葛没有关系？是不是以往对刘海粟的"霸道"心怀不满的人，借了"反右"这把刀，将刘海粟砍翻在地呢？只有天晓得！

无独有偶，中央美术学院揭发批判了以院长江丰为首的"反党集团"骨干分子，包括江丰在内，王曼硕、王逊、李宗津、董希文等教师以及朱乃正等学生被划为右派。中央美术学院华东分院的莫朴、朱金楼、王流秋也被打成右派。时任中央工艺美术学院副院长的庞薰琹也未能逃脱厄运。艺术教育院校一时风起云涌，人人自危。

上海戏剧学院。陈钧德亲身感受了"反右"的滋味。全院发动了师生揭发师生，谁也不能逍遥在外。教师在课堂上偶尔讲的一句话，学生在课堂做的作业，甚至学生在日记本上写的内容，掐头去尾，都可以被当做揭批右派的黑材料。

舞美系是学院里的右派重灾区。系里三位绘画高手，王挺琦、杨祖述、闵希文，人称"三剑客"，早就成为一些人的眼中钉、肉中刺了。"反右"运动风一起，很快就有人站出来揭发他们，罗织的莫须有罪状是，这"一小撮"经常画下流的"女人体"作品；非但自己在为戏剧服务方面的专业思想不巩固，一心迷恋绘画，名利思想作怪，还妄想将舞美系改造成绘画系；他们为了达到改造舞美系的目的，平时言论里就经常流露出"抢班夺权"的狼子野心，等等。欲加之罪，何患无辞？三位画家教授一同被划入右派。

杨祖述教授早年为国民党总统蒋介石画过肖像，他被揭发是潜伏的国民党分子，简直十恶不赦。于是，在上海戏剧学院"反右"运动中，罪大恶极的"死老虎"就是他了。

二十岁的陈钧德，哪里经受过这种"过山车"般的政治游戏？

从报纸电台上、从父亲经历中、从道听途说里，陈钧德似乎了解了"三反五反"、"公私合营"等社会主义改造运动，但现在，就在他最熟悉的师生圈子里，他第一次认识到，原来人群是如此复杂，阶级敌人不仅书本里有，电影里有，身边也有！但他也暗暗疑惑，他平时最尊敬、最喜爱的绘画教授们，难道真的属于高危人群，是隐藏的敌人？他们走到哪里，都被无数的目光所鄙视，无数只手在他们背后戳戳点点。陈钧德惊恐了，沉默了。"反右"是伟大领袖亲自发动的，他哪敢怀疑？哪敢怀疑谁利用揭发捣鬼？他只是暗暗难受。

这一回，他的难受不仅仅为教授们，也为了自己——他被拎到了滚烫滚烫的热锅盖上。

当时，学院领导已经找了陈钧德几次，与他严肃谈话。为什么？因为他是舞美系出名的学生，又是绘画课代表，组织上希望他挺身而出，在批斗会上登台发言，深入揭批右派教授。用当时的语言，就是誓将右派教授们身上的伪装、伪色剥得干干净净，让他们深藏在骨子里的反党反社会主义思想根子，彻底暴露在阳光之下，暴露在大庭广众面前。

学院领导"点醒"陈钧德，你不要以为自己无辜啊，有人在右派教授杨祖述的办公桌上发现许多学生送给他的私人照片，其中"课代表"陈钧德也赠送给了杨祖述一张生活照，并在照片背面这样亲笔写道：

"敬爱的杨老师留念。"

这有问题吗？有人认为，有！脑子里绷紧了阶级斗争之弦的人提出，这些照片本身就是罪证，它们的存在足以说明，身为"人民的敌人"，杨祖述不择手段地拉拢腐蚀青年学生。学院负责人敦促陈钧德立即与右派教授划清界限。而划清界限的态度，就是看陈钧德在全系批斗杨祖述的大会上，上台揭发杨祖述"平时如何放毒"，并当众索回自己的照片。

领导的话一言九鼎，谁敢违抗？陈钧德害怕极了。

批斗会那天，师生聚集，礼堂里黑压压全是人头。学院领导声嘶力竭，通过麦克风，大声点名，将陈钧德叫到台上。毫无运动经验的陈钧德浑身紧张，几乎是颤抖着脚步，往讲台走去，短短几米路走得多么漫长，他感到无数双眼睛追逐着自己的身影。但就在这短短几秒钟里，他决定了怎么应付。他走上台，望着台下黑压压的人群，再望望一旁站立的自己格外敬重的杨祖述教授，涨红了脸，一言不发，他实在也不想说什么！

"你说啊，说啊，怎么不说话呢？"领导气急败坏。

眼看陈钧德木头人一样不吭气，有人想笑却也不敢，全场一片死寂。

学院领导立即冲上台"救场"，用抑扬顿挫的语调，批判地讲述了杨祖述曾经给"茅坑里又臭又硬的石头——蒋介石"画像的一段轶闻。全场群情激奋，趁这当口，陈钧德赶紧溜下了台。

可想而知，有人据此说陈钧德"同情右派"，说他"站到了阶级敌人的立场上"。所幸，学院领导姑且念及他还年轻，没有斗争经验，也就没有进一步上纲上线。

运动期间，人人自危，谁也不敢说自己从来没有过右倾言论。何况，划定右派是有硬指标规定的，数量未达标，学院还得发动师生继续深挖和填缺。

人斗人成风的时候，陈钧德思考最多的一件事，是向东走，还是向西走？

换而言之，是靠向"红"色地带，还是坚守"灰"色地带？

严峻的政治运动教会他，也促使他认识到，绘画不单纯是绘画，绘画的方向不同或站队不同，也意味着政治态度的不同和艺术家命运的不同。苏俄式写实主义绘画是当政者喜欢的，是宣传鼓动的工具；以法国为首的印象派、表现派、野兽派等等是当政者不喜欢的，甚至是极力排斥的，属于资产阶级自由主义货色。而自己内心更喜欢后者，似乎天生与后者心心相通，怎么办？

彼时，陈钧德内心极度矛盾，也极度痛苦。但他在日记里吐露了心迹：

> 我非常喜欢绘画，忠实于真挚表达的风格，如果这样的绘画需要付出生命，我就是死也在所不惜。

做梦也想不到，这句自我激励的隐秘话语，也被人掘地三尺挖了出来。

什么叫忠实于真挚表达？倡导艺术为工人、农民、解放军服务，而不只是为少数知识分子服务，难道不真挚？还有人深入揭批："这种话，彻头彻尾地暴露了陈钧德内心的资产阶级名利思想"，"这是典型的资产阶级个人奋斗的表现"。

当时，舞美系团支部专门召集有关师生开会，讨论商议陈钧德的言论是否够得着"右派定性"。有人见风使舵，认为陈钧德思想极端，该划归右派；有人毫无原则，随声附和。眼看陈钧德的政治命运将迎来狂风巨浪，还好，危机时刻，班里的学生干部讲了公道话："我了解陈钧德同学，他一向快言快语，是个直性子。他的这句话有点儿过激，但也是私下里对自己说说，不构成反党反社会主义的攻击性言论，如果在日记里讲讲心里话也算右派言论，那么，我们全班都可能是右派了。"

这位学生干部还说："在座的各位同学，你们想想，日记里，谁没有表达过类似的激情？我们都充满理想，都追求成功，类似的表达，不就是代表了火热的青春吗？"

多年后大学同学聚首，当年的班级团支部书记向他透露了这一从未公开的秘密，因为按照组织纪律，当年为右派定性的所有师生讨论会内容，是属于绝对保密的。隔了半个多世纪，大家都两鬓灰白了，老同学们聚首才一块儿听到这样的"真相"，不由得为陈钧德唏嘘不已。

虽说躲过1957年的"反右"高潮，但到了1958年"反右补课"，各地院校掀起了"拔白旗、插红旗""向党交心""兴无灭资"的思想斗争。那时，陈钧德被无端指责为"走白专道路"，所谓"专业思想不巩固"的帽子跟着他的人事档案，去了毕业后的单位。害怕说真话，害怕祸从口出，成了弥漫于一代人身上的集体性恐惧和压抑。

1958年，中国又掀起了"大跃进"。

"大跃进"，这一今天看来十分荒诞的字眼，彼时异常美妙而激动人心：为了改变国家落后面貌，放手发动群众运动大搞经济，这是自战争年代以来屡试不爽的成功经验。但运动演绎出的浮夸风席卷了中国各个领域。这时的各地美术界热衷组织画家深入工厂农村参加火热的社会主义建设，林风眠、吴大羽、关良等接受上海美协安排，也下乡参加劳动，努力创作广大工农兵看得懂并能产生共鸣的民族化、大众化的作品。北京有个画家叫王式廓，他以毛泽东参加十三陵水库建设劳动为主题，创作了《毛主席和我们在一起》的作品，赢得报纸杂志热烈叫好，宣传领袖，表现英雄，蔚然成风。

陈钧德一开始也是学习写实主义的。他小时候受过石膏像素描的训练，技艺在学院里胜人一筹，他当时极端地迷恋物体的明暗变化，日常生活中眼睛所见的一切，他都习惯用明暗去分析，哪怕最细微的层次，他几乎都能觉察和感悟，并表现在习作上。所以他起初狂热于素描的明暗表现，有人因此而误以为，陈钧德素描厉害，但色彩逊色。就是这样一个精于素描的人，有一天翻阅法国印象派、表现派的画册，联想到教授们在课堂上深情讲述伦勃朗、莫奈、塞尚、梵高等的奇妙，这些"神"一般的艺术巨匠立即抓获了他的心，令他义无反顾地心向往之。他仿佛一见如故，转而沉迷于通过油彩表现出的光线明暗，更喜欢绘画风格里裹扶着情感的主观表现。从那时起，他对巴黎，对奥塞美术馆心驰神往，憧憬着有朝一日能飞到世界艺术之都的殿堂里一窥堂奥，也想去那里学习绘画。

但当年这种念头一闪而过，国门封闭的现实将梦想击得粉碎。

肉身无法出国，神游却没有国界。陈钧德亲近后印象主义、表现主义以及野兽派等，于是拼命寻找各种画册。彼时，整个国家各个领域"向苏联看齐"的思潮格外强大，油画创作的主流以苏俄写实主义为尊，政治领袖像、工农兵群像之类的创作席卷全国。这样的氛围下，西方现代派艺术备受歧视，被竭力打压，以致他时而胆战心惊，时而疑惑重重。

陈钧德一度反复自问，我为什么如此喜欢西方现代艺术？我意识有病还是社会有病？现代派艺术毒害麻痹人的意志吗？这一切从来没有清晰的答案。

他数次抑制不住内心的困惑和怀疑，去问教授们，他们一接触到这样的问题，个个如惊弓之鸟，欲言又止，吞吞吐吐，有的干脆让他"再也别提"！

他决计不再问了！脑袋长在自己肩上，他相信自己的选择没错！

他在困惑的时候，似乎也感到了清醒，甚至感到自傲。他相信自己，追随内心。

此时，闵希文是个"同道中人"。因"反右"被扫地出门的他，被赶到了学院图书馆做管理员。他一生崇拜迷恋塞尚、梵高与毕沙罗等，对塞尚的研究尤其深入，是塞尚的超级粉丝。他在任教师时，在课堂上激情飞扬地给学生们分析塞尚的艺术风格；被流放到图书馆后，他"贼"心不死，仍旧与陈钧德等酷爱现代派艺术的年轻人躲避旁人的监视，抓住一切机会进行热议。他还"胆大妄为"，多次将自己青睐的学生陈钧德放学后反锁在图书馆里面，纵容他尽情浏览西方美术巨匠的画册。享受过同样待遇的还有孔柏基、李山等。西方现代派画册上的外文如天书，但色彩、笔触构成的"形式"，他们完全看得懂，如同雪夜秉烛读禁书，师生间互相取暖，感到刺激而津津有味。

研习西方油画，一如在秘密战线。那时的彼此会意，有时一个默契眼神就够了。

其实，秘密交往充满风险，一旦败露，闵希文至少罪加一等。但有着知识分子秉性的闵希文刚正不阿，他信任学生，热爱学生，尽力为学生提供精神营养。而陈钧德在压抑的环境里思想别无出口，只能找个别老师诉说，他与闵希文的师生情谊，就建立在"秘密"上。

而颜文樑呢，这个早期留法归国的教授，尽管未被打成右派，他也靠边站了。陈钧德可不管颜文樑靠边站不靠边站，他一往情深地喜欢老先生的讲课，喜欢他从来不照本宣科，而将教学内容与自己的欧游经历巧妙结合，生动有趣地讲述了他与刘海粟相识于法国，一起游历凡尔赛宫，攀登埃菲尔铁塔，一起去瞻仰莫奈、梵高、高更的故居，一起去罗马、梵蒂冈等地参观宫殿、教堂、斗兽场的故事。这些经历对1950年代末的学生而言，近乎遥不可及的传奇。颜文樑的叙说，一次又一次地激发了陈钧德探究欧洲艺术的强烈兴趣。

可是，当年的中国并不开放。别说出国游历，即便在国内旅行，也受到种种限制，譬如要筹备全国粮票，还要单位出具介绍信，否则无权购买任何食物，也无法投宿旅馆等等。外出困难重重，但阻挡不了陈钧德画画的愿望。后来连续几个暑假，陈钧德都想方设法，去了敦煌、云冈。历史遗迹里的人体艺术曼妙多姿，每次写生却带给了他极其新奇的体验。

寄居山墙

随着时间的推移，陈钧德感觉学院越来越陌生了，自己也越来越迷惘了。

一、二年级，青春飞扬，多少忧伤风儿似的，眨眼就过去了。但到了三、四年级，尤其绘画基础课几乎全都"消失"了之后，陈钧德简直度日如年，无比彷徨。

他烦透了那段时间的舞美设计课，说起来多么动听，传授打造剧院魅力的技能，算是舞美专业的核心课程，实际上，陈钧德眼里，那些核心课程很多是在浪费精力和时间，这里敲敲，那里打打，枯燥乏味至极，只可惜，大把大把的时间被浪费在敲钉子、刷布景上了。他连敷衍的耐心也根本没有，他肚子里的怨气日积月累，越积越多。

神经敏感，性情孤傲的陈钧德，此时愈发感到窒息和压抑。

每次上课，他在课桌下如饥似渴地看图书馆借来的闲书。

一放学，他飞也似的迅速骑车回家，画画，不停地画画。

绘画有没有未来？绘画有没有这个职业？绘画能成为生活方式吗？

不知道。什么都是未知数。

他只知道，他要绘画，一刻不停地绘画，那是他活着所必须去做的。

　　父亲给他的卧室是个小小亭子间，大约八平方米，放进一张床，一个写字桌，所剩空间无几。但那也是他的工作室，他的私有领地啊。屋里有一面山墙，由于年久失修，淡黄色涂料的墙面变得脏兮兮，空气潮湿所留下的点点霉斑、斑斑水迹，被陈钧德看出了一个"奇异的世界"，那里有山峦、草地、湖水，多么美妙，尤其墙面剥落露出的一大块石灰白底，旁人看上去是一块难看的疮疤，陈钧德看出是一扇豁然通天的窗口！

　　陈钧德灵机一动，有一天，他爬到墙面剥落处，用油彩画了一个年轻的人体，正往外爬去。其实，他画的是自己，寄居墙上的正是他的心，向往外面世界，渴望"出去"！

　　亭子间的山墙上平空冒出个古怪身影，兄弟姐妹见了都感到好笑，直夸他画得好，老爸则沉默无语，他似乎更懂得儿子的心。陈钧德也对自己的得意之作暗暗喜欢，压抑的心情仿佛转移给了这个影子。走出去！我要走出去！所有的郁闷，随着时间推移才渐渐消散！

　　临近大学毕业，陈钧德的毕业设计作品是为舞剧《白鹭》设计舞台布景。之前，他为契诃夫小说改编的话剧《樱桃园》设计过舞美，活儿几乎不费吹灰之力，他顺利地完成了。

　　陈钧德回忆上海戏剧学院的四年生活，感觉像度过了一个无比漫长的炎夏。

　　整整四年都如同一个季节，就是炎夏。酷暑、郁闷、悲哀、清凉，五味杂全。

　　陈钧德最感庆幸的是，学院生涯没有泯灭自己对绘画的热爱和享受，相反，让自己经历了种种曲折，依旧能坚定地走绘画道路，尤其是让他与颜文樑、闵希文等教授结下了长期的友谊。

大学时代快收尾时，他收获了两样东西。一样是眼镜，可能读书太拼了，拼得眼成近视，鼻梁上不得不架上一副眼镜；另一样是初恋，长知识的四年，他的情窦也渐渐打开了。

有一天，艺术院校高考的专业考试考场设置在上海戏剧学院。应学院安排，陈钧德临时担任专业考场的监考。M小姐与S小姐一起来参加舞美系专业考试。

她俩都是应届高中生，浑身散发着青春的活力，面容姣好，让陈钧德第一次暗生情愫。

陈钧德一眼就喜欢上了窈窕、洋气的S小姐。可是，世上总有阴差阳错，S小姐对陈钧德热情有礼，自考场认识后，经常与陈钧德来往，向陈钧德虚心求教绘画上的各种问题。而S小姐的妈妈、南洋模范中学的老师，对经常夹着画具来他们家小坐的陈钧德也颇有好感，认可女儿与陈钧德的交往。有一次，还派女儿S小姐送小番茄到陈钧德在上海戏剧学院的寝室，请他尝鲜。但陈钧德是敏感的，他感受到S小姐对他的态度，友好里面有一种距离，不冷不热，根本不是恋爱。而性格开朗、落落大方的M小姐，主动与陈钧德攀谈，她笑容可掬，热烈奔放，让陈钧德体验到被一个年轻漂亮女生"追"的新鲜感。

初恋，是被异性身体和脑袋散发的芬芳所强烈吸引着。M小姐就有那样一种导致陈钧德兴奋、向往的神秘化学物，令陈钧德一头坠入爱河，一次次地憧憬，一次次地沉醉。

花前月下，两个年轻的灵魂翩翩起舞，享受着青涩纯洁的初恋时光。

由于对绘画艺术的共同爱好，他俩见面谈论绘画，有着说不完的话。

M小姐是典型的艺术青年，对绘画艺术几乎达到迷恋的地步。她对上海戏剧学院舞美系抱以非常美丽的幻想，学院里设置了哪些课程，哪几门课有趣，哪些教授最有风度，她样样都抱着好奇心。陈钧德自然而然成了她探究好奇的对象。

好景不长，M小姐以出色的高考成绩被几所大学同时录取，她最终选择的，是北上求学，去了中央工艺美术学院。这意味着什么？是不是意味着在M小姐心底，学业或事业，显然比爱情分量更重？是不是意味着他俩终有一天会分道扬镳？

陈钧德不这么认为。一朝离别，恋人的魔力更加强了。他那时不觉得距离是爱情的鸿沟，相反，是上帝对他们的考验，对他与M小姐爱情是否专一、是否忠贞的考验。

两个年轻人开始频频写信交流。书信，古老的交流方式，在微信、短信出现之前的千百年里，一直是远方亲友和恋人互通信息、互诉衷肠的使者。陈钧德与M小姐一度也沉浸在书信交流的愉快之中。他俩传递着艺术理解、人生看法、双城比较、所读新书、所见趣闻以及彼此的思念。他们在信上洋洋洒洒，写的东西比在一起时说的话还多。

思念与写信都成瘾，会天天发作，让他俩无法遏制、持之以恒地埋头书写，鸿雁频传。

两地书交往中，陈钧德渐渐悟出，人与人，思想上是存在差距的。自己一门心思着迷于绘画世界，远离政治。而M小姐明显对政治抱以极大的热情。有一天，她来信说："今天是一个特别的日子，今天，我向党组织提出入党申请了，我愿意像保尔一样度过一生，成为一个革命战士。"陈钧德立即回信表示祝贺，告诉她："对于信仰，我一直在思索，等我有朝一日有了信仰而不是单单凭着热情，我也会选择。无论如何，祝贺你的新生！"

但隐隐约约中，陈钧德感受到，喜欢艺术的灵魂间也存在差异。他有时不安：自己与M小姐的关系，会不会像《青春之歌》里余永泽与林道静？他百思，却未得其解。

热忱不负青春。初恋的美好，几乎就是彼此打开邮箱的那一刻，展开书信的那一刻。

"今天是星期一，我们上了马克思主义政治经济学，那个苏联留学回来的教授好可爱，讲了许多他在苏联的故事……"她说。

"今天是星期三，我在书店买到一本非常奇妙的书，先不告诉你书名，我三天看完后马上邮寄给你，你一定会喜欢的。……"他说。

"今天是星期五，学校组织我们听了一场报告，你知道谁来做报告吗？说出来让你羡慕死……相比宇宙、星辰，我们的生命太短暂了，只有分秒必争，才有意义！"她说。

"今天是星期六，我一直盼望上课赶快结束，因为我与颜文樑教授约好了，利用星期天，一起去上海美术馆看一个画展。"他说。

陈钧德文采斐然，将自己的生活在书信里和盘托出，他对艺术的理解，机警又敏锐，胜于常人，M小姐深深地为他的理想主义情怀、艺术信徒精神所打动。

而陈钧德眼里，M小姐是一团青春的火焰，一朵初绽的花朵，她开朗、热情，敢爱敢恨，向往进步，天生浪漫，使得陈钧德真真切切感受了何谓"爱的燃烧"。

陈钧德感叹，以"今天"打头的书信体，是他俩初恋留存的记忆符号，距今已经非常遥远，一旦想起来却依旧清晰如昨。他那时不知花费了多少枚邮票，没过多久，抽屉里M小姐的来信就积攒了一摞。

军 旅 迷 惘

文 工 团

1960年7月，陈钧德大学毕业。高唱毕业歌那会儿，他挺迷惘的。

身为一个早就立志做画家的艺术信徒，他多么向往去早期油画的世界之都——巴黎，去接受艺术深造啊！多少次，颜文樑教授、闵希文教授的课堂讲解，以及无数画册里的生动描绘，激发了他对现代派艺术发祥地的神往。但国家闭关之时，除了外交官、远洋货轮上的海员、支援亚非拉建设的铁道工人等等，出国对普通人而言遥不可及。即便父亲替自己筹足了远行的盘缠，他哪敢有出国深造的奢望和幻想？对于毕业后的就业，个人毫无选择权，只能等待组织分配，如同领取电影票，自己只需"对号入座"。

但他万万没有想到，组织上给他的"电影院位置"，是上海警备区战力文工团。

在大学同学看来，学院毕分小组让陈钧德去部队而不是文艺团体，真正是用心良苦。陈钧德绘画成绩很突出，作为毕业设计的作品也挺优秀，他唯一缺少的一根筋就是政治。如果从完善一个人的素质来说，让他去革命的熔炉——部队摸爬滚打，恰恰能弥补他的缺失。

而在陈钧德看来，穿上军装与自己的职业理想相距何止十万八千里？

他手足无措。每个毕业生都被时代洪流所裹挟，个人命运不可捉摸。但他也不感伤。军人、文工团，并非真正的戎马生涯，他那时还感到一丝浪漫、好奇。

去报到的那天，他的心情与蓝天一样清澄透彻。

上海警备区战力文工团坐落在当年的法租界，环境优雅，骑自行车回家不过一刻钟的车程。文工团招录的多是青少年文艺骨干，年纪最小的才十二三岁，最大的也就二十刚出头，从上海戏剧学院舞美系毕业的陈钧德和傅昌楣，算是文工团里最年长的团员了。

到了军营，所见所闻，让他有一百个理由感到"庆幸"。

是啊，当时国家正经历着中国近百年来最为严重的食物短缺。老家宁波也不时传来粮食紧张的消息。而在文工团，每天眼睛所及，都是朝气蓬勃的青春男女，耳朵听到的是优美的琴声、动听的歌曲，而生存所需的伙食啊，衣着啊，生活用品啊，样样不用家里操心，还提供宽敞的舞美设计工作室，多好！

那时，陈钧德的大哥早已从大连工学院毕业，效力于无限神秘的国防工业，也穿上了威武的军装。他为自己能与大哥一样进入军营感到一丝欣慰，尽管自己只是文工团的一员。大学毕业生一进部队就是尉官，军装上有四个衣兜，神气极了。

四周投射来的羡慕眼光，让他一时陶醉了。

陈钧德给在国防科工委的大哥写信通报了他的毕业去向。大哥来信表示高兴，也鼓励他在部队里好好奋斗。大哥信中告诉他，自己所在的科工委地处美丽的海滨，单位生活丰富多彩，他还参加了当地有名的"苏联公民交响乐团"，那是中苏友好时期的象征，团里多数成员是苏联专家，而大哥，一个中国人，成了"苏联公民交响乐团"的第一小提琴手，工作之余随交响乐团到处参加演出。大哥在国防科工委的表现，也让陈钧德感到自豪。

被誉为"文艺轻骑兵"的部队文工团，当年大大小小数量不少，也格外活跃。他们响应"文艺为工农兵服务""活学活用毛泽东思想"的号召，排演了各种文艺曲目，深入连队、企业、农村演出。陈钧德所在的战力文工团也不示弱，为了提高团员士气，还邀请了社会上有名的声乐教授、歌唱家、舞蹈表演艺术家等等来文工团进行专业辅导。

初到文工团，按照领导布置的任务，陈钧德大段大段的时间需要研读剧本，根据文工团所排戏剧的要求进行舞台布景的设计。有时还要干点杂活，当年叫"一专多能"。

陈钧德的工作表现让首长们感到满意。他们暗暗感叹，上海戏剧学院舞美系的高才生果然不赖，画起舞台布景，表现得得心应手；干其他活儿，也热情认真。

有时，领导对舞美设计的布置要求也让高才生的他感到为难。

一次，根据电影排演了舞剧《刘三姐》。舞台背景第一场需要绘制云雾。

陈钧德根据自己的理解，创作了这一布景。演出顺利进行，观众也给予热烈鼓励，孰料，等到文工团进行总结时，伙伴们普遍反映，舞台布景上的云雾"一点儿也不生动"。

一向要求很严的团长找了陈钧德，将意见告诉了他，希望陈钧德马上改进画雾。

陈钧德心直口快，当场说："我从小没见过大雾，也没画过！"

"嗯？"团长朝他狠瞪一眼，扔了一句："哪天遇到雾天，你好好观察观察。"

几天后的凌晨，大约四点钟，窗外的天空还墨黑墨黑的，整座城市尚未苏醒。正在宿舍酣睡的陈钧德突然被一阵"咚咚咚"的急促敲门声惊醒。

"谁啊？"陈钧德一惊，问道。

只听团长声音急促："我，团长！今天外面正好有雾，你赶紧起床去画！"

"去哪儿画啊？"睡眼惺忪的陈钧德很不情愿地起床。

团长看似商量实则在下达命令："马上去附近公园，襄阳公园、静安公园都行！"

陈钧德只得硬着头皮穿衣服，赶紧出门。

果然，屋外浓雾威风，占领了整座城市。一路上，两眼朝前望去，雾霾似乎一直往嘴巴、耳朵、眼睛里钻，几步之外的路灯变得散漫，相隔百米的建筑都显得影影绰绰。他一边在浓雾里赶路，一边观察雾气的色彩、形态。

这时，他体会到团长的用心，多么难得的体验，雾气原来如此生动！

这段时期的陈钧德，对于向东走还是向西走，依旧存在着思想上的反复徘徊。他的政治嗅觉不同了政治家，他的灵敏反应，更像是一只兔子，只是对环境是否安全有着警觉。

继续做画家梦的他，画画、阅读之余，格外留意国内美术界的动向。看到有消息说，中国美协主办了一场抽象派绘画内部展，他就喜悦。尽管内部展语焉不详，不知道北京的态度是将放开，还是收紧，但内部展至少表明，中国是"承认"世界上有一种绘画叫抽象派。连抽象派也能被正视，对后印象派、表现派、野兽派的承认就不在话下了。后来，他又看到一则消息，中国文联等主办了西班牙委拉斯开兹纪念展，那是公开展，还有，浙江美术学院举办了由罗马尼亚画家博巴主持的油画训练班等等。一鳞半爪的消息，让他嗅到美术界的风云变幻，也促使他不断思考，自己的创作往哪个方向走。

每个星期天可以回家。他要么与喜欢艺术的同学相聚，要么热情地投入绘画。绘画似乎成为他的本能，任何力量也无法剥离。"本能"

一旦饥饿，会导致不可思议的举动。

回忆那一时期种种疯狂，陈钧德嘴角露出狡黠的笑。

有一次，陈钧德去天目路上海火车站，那里永远熙熙攘攘，乱得不能再乱了。但在南来北往、成千上万的旅客中，陈钧德一眼看中了一个流浪乞讨的北方老汉，脸型略瘦，胡子拉碴，手拿一只搪瓷碗，还拄着拐杖，有着非凡气度。陈钧德驻足端详老汉，灰白头发微微上翘，眉毛粗犷，鼻梁挺直，双眼深邃，太像书本上见到的俄罗斯作家陀思妥耶夫斯基。

他不由自主径直走向他，说："我是画家，想请你做模特儿，画一幅肖像，行吗？"

"给钱吗？"乞丐毫不含糊自己的职业。

"给！"陈钧德爽快答应，随即欢天喜地将"陀思妥耶夫斯基"领回了家。

母亲一看满脸惊异：怎么带了一个流浪老汉回家？

她尾随他们身后，来到陈钧德的房间。

陈钧德毫无察觉，他镇定自若地请老汉坐在椅子上，然后支起画架，凝神观察对象，捕捉到老汉瞬间表现出的感人姿态，便"唰唰唰"地画了起来。

当晚吃饭的时候，母亲就将这条"新闻"告诉了全家人，但她却不知，陈钧德还向流浪老汉支付了一块钱报酬呢。

无独有偶，没过多久，在阳光斜照下的淮海中路常熟路口，陈钧德遇见一个款款而行的年轻女性，在他看来，她的衣着、姿态以及神情，美，却毫不甜俗。

陈钧德追着几步悄悄端详，一下子又萌生了为她作画的念头。

他三步并作两步疾步趋前，壮着胆量攀谈："哎，同志，我是一名画家，我想请你做模特儿画一幅肖像，行吗？"

年轻女子停下脚步，看陈钧德一副瘦瘦弱弱、文质彬彬的样子，不像流里流气的流氓阿飞，便微笑着，直言："好啊，你要画，就到我单位来，上海油雕院！"

啊，她也是艺术家？陈钧德打听后获知：她是个不折不扣的雕塑家呢，难怪气质出众！

陈钧德早期的绘画语言，受到塞尚和伦勃朗等人的交叉影响。

以塞尚为代表的表现派，与以伦勃朗为首的古典写实派，如同两股力量，都在引诱着、拉扯着陈钧德。他被一会儿拉到这边，一会儿拉到那边。青年时期的陈钧德就这样，受到多种绘画流派的滋养。有个叫库尔贝的画家，一度将陈钧德完全俘获。

库尔贝是法国人，非常擅长肖像创作。他的色彩有一股说不清楚的"温度"。陈钧德非常喜欢。陈钧德曾经尝试运用他的技法，描绘自己熟悉的"中国面孔"。他画过自己的阿娘、外婆、妹妹、同学、学校花匠、来沪治病而住在学校招待所的新疆男孩，也画过路上遇到的陌生人等等。那时，他已经懂得，无论对着风景还是人物绘画，不能简单模仿，看一眼画一笔，否则只可能画出匠气十足的东西，永远无法实现"生动"。那时，他不断训练自己，细致观察对象，如同职业射手为了命中目标而全神贯注于对象，这种观察也要屏息凝神，然后根据理解才动笔。那时的作品像未经雕琢的璞玉，难免稚嫩，但画面充满了朝气和热情。

他想画所有感兴趣的人。

他喜欢饱满结实、厚重有力的肖像风格。他说：

　　如果将写实主义肖像比作砖块，那么库尔贝的肖像如同花岗岩，他作品里的线条、色彩，无不有力。

当年陈钧德一度探索肖像绘画，而库尔贝是他探索途中的醒目路标。

大约就在那时，1964年2月，最疼爱陈钧德的阿娘（祖母）病逝了。

屋子里，全家老小围着阿娘躺着的遗体，伤心地哭哭啼啼。

陈钧德最受不了众人的哀哭。他第一次与亲人的死亡离得如此之近，心里也有悲戚，却心想："我是搞艺术的，不能只流眼泪，与阿娘告别，应该用我自己的方式！"

随即，他拿出画纸、炭笔，对着阿娘安详的遗容，格外利索地画了起来。先是速写，后又拿起油画颜料，不停地画，以这样的方式寄托哀思。

父母、兄妹等一众亲戚满脸惊愕。

而陈钧德全然不顾这些，他怀着悲怆，以简括的线条，勾勒着阿娘的神态特征。

他画了一幅又一幅，画得无比投入，也画得无比生动，将这一时刻的心绪用画笔记录下来，使之凝固下来，成了永恒。兄妹几个围着看，惊叹不已。

父亲也被他儿子所画的阿娘像深深地吸引了。

真正是神奇，陈钧德速写所画的"阿娘"，传递了他身为孙儿，内心真挚而强烈的感受力，作品也饱含了全家人的集体情感，是发自心底的纯真感情的迸发。

原先家里悲情弥漫，随着一幅幅速写及油画的诞生，阿娘以艺术的方式重新回到了亲人中间，伤逝的情绪顿时淡了许多。陈钧德也隐隐体会到，绘画有一股深沉而奇妙的力量。

失恋

陈钧德是个满脑子绘画的艺术狂，但一旦遇到爱情，整个人仿佛被烈火燃烧，能忘了自己，也忘了绘画，他强烈地思念在北京读书的M小姐，惦记着心上人的一切一切。

时逢初冬，听到广播里播报，北方受风沙肆虐，还常常大雪纷飞，陈钧德便满怀柔情地去百货公司给她买了一条羊毛围巾、一副绒线编织的手套，通过邮局寄去。

他时常担心在上海长大的M小姐适应不了北方的干燥和饮食，便托在北京中央戏剧学院任教的小鲍同学抽空去看望M小姐，代表自己，在生活方面经常关心一下M小姐，问问她有什么生活需要，及时给予帮助。

天赐良机，中央有关部门从全国各地调集一批艺术工作者赴京参加重大工程建设。陈钧德受上海警备区指派，赴京参加音乐舞蹈史诗《东方红》的舞美设计，为期四个月。无巧不成书，M小姐进入了毕业设计阶段，也被学院指派参与人民大会堂西藏厅的室内设计。

久别重逢，陈钧德与M小姐十分欢快，他们利用礼拜天，相约去了颐和园、什刹海、故宫，几乎将京城好去处玩遍了，尽情享受了恋爱的欢愉和异地的新鲜。

但欢乐的时光飞逝如电，音乐舞蹈史诗的舞美设计很快告结，依依不舍的陈钧德听从组织安排，按时乘坐火车返回了上海。

分居异地，频繁的书信继续传递着他们的思念。或许初恋的情感毕竟脆弱，尤其当这样的脆弱无法抵御遥远的距离和长期的寂寞，间隙就乘虚而入了。

一天，陈钧德收到中央戏剧学院鲍同学的来信，字里行间提到，最近有个高高大大的男生出现在M小姐的身边，几乎与她形影不离，热情地送她接她，貌似在恋爱……

看到这条消息，陈钧德头脑"轰"的一下顿成空白，心被掏空了一般。

他被深深刺痛了！

初始，他是气愤的，冲动之下想立刻请假飞赴北京，去讨个说法。

待冷静下来，他又意识到，问题不那么简单。

自己与M小姐天各一方，聚少离多，何时才能走到一块儿？这也是一个现实的障碍啊。我和M小姐什么时候能调到一座城市呢？掐指算算，他承认：看不清"未来"。

他陷入了极度的矛盾、迷茫。他喜欢M小姐，但何时能结束分居两地？

鞭长莫及，痛定思痛，陈钧德克制住了写信责备，暂时选择了沉默。

两人的书信依旧来往，似乎不约而同，亲密话语少了，感情悄然降温。

又一次去北京出差。陈钧德乘14次"京沪特快"列车赴京。半夜里车厢鼾声一片，陈钧德坐在黑魆魆的车窗边怎么也睡不着。他望着窗外飞速后退的月光下的树林、田野、湖水、农舍，回想着与M小姐交往的点点滴滴，心底不禁泛起一阵阵酸楚。

陈钧德想好了，这次见到M小姐后好好聊聊，再决定这段感情的走向。

经过一夜颠簸，当天蒙蒙亮，"京沪特快"列车准时停靠在崇文门附近的北京站。

陈钧德拿着行李走下车，一眼看见了等候在站台的M小姐。

当身材颀长的M小姐笑盈盈地迎上来时，陈钧德瞬间一阵感动。但转念想到小鲍信中所说"高高大大的男生"，眼前顿时浮出另一个男人的身影，他内心的火苗又腾地升起了。

该怎么对她说那件事呢？陈钧德心里七上八下的。

当M小姐挽着陈钧德的手臂甜蜜地往站外走时，陈钧德忍不住了，直截了当地问她与"高高大大的男生"究竟怎么回事。M小姐有点慌乱，但还是故作强硬。

"钧德，我们相处得一直很好，我也很感激你的真挚。但我想问你，按照目前阶段，您，是不是觉得我已经丧失了选择的自由？我已经归属您了吗？"M小姐居然使用了"您"这样一个有距离的称呼，而且话里有话，充满挑衅。

血气方刚的陈钧德一听更生气了，毫不买账，回敬道："按照贵小姐的意思，您'劈腿'、脚踏两只船，是维护了您的人权和自由，是不是？"

M小姐毫无惧色："您可以这么理解。未到结婚那一天，谁都有自由选择的权利。"

两人突然变成雕塑站着不动了，怒目相向，彼此不让。

"好吧，恕我失陪！"陈钧德觉得一股热血直冲脑门，将随身带来的礼物使劲往路边花坛里一扔，斩钉截铁、一字一句地说道："我们好——聚——好——散！"

"你——"M小姐感到意外和震惊，但她克制住了自己，静默以对。

陈钧德义无反顾朝另外的方向走去……他感觉得到，M小姐在自己背后一直站着，盯着自己，但他不愿意回首再看一眼，而是任性地往前走，直到汇入拐弯后的人流中。

初恋就这样结束了。

带着沮丧，陈钧德回上海后，写信给M小姐，提出互返书信，好自为之。

M小姐置之不理，从此杳然。

陈钧德主动拗断了一段感情，一时似乎是痛快的。

但随后的日子，痛苦接踵而至。毕竟，那是他的初恋啊。

他对这一段感情做不到恩断义绝，有时忍不住反复回味，于是五味杂陈，甜蜜里带有苦涩，痛苦里夹有辛酸。这时，他创作了一幅尺幅很大的油画《苹果树下的约会》，描绘了一个青年画家在树下作画，一旁有个少女为他削着苹果，整个画面透露着阳光明媚与和谐温情。从作品看，陈钧德对逝去的初恋并未抱以怨恨，相反，用宽容和温情纪念了这段情史。

感情上的失恋，加上事业上的失意，陈钧德一度感到自己被命运抛入了虚空，被投入到不知奔向何方的境地，原有的美好梦想变得越来越远了。

他伤感，他惆怅。有一天傍晚，太阳徐徐落山时分，大伙儿等待吃晚饭，远处营房里传来文工团员的歌声。南斯拉夫民歌《深深的海洋》。起初是几个女声在唱，后来一个低沉男声也加入了。歌声舒缓、忧郁，瞬间击中了陈钧德的内心最柔软处。他突然潸然泪下。

忧伤来袭。是的，忧伤与窒息携手双至！

此刻，陈钧德暗自垂泪，感到好无助啊。

但他是很要强的。当有人进屋时，他立即装做什么也没发生的样子。他曾经向同寝室的团友炫耀过M小姐的照片，他不想公开自己的悲伤，以自己的痛苦博取他人廉价的同情。只是在夜深人静的时候，他痛苦地回顾自离开学院后的种种经历，忧心于自己的前途：

未来究竟怎样？在目前的体制里，难道我只能屈从于现实，随波逐流？

他哪里甘心日复一日，浑浑噩噩，任时光流逝啊。

那几天，陈钧德苦闷到食之无味，寝之不安。

心在煎熬。

治疗内心的苦闷和忧愁，是靠了书籍阅读。

百无聊赖之际，陈钧德常常斜靠床头，信手翻阅枕边的书籍。

无意中，陈钧德翻开了自己大学期间的"手抄本"，有句话跳进了眼睛。那是约翰·克利斯朵夫所言："没有一场深刻的恋爱，人生等于虚度一样。"

　　陈钧德反思：自己与M小姐的交往，算不算轰轰烈烈？算不算刻骨铭心？

　　似乎远远算不上呢。只是，他非常心痛，初恋如此而夭折。

　　有人说过，无论一个人谈过几次恋爱，归结起来，永远只有两次：一次是懵懵懂懂的爱，一次是触及灵魂的爱。

　　一想到这里，他似乎释然。他觉得不必自怨自艾了，他期待下一次触及灵魂的爱！

　　他转念又考虑绘画，悠悠万事，兹事体大。他有一股追求理想的强大内力，这使得他在爱情无望的时候，更加坚强地投入绘画，而不是徘徊过久。他不甘向命运低头，不愿挥霍青春，让美好光阴糊里糊涂地急剧流逝，怎么办？能不能辞职？

　　稀奇古怪的念头开始折磨着他。

　　置身文工团，每天雷打不动地按照上峰的命令做这做那，许多事务完全与绘画无关。即便搞舞美设计，政治性第一，绘画性第二，其实，那与绘画创作根本是两回事。

　　想做个创作型的画家，在军事化管制的集体里，是多么奢侈多么渺茫，仿佛一个人被扔在了茫茫夜海，无奈地沉沉浮浮，看不到哪儿是尽头，哪儿是理想的彼岸。

　　他第一次思索，人，之所以是"人"，生存的自由和权利是什么？

　　人，只能成为国家机器上的一颗螺丝钉，而不能有自己的选择吗？

　　难道我一辈子只在这里兜兜转转？什么时候才能自由自在地在绘画世界翱翔？

夜晚，躺在宁静的军营宿舍，陈钧德辗转反侧，无数问号在脑海盘桓。

他迷茫。他忧伤。他觉得自己是个"不幸的人"。命运先是将自己送进了戏剧学院舞美系，想学绘画，结果学的是舞台布景，是这里敲敲那里打打的木工。分配后进了部队，还是与绘画创作无关，一点儿也看不到出头之日。命运如此捉弄我，为我设置了这样的成长环境、工作环境，难道我不能反抗吗？难道我只能退避而做犬儒吗？

一个从学院走出的艺术青年，毕业后最初几年，往往处于清苦和迷惘中。这个时期，他或长或短，会经历一场非常可怕的"自我怀疑"。

陈钧德遭遇的自我怀疑，比别人更为强烈。他想到，中央美院、浙江美院、南京艺院等毕业生，往往一毕业就进了油雕院或中国画院，拿着国家给的工资，一门心思从事绘画。而自己呢，在学院也算绘画高才生了，但毕业后，仅仅是一个绘画爱好者而已，连业余画家也称不上，创作得千方百计地挤时间，我的存在如同蚂蚁一样，继续待在部队，还有意义吗？

他的苦难，是身陷种种约束，无法实现创作生活的独立不羁。

忽然，他想起在上海戏剧学院读书的时候，自己写过："我爱绘画。如果走绘画道路意味着我要付出生命，我心甘情愿付出一切。"我真的已经为理想付出了什么吗？

一股倔脾气莫名地冒出来："我只想做画家，我要辞职，离开部队！"

念头一起，辗转反侧的他忽然精神振作，甚至兴奋起来。

我是逃兵吗

陈钧德整日惦记着"辞职"。辞职想了十次、二十次，有个困惑越来越重：辞职后自己去哪里？靠什么维持生计？他实在想不清楚，感到深度迷茫。

他约了久未见面的学生时代好友"老习"和"老阮"，礼拜天，一起去南京西路的静安公园"密谈"，请他们帮自己一起谋划谋划未来的人生道路。

三个好友乍一见面，嘻嘻哈哈，互相打趣，好像瞬间回到了学生时代。同学永远是同学，间隔再久，哪怕彼此老了，聊起来依旧充满了校园的生活味儿。

漫步在树林草丛深处，彼此敞开了心扉，这时，陈钧德将辞职的想法和盘托出了。

"辞职？向部队辞职？"老同学一听，不约而同地惊呼：你一定是疯了！

"部队有辞职一说吗？你的行为叫'逃兵'，'逃兵'懂吗？""老阮"调侃道。

"你想辞职，其实是资产阶级名利思想在作怪！""老习"认为。

"不是，我只是喜欢绘画，喜欢绘画有错吗？"陈钧德为自己辩解。

"单纯喜欢绘画的话，你为什么不肯留在部队？在文工团也可以画画啊！"

"你们哪里知道我的苦闷？我老是干一些初级美工做的活儿，艺术含量极少极少。小傅喜欢，他就干得愉快。我不喜欢，我就永远不会享受到工作本身的乐趣。"

"我们喜欢绘画，目的是什么？不就是为社会服务，为工农兵服务吗？文工团需要你，部队也需要你，你在舞美设计之余，也可以搞创作啊，画些英雄人物啊，劳动模范啊，许多著名画家都在画那样的作品，报纸上也经常宣传他们的作品。"

"我不喜欢那样的作品。他们是他们，认为绘画有阶级性。我喜欢的艺术是纯粹的，超越阶级性的，这种艺术与阶级无关，只与心灵、与审美有关，是从内心流出来的画。但部队根本排斥这样的题材。所以，我想辞职，想自由，做个创作型的画家，我这样耗着，在部队能有美好前程吗？我想成为一名真正的艺术家！"

"钧德啊，作为一个军人，你个人名利思想太严重了！"老习批评老同学，"说得多么动听，'我想成为一名真正的艺术家'。真正的艺术家是不会采取你这种懦弱行为，逃避现实的。你喜欢绘画，有目标有追求，是好事，但也不要排斥主题创作。艺术家不能生活在象牙塔，要了解时代需要，要贴近人民群众。"

"人民群众只要斗争，不要美吗？"

"好了好了，我不跟你争论了。业余创作，看起来道路走得多些、远些，也不用怕啊，部队不是也有军旅作家、军旅画家吗？你利用业余好好画，终会有你所期望的美好一天。"

几个年轻人你一句来，我一句去，思想激烈地交锋。

"老习"年长于陈钧德，沉稳，成熟。他出身于书香门第，家里藏有任伯年、吴昌硕、林风眠、关良等艺术家的画。他理解陈钧德的志向，却毫不客气指出陈钧德的极端。

而陈钧德固执己见，像一头认准方向不肯回头的倔驴。

"老习"最后使出"撒手锏"，凶巴巴地说："我告诉你，钧德，部队不是歌舞厅，你想来就来，想去就去，部队不会批准你辞职什么的。你不要老想着个性啊，自由啊，中国是中国，不是美国、英国。你若私自离开，军事法庭会给你严厉审判，你一生就完蛋了。人要多想想环境的好处，不要辜负首长的栽培。你说，你在文工团，生计问题要你操心吗？部队经费充足，买资料、买颜料、买画布，哪一点不比地方单位强？你想单飞，盲流、社会青年、逃兵……这就是下场。你敢吗？你甘心这样沉沦吗？"

听了"老习"的长篇宏论，陈钧德醍醐灌顶。

他扪心自问，自己是不是太幼稚啊？自己喜欢绘画，真存在名利思想作祟？

此时的自我反省，问题之尖锐，像尖刀刺胸，他感到了痛。

冷静地思考和权衡之后，他意识到，向文工团提交"辞呈"是不合时宜的，破天荒的举动说不定会招致大祸，没有后悔药可吃。但绘画，要说没有一丁点名利思想，也不真实，何错之有？艺术家成功与否，出名不出名也是一杆标尺啊。再说，绘画于自己就是喜欢，单纯是快乐，（当年）绘画根本没有卖画一说，卖画早就被视作资本主义尾巴，一刀斩断了。

那一刻，他思想上反反复复，像一锅沸腾的粥……但最后，他感到侥幸，幸亏老同学提醒，自己的"幼稚病"没能真正发作。

他认同"老习"说的一句话：

只要目标对头，就不要怕路远。

我就做个业余画家吧！陈钧德认命了。再说，文工团工作常常允许时间弹性，创作条件多少还是有的，绘画材料方面也比在工厂农村强多了。

与"老习""老阮"一起走出公园的浓荫，陈钧德的苦闷心境明显舒缓了。"多想想部队环境里的好"，他感到"老习""老阮"的意见是对的。

他再次回到部队，像是变了个人。

白天，他愉快地为文工团忙忙碌碌；午休时分或伏案看书，或戴着一顶草帽在户外写生作画。到了夜晚，他仰望星空，思考变得越来越深邃。约翰·克利斯朵夫小时候遭受了多少罪啊，有一次父亲外出归来，发现他没在练习钢琴，立即将他从床上拎起来扔在门外。自己遭遇的这点曲折，相比约翰·克利斯朵夫算得了什么？

他相信，他等待，自己的未来不会永远像今天这样，一成不变的。

有了信念和盼头，他的心情就开朗起来。他安心于业余创作，谁都知道他爱绘画，但业余画什么，怎么画，是他私人心灵花园的事情。他小心地捍卫着、守护着创作的私密。

每个周末从部队回家，陈钧德最喜欢消磨的地方，是书店。淮海中路、西藏路、徐家汇、静安寺、福州路，凡是有美术、文学著作的书店，他全都逛遍了。哪家书店有什么新书，什么价格，他记得清清楚楚。但，靠文工团发下的微薄津贴，哪够买书啊，颜料啊。

他灵机一动，与文工团图书资料员一起去福州路采购图书！

陪着去采购，费时又费力，但一大好处是，自己对文工团购书有了影响权，一旦陈钧德看中哪本书，他会竭力鼓动图书资料员买下来，以供舞美设计时"参考参考"。

感谢老天，图书资料员是个温和的、通情达理的小伙子，对于陈钧德建议购买的图书、画册，他很少拒绝，这样，陈钧德接触了大量旁人难以接触或买不起的西方艺术书籍。

一个礼拜天，陈钧德独自逛福州路外文旧书店，惊喜地发现，一本装帧精致的日本进口的画册，书名《塞尚》。从标签上看，这本纯日文的《塞尚》竟然是限量版的，全日本仅公开发行一百本。被中国图书进出口公司引进的那本画册，编号为No.9。无意中从书架上发现这本书，陈钧德爱不释手，但一看价格，倒吸一口冷气，是他半个多月的津贴收入。他左思右想，犹豫了半天，最终咬咬牙决定，买下它！

等他勇敢地跟营业员开口说"我要那本《塞尚》"，不料，营业员明确且坚决地说："不，不行。这本书，作家巴金事先跟书店说好了，要留给他的，过几天他就来付钱。"

大名鼎鼎的巴金，陈钧德当然知道。巴老写的"激流三部曲"《家》《春》《秋》，他还看过其中的《家》，对里面的"老大"觉新印象至深。他无意与巴老争抢好书，但《塞尚》捧在手上，他实在舍不得……这本画册简直将自己的魂儿也勾走了。

　　怎么办？怎么办？他与营业员软磨硬泡，突然心生一计。

　　"同志，这样行不？我将自己的名字、所在部队的电话留下。巴老来时，请你们与他商量商量，就说有个军人非常需要这本书，问他是否考虑'割爱'。"陈钧德口气真诚，仿佛巴金就站在他的面前。

　　"我们不能答应啊，只能替你试一试。"营业员被陈钧德的执着说动了。

　　果然，很幸运，书店很快来电话通知，巴金得知事情原委后，爽快地答应"割爱"。

　　"太好了，感谢您，感谢巴老！"陈钧德欣喜若狂。

　　或许，这本书会给巴金带来写作灵感，但对陈钧德而言，《塞尚》一书几乎是他的艺术《圣经》。当年中国对外封闭，几乎不出版欧洲现代派画册，但邻近的日本则大量引进出版。看不懂日文说明没关系，这本精美印制的画册，极大地满足了陈钧德的探究之心。

　　自此以后，陈钧德守株待兔，想在书店、旧书摊等渠道再遇外国出版的西方现代绘画著作，功夫不负有心人，他还真"撞见"了一些英文版、日文版以及中文繁体版的画册、著作。有一本马蒂斯的画册，念大学时翻阅过，当时没有打动自己，但几年后又一次遇见，在苦闷中翻阅，竟然让陈钧德略微"哆嗦"。没错，是"哆嗦"。因为"野兽派"几个醒目的字就是极度敏感的，成了"大毒草"，而马蒂斯的野兽派艺术主张，比毕沙罗、塞尚的表现派更强调主观，马蒂斯的色彩一点儿也不受科学的约束，他放纵自我，更善于发挥两眼观察、情绪反应以及心灵感觉的经验，表现出几近疯狂、却有自由意志的激情宣泄，完全不同于当时中国倡导冷静理性描绘政治领袖、英雄劳模以及工农兵形象的绘画态度。

这不是我想追求的精神和态度吗？但这也是与时代格格不入的资产阶级艺术啊！

他觉得刺激，也害怕，这些境外出版的画册如暗夜里的灯塔，隐隐约约引导着他，诱惑着他，也促进了他在前路茫茫的灰色年代的探索和思考。

路在何方

1960年代，中国人的业余生活普遍单调、匮乏。所幸陈钧德掌握着暗暗阅读的快乐，日子也不算难挨。利用文工团的闲余时间，他处于对绘画技艺的无限迷恋和热烈追寻中，人前不敢拿出野兽派、立体派的玩意儿，但翻阅西方巨匠库尔贝、安格尔等人的画册还是安全的。他与别人的不同之处，是不厌其烦地琢磨着、解构着大师们的色彩、构图、光线处理等等，像科学家做实验一样，他也尝试各种色彩的表现，乐此不疲。

他多么想找个对象，向他谈谈自己对绘画探索的想法。

但找谁呢？满眼的文工团领导、团员，都不是艺术上可以推心置腹的对象啊。

他格外想念颜文樑、闵希文等老师。他情不自禁又去找他们！

其时，颜文樑也很不得志，他热衷的光影技法毫无用武之地。他的"编制"在浙江美术学院，人却在上海，也很少去上海戏剧学院兼课了，只是蛰居在淮海中路常熟路附近一栋寂寞的西式里弄底楼。陈钧德回味着颜老师的讲课，记忆像一幅幅图片走马灯似的呈现脑底。此时再去颜文樑家，成了过去交往和感情的延续。

陈钧德看望颜文樑，有时去了只是聊聊天；有时与老先生一起外出写生；有时他替老先生跑跑腿，帮他去静安寺废纸店买一种照相底版纸。说起这个，陈钧德很兴奋，"那不是一般的纸噢"，他说。那种照相底版纸，硬硬的，四角有孔，价格非常便宜，论斤售卖，而当年，颜文樑恰恰偏爱在这样廉价耐用的硬板纸上进行油画创作。

所以，日后有人拿来颜文樑的作品请陈钧德鉴定，一看到四角有孔的照相底版纸，立即触动了他脑海深处的记忆按钮，甚至，有些画，颜文樑什么时候画的，什么环境下画的，陈钧德也能娓娓道来，清晰地回忆个一二。

与颜文樑交往，陈钧德起初是奔着求教的动机，希望得到前辈指点。后来，来往频繁，交往本身变成了互相需要，这是趣味相投者在精神气息上的彼此依赖。在陈钧德看来，一个像颜文樑教授这样有过留洋经历的人，身上总藏着许多故事，也总有一股气场，一次次激发出自己的想象和向往。但最最深刻的一点，陈钧德至今记得非常清晰的，是从颜文樑身上感悟到，绘画有趣，却也只是一种平平淡淡的生活：

> 做一个画家，其实不是多么风光的事情，只是人生的一种
> 选择。

陈钧德发觉，这种选择注定伴随着孤独，注定要忍受长时间一个人面对绘画。一个耐得住无尽孤独的画家，才可能创作出一幅幅饱含沉思默想的好作品。即便如此，那个年代，谁指望过作品卖钱？也没见过身边人买画啊，在肚子还填不饱的年代，绘画只是修炼。

颜文樑是耐得住孤独的，他绘画纯粹出自喜欢。他对油画的坚定和痴迷，胜似一个虔诚的教徒，一天不画会坐立不安，从无摇摆。这给了陈钧德启发和力量，自己也应该像老师那样，以思想信仰对待绘

画，别无二心。他跟颜文樑讲起过，自己很小很小的时候，被大人抱在怀里，盯着看外祖父一锤一锤雕刻石头的感受。颜文樑感同身受，赞同地说："艺术劳动就是这样的，勿必将它想得非常玄乎，对待绘画要有一颗平常心，一颗恒心。"

颜文樑一直有毅力有恒心，也是个认真得出奇的人。他画一幅风景，对每个对象的细部都想了解得非常精细，譬如画一辆自行车，陈钧德真切地记得，颜文樑会蹲在自行车面前，将轮子上的钢丝数仔仔细细地数一遍，数清楚后，才放心地回到画架面前。

如此创作技法，陈钧德想起来就忍不住笑，也是坚决不苟同的。

陈钧德非常尊重自己的老师，但这个"独头"从来不是盲目的尊重，而是表现出一种机灵。譬如，他从西方巨匠那里渐渐悟出，绘画语言不必拘泥于对象，真正的高手要善于概括性表达，要捕捉和把握整体"感觉"。为此，在暗地里，他长时间地苦苦尝试表现派的主观和野兽派的癫狂，有时直率地与老先生讨论，甚至故意用极端的情绪表达刺激刺激他。但颜文樑实在是"天下第一好脾气"，慢笃笃、慢笃笃，给陈钧德讲述他的绘画精神——真善美，还讲述他的绘画是如何注重光影变化，不能过分看重物象表面的形象，云云。

对啊，颜老师讲得对啊，但老师本质上属于写实主义的信徒，特别注重描摹自然，而陈钧德觉得，那种画法对自己"一点也不过瘾头"。他有自己的偶像：毕沙罗、塞尚，彼时他对马蒂斯尤感"服帖"，所以他大胆地、直截了当地对颜文樑说：我觉得绘画最重要的还不是捕捉光影，而是画出自己的感觉，这样更能表现画家的个性和内心。

无论陈钧德如何"放肆"和"冒犯"，颜文樑永远"呵呵"一笑。从来不会对人抡起大棒，哪怕不赞成，他也捍卫你表达观点的权利。多么民主啊，所以颜老越发得到陈钧德的尊敬！

的确，感觉，是奇妙而飘逸的东西。针对同一个绘画对象，每个画家的感觉不同，所画出来的作品之间差异很大。陈钧德与颜文樑多次相约外出写生，还是"小年轻"的他，敏锐地发现了自己与老先生的微妙差异，但他不迷信权威，牢牢守卫属于自己的"感觉"。

　　有一次，陈钧德与颜文樑相约去市中心人民广场附近写生，其间，颜文樑活泼得比陈钧德还年轻，像孩子般高兴，写生所画的烟雾一会儿是红色一会儿是黄色，看起来极其舒服，但那是颜文樑个人的光影感觉。陈钧德呢，画面上呈现的风景，更大胆，更主观，画出的是自己内心感受到的风景。陈钧德日后的绘画语言与颜文樑的风格截然不同，那时已露端倪，但师生间的友谊非常纯真，在他最孤独无助的岁月里，颜文樑是他的精神依靠。

　　此时的闵希文依旧处于丧魂落魄中。一个右派分子走在校园里、里弄里，多数人习惯无条件地信任上级组织，对他流露出轻蔑甚至憎恨的神色。一点不奇怪，人妖颠倒的年代，一些孩子像打量动物园猩猩般跟随右派身后，幼稚而粗鲁地喊叫右派名字，以此作乐。

　　但闵希文消沉吗？没有。怨恨吗？也没有。他似乎坦然接受了命运的不公。

　　这一点，陈钧德从闵希文身上看出来了，也从其他右派教授身上看出来了。他在日常交往中结识了一些右派，他发觉，右派们的言行举止，暗地里显示出一种桀骜不驯的铮铮硬骨。他们明明头上已经多了一顶沉重的"右派"帽子，实际上，面对风云突变的时代，他们选择了噤声，却反而少了同时代人身上普遍存在的盲目服从。

　　对于西方现代派艺术，闵希文就有一股坚硬的骨气和胆气，别人都不敢碰了，不敢说了，闵希文仍旧在家里继续画他的表现派探索，继续跟绘画同道分子低声而顽强地议论。

陈钧德一次又一次地去看望右派闵希文，每次都汲取了精神力量。

让陈钧德最为钦佩的是，恰恰是身为"右派""人民敌人"的闵希文，在自己最为迷茫落魄的时候，如此谆谆教导学生陈钧德：

世界上受苦受难的不止我一个人，而是很多人。历史上的伟大人物，哪一个不是经受了难以想象的大苦大难，最后做出成就的？只要坚持自己的理想，轻易不要说放弃，终有一天，你会得到命运的垂青，会实现自己存在的价值。

闵希文从来未对陈钧德说过一句垂头丧气的话，多么伟大的气度！

他非常仔细地翻阅陈钧德的作品，提醒陈钧德：

"你可以去找找刘海粟、林风眠。他们旅欧时间长，底子厚，创作和教学上有丰富的实践，也有独特的主张，一定会给你许多启发的。"

闵希文告诉苦闷中的陈钧德，1949年以后，苏俄写实主义的重镇出现在北京，而上海呢，始终是西方现代派艺术的前沿阵地，全国无可匹敌。目前时局之下，苏俄写实主义风光无限，一统天下，以后社会如何发展，就不好说了。世界不会一直不变的，你趁这个时候找刘海粟、林风眠，或许他们会接受你，对你进行私下传授。

这句话，犹如雷电一闪，瞬间让陈钧德看清了黑暗摸索中的道路！

找林风眠！找刘海粟！

有了这样的目标，陈钧德的绘画生活陡然变得亮堂。

林风眠、刘海粟，中国近现代美术史上两颗璀璨的巨星，都是早年游学法国的中国"第一代"油画家。林风眠1928年学成归国时，年仅二十八岁，就被著名教育家蔡元培力邀，担任杭州国立艺术学院首任院长，艺术成就斐然，名闻遐迩。而刘海粟，更是叱咤风云的传奇人物，不到弱冠之年就创办了中国现代第一所真正意义上的美术专科学校，还发表了办学宣言。若自己能拜教于他俩的门下，是多么荣幸的事情啊。

但上哪儿找到他俩呢？他俩会接受自己吗？陈钧德有点犯愁。

一定要找到他们，哪怕大海里捞针！陈钧德又这样给自己打气。

陈钧德找从北京回沪的老朋友小鲍私下商量。

小鲍眼珠一转，忽然发表了这样的见解："这些年，搞西方现代派绘画的人日子都不好过，林风眠、刘海粟也身处屈辱和难堪的境遇。或许他们容易接近呢！"

对啊，陈钧德心想，刘海粟、林风眠被"靠边站"，离群索居，或许有时间……

他无法明白"反右"运动中，为啥刘海粟、林风眠等大知识分子会一下子成为"问题中人"，甚至成为"人民的对立面"？身为部队文工团一名普通军人，他同情艺术大师的遭遇，更笃信，搞艺术的人或许会犯错误，但不太可能是"敌人"。而这，给了他信心和信念，成为他寻找、争取两位教授"私授"的一张思想通行证。

鲍同学一向热情、果断，他一点也没有感到为难，他第一反应是："电信局发行的电话簿上可能有林风眠家的电话，还有很多艺术家的电话，我负责去联系吧。"

的确，当年上海电信局发行的电话簿很厚很厚，分量重到可以拿它当武器砸人。无论单位还是个人，只要装有电话机，上面都印得清清楚楚。电话簿上专门有数页"私人电话号码"，户主登记的姓名、电话号码，一目了然。就这点看，当年社会风气比当下单纯，似乎没有人胆敢利用电话本，去设计一出出比戏剧更有戏剧性的欺诈。

没过多久，小鲍同学神秘兮兮地对陈钧德说："我打听到林风眠家的电话、地址了……"

"真的？"陈钧德高兴地叫起来。

两位年轻人怀着忐忑，来到一座公共电话亭，激动地拨响了林风眠家的号码。

嘟嘟嘟——，嘟嘟嘟——，拨响了好几次，电话那端没人接听。

"干脆，哪天我陪侬一起上门拜访……直接拜访！"小鲍同学说。

"好，一言为定！"陈钧德满心向往，十分赞同。

初遇大师

林风眠的"残缺美"

陈钧德第一次拜访林风眠，就这样得到小鲍同学的鼓励和帮助。

小鲍始终喜欢小伙伴的绘画，又说不清为什么喜欢，他多么渴望遇识林风眠，请他验证一下，陈钧德画得古里古怪的玩意儿，究竟有没有"前途"。

小鲍曾经对陈钧德说起，他非常羡慕林风眠、刘海粟、颜文樑、关良等"第一代"油画家早年能远渡重洋，去欧洲、日本等求学，他从一份内部资料读到过，林风眠早期留法勤工俭学，与周恩来总理是同一时期的同学呢。陈钧德也告诉鲍同学，家里有一本旧书店淘来、新中国成立前出版的"艺术论丛"，上面刊有林风眠写的《致全国艺术界书》，对他所主张的"介绍西洋艺术、整理中国艺术、调和中西艺术、创新时代艺术"，陈钧德钦佩至极："要晓得，油画刚刚引进中国，林风眠就能公开提出中西艺术辩证发展的主张，那是何等的功力和远见！"但恰恰是这时，"第一代"油画家们极力主张的西方现代主义探索与发展，在苏俄写实主义的挤压下，成了"精神鸦片"，消失在社会公共舞台，它们苟延残喘，寂寞又顽强，成为上海滩少数弄堂深处、破败公寓里的"残花败柳"。

从事现代派艺术的画家已被政治运动逼到了犄角旮旯，个个惊恐不定，巴不得完全被人遗忘，但他们在需要批斗的时候，还是会被人惦记着拉出去派用场。

林风眠就隐于复兴公园后门附近、梧桐树背后的建筑里，寂寞度日。彼时，只有极少数艺术信徒，像陈钧德这样，会千方百计冒险寻找大师，寻找他们心中的画魂。

林风眠是一个貌似胆小、懦弱，其实内心强大而孤傲的人，宁可自己不被全世界所理解，他还是坚持做自己的伟大隐士。外面的革命运动如火如荼，他退避三舍，只做一个安安静静的自己。他对社会抱有戒备，对来访的陌生人抱以警惕。

就是在这样的情况下，陈钧德和鲍同学摸索到了"南昌路53号"。

站在这扇朴实而神秘的门前，两位年轻人对视一眼，暗暗鼓劲。

当他俩"嘀铃铃、嘀铃铃——"地摁响了门铃时，便听到有人下楼的脚步声。

门开了。出现在眼前的是个子小小、瘦瘦的老人。正是大名鼎鼎的林风眠！

他俩一眼就认出了，杂志上见过照片。陈钧德心跳加速，格外激动。

林风眠看着两位"冒失鬼"，并不热情，甚至表情冷淡。

鲍同学首先开口："林教授好！我这位同学是青年画家，想向您求教绘画上的事情。"

他们被让进了屋。刚刚入座，楼下又传来敲门声，林风眠再度去开门。

"林教授，我是中央美术学院毕业的，"来者五十岁光景，是个男人，手里拿着一摞画，恭恭敬敬地说，"我自己创作的作品，我特意从北京过来，想请您指教指教。"

"指教不敢当，不敢当。"林风眠依旧不冷不热，谁都听得出语调里的"距离"。

只见林风眠站着，粗粗翻了翻不速之客的作品，说"不错不错，就这样画好了"。

事后，林风眠曾经给陈钧德解释，不速之客的画已经根深蒂固地"结壳"了，这种情况下，何必鼓动他打破坚固的壳去改变自我呢？那将是非常痛苦、曲折的过程，所以……

原来，林风眠冷冷地、客套地将远道而来的人这么打发走，缘故如此。

但当时，陈钧德对林风眠的第一感觉是，老先生外表和善，内心孤傲，对待陌生来客的态度里透着彻骨的冷和硬。尤其，目睹了林风眠清高的"敷衍"，他心里凉透了。他害怕自己也受冷遇，便识相地站起身，嘴朝门的方向一撇，暗示小鲍"赶紧闪人"！

正当他俩走近门边，身后响起大喝一声："你们站住！"

陈钧德和鲍同学齐齐转身，一脸惶恐。

"你们谁是画画的？"林风眠问。

"我。"陈钧德答道。

"你呢？"林风眠转而问鲍同学。

"我是学导演的，中央戏剧学院毕业。我陪朋友来的。"

林风眠又问陈钧德，"侬的绘画老师是啥人？"

"一开始是杨祖述，后来是闵希文。颜文樑先生也来我们学院兼课的。"

"下次带作品给我看看！"林风眠对着陈钧德，口气绝对是命令。

"你学导演的，下次就不必再来了……"他对小鲍毫无商量地说。

听林风眠这么说，陈钧德回家整理旧作，挑选了一堆自己最喜欢的作品。

第二次再去林风眠家，陈钧德有备而往。不仅带了画作，还将自己写的对艺术的一些认识和看法也带给老先生看。其中有一页纸上这样写道："不管如何，我将坚持自己的追求，一生从事绘画艺术……"陈钧德想让老先生从文字上也能读懂自己。

那天，小鲍还是陪着去了。他俩叫了一辆三轮车装载着一批画作去了。

但既然林风眠说了"学导演的，不必再来了"，小鲍识趣，仗义地将陈钧德送到林风眠家附近，就跳下三轮车，独自到街对面弄堂口，边闲逛边等候。

陈钧德让三轮车师傅停在南昌路53号门口，就去摁门铃。林风眠开了门，一见那么多画作，略感意外，亲自动手帮着陈钧德一起，将画作搬到二楼的房间里。

一进屋，陈钧德迫不及待地先将自己的文稿递上，心里七上八下很忐忑。

林风眠接过文稿，眼光飞快地扫过陈钧德用钢笔写的一页页文字，然后开始一张一张地翻阅画作。他的神情严峻，眼睛像是审判官一样锐利。陈钧德留意到一个细节：老先生看画的速度由快渐慢，越看越仔细，有时目光还在作品上停留较久，若有所思。

"你哪一年毕业的？"林风眠看完后问。

"1960年毕业的，上戏舞美系。"

"嗯，色彩感觉蛮好！我喜欢这部分……"林风眠语气亲切。

真正有天赋的人，对别人身上是不是有天赋，是极度敏感的。无论诗歌、音乐、绘画还是雕塑，出自天赋的表达，与出自刻苦训练形成的表达，技艺相近，味道却会明显不同。

林风眠毕竟是大师，对眼前年轻人天生一颗"色彩灵魂"暗暗欣赏，也不隐讳，直截了当地告诉他："你的明暗层次变化，敢于表现自己的感觉，好！对一个艺术家而言，要善于表现内心感受。当然，你有些方面还显得稚嫩，需要慢慢成熟起来。"

林风眠打开话匣，一下子给了很多评说。

当林风眠说，"下次你可以将作品继续带来给我看"时，陈钧德按捺不住内心喜悦，连声表示"谢谢，谢谢"！能获大师承诺看画，不就意味着被"接纳"吗？

一出林风眠家，陈钧德就兴奋地朝着马路对面的鲍同学热烈挥手。

看到陈钧德眉飞色舞的神情，鲍同学就猜到了十之八九。

美梦成真。陈钧德激动地向好友描绘了与林风眠会面的情景，并告诉说："伊讲，下次你可以将作品继续带来给我看……"

"是啊，林先生给了你交关多辰光，勿像上次那个中央美院的倒霉鬼！"鲍同学说。

枝繁叶茂的南昌路，此刻显得愈加美丽。他俩一路欢声笑语，心情明朗。此时，陈钧德心里暗暗下了决心，一定要画出更多满意的作品，让林教授刮目相看。

自那以后，南昌路53号，成为陈钧德心里最向往的去处。

陈钧德去看望林风眠，多数时候，事先都要积攒好一批新作，这是他给自己定下的规矩。他偶尔也想，林风眠身处孤单状态，独自绘画和生活，事事自理，家里虽安排得很有条理，但对一个声名显赫的艺术家而言，人生实在过于寂寞和俭朴了。于是，他更卖力地画画，想给自己更多去看望的理由。而每次去，摁响门铃，听着熟悉的下楼脚步声，看着老先生亲自下楼开门，笑脸相迎，他就备感温暖。一旦发觉陈钧德画作带得多，老先生总是毫不迟疑地伸手帮着搬画，行动利索，看着林风眠轻快的动作，温暖的背影，陈钧德常常莫名地感动，默默地对林风眠说："先生，谢谢您的指教，我一生都不会辜负您的！"

林风眠一旦答应了"看画"，每次都可谓全心全意，对陈钧德的每一点进步真心流露着喜悦。林风眠从来不谈及别人的绘画，更不会去评头论足，但有一次，林风眠情绪显得兴奋，对陈钧德说："我的学生赵无极在法国绘画比赛中得奖了！我太高兴了……"并出示了赵无极自巴黎寄给他的作品照片。此刻，林风眠脸上洋溢着欢乐，简直像自己才是中了大奖的人。他对自己学生的热爱有多真切啊，陈钧德想。那天，林风眠还对陈钧德说了他一辈子难忘的话："年轻人都应该有勇气去参加（绘画）比赛，去勇攀高峰。当然，比赛要拿出真正的艺术实力，要刻苦用功。你只要坚持，将来也会有所作为的！"

这样的鼓励，让陈钧德时时感受到一股动力。

一次，陈钧德将自己画的一幅肖像油画带给林风眠看。他画的是"混血儿"小伙伴邓祖仪，技法上，借鉴了法国现实主义大师库尔贝的画法，色彩深沉，透着一股忧郁的调子。

陈钧德自己感觉这幅画厚重、扎实，颇为满意。

然而林风眠凝神看了看，微微蹙眉，说道："闷死了，闷死了。"

他向陈钧德指出："画画，千万不能面面俱到，要给观众留下想象余地。你看，这块咖啡色面，实在太沉闷了。"说罢，林风眠一转身，随手拿着桌上一件金属物，往挂在墙上的一尊石膏像敲去，"哗啦"一下，完整的石膏像立刻掉下一角，石膏碎屑落了一地。

陈钧德被突如其来的情况吓了一跳。

"你觉得如何？"林风眠问。

"碎了……"陈钧德说。

林风眠看着石膏像，自言自语地说："是啊，碎了，但不是更美了吗？"

接着，他又说："维纳斯正因为失去了手臂，她才显示出超乎寻常的美！"

陈钧德回味着，也疑惑着。只听得林先生说："以世俗的审美看，一尊完整的雕塑才是最美的。但搞艺术的人一定要有意识，凡是设定死了的东西，给观众的想象余地很少，适当留一点残缺，反而会给人更多的遐想和思考……绘画，要给观者留一点余地。"

话音刚落，林风眠又用右手食指蘸了蘸钴蓝水粉颜料，猝不及防地在陈钧德作品的暗部色块上轻轻一抹，又问："你看看这里，这样处理后，画面是不是透气了、流畅了？"

"噢……一点也不沉闷了。"陈钧德眼睛一亮。

林风眠揣度到陈钧德担心自己画的小邓肖像被弄坏，柔声地说："我用的是水粉颜料，你回去用水一洗就洗掉了。我是让你看懂，这样改一改，色彩味道就不一样了。"

陈钧德突然间醒悟了很多。他牢牢记着，当时林风眠说的：

　　　创作时，想表现出灵动，就一定要打破僵化、刻板的语言！

寥寥几句话，简单几个动作，发生在瞬间，大大启发了陈钧德的色彩技法和审美意识。

林风眠一次次言传身教，也一次次拨动着陈钧德的心弦。

陈钧德常常暗自感慨，自己太幸运了，太幸福了。他对老先生是发自肺腑的感激、感恩。真正懂艺术的人才明白，林风眠这么教，是多么大度和慷慨。他对陈钧德没有敷衍，没有保留，真心传授了对艺术的真知灼见。我何德何能，享受这样的恩赐？

还有一次，陈钧德拿去几幅写生油画作品请林风眠指教，林风眠看后，忽然说："明天，我们一起去公园画画。""好啊。"陈钧德像孩子一样，欢欣雀跃。

陈钧德兴奋地跑回家，为翌日的写生准备好画夹、颜料，精心挑选了画纸等。

次日到了林风眠家，他发现，大师果然有大师范儿，只见林风眠十分自然随意，从书桌上抽取几张白色草稿纸，折叠好往衣兜里一揣，带上几支铅笔，就带着陈钧德，迈着轻快的步履，穿过雁荡路，兴高采烈地走进了遍地是林荫和花草的复兴公园。

漫步公园小道，时而遇见下棋的老人，时而遇见带着孩子嬉戏的老妇，还看见一些青年男女悠然漫步。无论对游客还是风景，林风眠写生速度都极其迅疾，寥寥几笔就勾勒好了。陈钧德当时都没敢也没来得及打开画夹，只是痴痴地看着林风眠速写，机会太难得了！

在公园仅仅转了个把小时，林风眠画了好几幅速写。老先生的画技果然不凡，他一点不注重什么层次变化，几乎都是采用单线勾勒，简约而灵动，看着就舒舒服服。

"今晚你就在这里吃便饭吧。"这天，林风眠意犹未尽，将陈钧德留下了。

他俩草草吃了点食物果腹，林风眠就在画案上铺开宣纸，挥毫作画。

白天跟着老先生去公园写生，此时又看了老先生回家在宣纸上创作，陈钧德感慨良多。

特别是林风眠一边画花鸟，一边说："画鸟不能只是像鸟，画花不能只是像花，而是要做到，画鸟像人，画花像少女……否则，绘画的味道就一点也没有了。"

林风眠当年画过一幅《鸟》，全身涂黑，突出一个看似惊恐不安的眼睛，表达了自己对时局的感受，寓意深刻。是啊，当年反右运动，性情温和的他也成了"中右"分子，差点戴上右派帽子。所以，他的"鸟语"，反映了心有余悸、又渴望春天的复杂心情。

此时，目睹了林风眠进行创作，陈钧德感叹不已：见识比学识更为难得。

后来，陈钧德的画明显受到启发，色彩运用越来越有自由气息，构图、线条也显示了法国味儿，林风眠看了频频点头。但与世无争的他一再提醒陈钧德："你画的这类风格的作品，千万不能拿给别人看呀，拿出来要惹麻烦的。"

老先生世事洞察，却也像惊恐的小鸟，与学生在一起时，才显活泼。

刘海粟的"空气"

如果陈钧德此生只获得林风眠一位大师私授，也该知足的。

老天对陈钧德的垂青，却没有就此停步。

之后，一次偶然的机会，陈钧德又与刘海粟相识了。

说起来真是缘分。陈钧德的小妹陈丽君也酷爱绘画，她的画友罗兆莲自幼拜教于刘海粟和夏伊乔，基于这样的关系，陈钧德与刘海粟很自然就认识了，还相当投缘，刘海粟每次见到陈钧德，总有谈不完的艺术话题，胜似与自己的门生打交道。

那时，刘海粟是靠边站的老右派。他头上有着儿顶大帽子："右派""反动学术权威""现行反革命分子"等等。大凡老人名字出现的地方，必定打着鲜红的"×××"。这样一个老年阶级敌人，哪个年轻人敢去交往？陈钧德敢。他太仰慕老先生的艺术了，作为一个现役军人，本来理应远离"地富反坏右"的，免得政治上牵扯不清。但是，艺术求知欲给了他勇气，他怀着火一般的热情，将这些置之度外，还巴不得早点儿结识刘海粟呢。

结识刘海粟后，陈钧德很自然就会拿林风眠与刘海粟比较。

刘海粟性格外向，敢说敢言，与各色人等应酬起来得心应手。而林风眠从来不参加吃吃喝喝的聚会，他大隐隐于市，永远是独来独往。

与林风眠之间，陈钧德感觉就是师生关系，就艺术论艺术，除了艺术之外，几乎不谈论别的。这样挺自然，每次去，都有庄重的仪式感，总要拿出些新作才对得起"见面"。

或许是性格相投，陈钧德与刘海粟之间，则完全没有了"微妙的距离感"。

> 刘海粟给到我的，是他自己的"空气"，他自己平时呼吸的"空气"。从这样的空气里，我感受到一个艺术家深藏于骨子里的东西，他身上散发的气息以及日常生活里的气氛。

陈钧德内心尊崇刘海粟，也尊崇师母夏伊乔。每次去看望，互相交流格外轻松，甚至是随心所欲的。有时与老先生天南地北地闲谈，有时听他带着浓浓的常州口音念诗诵词，有时赏弄印章或品读书画。老先生也常当着陈钧德的面画这画那，任由陈钧德站在边上随便观摩。老先生的身影、动作、语调，甚至嗜好，深深印刻在陈钧德脑中，影响着他，温暖着他。而夏伊乔呢，漂亮、高贵，举手投足间，透着世家风范。

看刘海粟作画，如同观摩笔墨世界的力量舞蹈，是极大的享受！海老先生一旦铺纸作画，总是聚精会神，能将旁人忘了，完全沉浸在自己的激情中。他异常果敢地挥洒笔墨，胸有成竹的绘画才艺，让陈钧德深深折服，常常边看边暗暗称好。年逾古稀之年，海老先生的笔触、勾线、色彩运用，愈发自由自在，"专横霸道"。

老先生为人也极为豪爽，有一次主动提出，将一幅墨迹未干的新作赠送陈钧德。待陈钧德数日后去取，老先生一拍额头，面露尴尬："被人取走了。"他随即答应："你过数日再来！"等到陈钧德再去，刘海粟拉着他的手说，这里是新画的几幅，你自己挑吧！陈钧德按捺不住喜悦，伸出手指点了一幅《芭蕉樱桃图》，刘海粟大声而爽快地说："给你了！"

那个岁月，刘海粟大度地向许多好友赠画，所赠的作品还是自己最为得意的。这幅《芭蕉樱桃图》，陈钧德珍藏至今，每每打开欣赏，总是情不自禁怀念昔日的无拘无束、自由欢乐。一去不复返的时代，政治上极度压抑，但艺坛师生间的友情，毫无利益度衡。

誉满画坛的刘海粟，对陈钧德拿来的作品直言长短，却不吝赞扬，他发觉陈钧德性格蛮温和，但运用画笔、画刀也有一股狠劲，很像自己绘画上的凶悍。老先生喜不自禁，他在得意门生面前完全打开自己，让他感受自己的一切。

有一次，刘海粟应邀去新华路231号荣毅仁妹妹荣淑仁家做客，也带上了陈钧德作陪。饭桌上，看着、听着海老先生与荣家请来的各路高朋谈笑风生，饭后，社交生活里照例有个"保留节目"，是观赏老先生当众挥毫。这也是中国书画家所特有的。酒酣之时的刘海粟满面红光，才思勃发，大声吩咐笔墨伺候，随即，站在铺展好的六尺宣纸面前，一口气创作了一幅大气磅礴的《鹰击长空图》，围站一圈的人屏息目睹了此况，大声喝彩，陈钧德也看得十分佩服：海老先生挥洒自如的胆识，在他看来，百年画坛无人可及！

就是在这样自由自在的氛围里，陈钧德感受着海老先生的嬉笑怒骂。

陈钧德与刘海粟的交往，比与林风眠交往勤快得多。每次去，一坐就是几小时，刘海粟从未表现出厌烦，待他有时像学生，有时像助手，有时像朋友，有时像孩子，无拘无束，毫无别扭。刘海粟的夫人夏伊乔也视陈钧德为"自己人"。她知道刘海粟性子直，说话冲，遇到陈钧德陪刘海粟一同外出应酬，反而一再嘱托陈钧德要提醒老先生"言语小心"！

自画像

二三十岁的时候，陈钧德画过不少自画像。

据说女性艺术家画自画像，多少带着自恋情结，而男性艺术家的自画像，更多是思想郁闷或亢奋的产物。无论郁闷或亢奋，极端心情下，很少有男画家故意美化自己，将自己画得帅帅的、酷酷的，相反，将自己画成疯子模样、画得神经兮兮的，相当普遍。

我有幸目睹陈钧德的几幅自画像，都是1960年代的作品。那时他在青春期，风华正茂，却又苦闷憋屈。他受约翰·克利斯朵夫的影响太深了，一点不肯放纵自己，一心想着个人奋斗，做一个功成名就的大画家。别人身在部队文工团，整日"混迹"于一群美女帅哥中，唱唱跳跳，插科打诨，嘻嘻哈哈，哪个不是快乐鸟？不是时代的幸运儿？但陈钧德抱定了人生目标，根本不愿屈从社会和他人的意愿去改变自己。他渴望将自己的心智、灵魂的支配权，牢牢地掌握在自己手里。所以，他常常发自内心地悲怆！

当他打开长期封存的箱子，翻找出了几幅"自画像"时，我更深入窥清了他的内在精神，他的画笔很犀利，用色彩刻画出了时代环境下自身的性格、梦想、彷徨。

这本书封套上刊登的作品，就是陈钧德花了九牛二虎之力，在他们家旮旯里翻出的旧作，这并不是他平生所画的第一幅自画像，却是迄今为止能够找到的最早的自画像，创作于1963年，署名"钧人"，既有"钧德"里的一字，也是"军人"的谐音。

画像透着孤傲之气，有点悲怆，有点癫狂，看起来让人不安。那时，他的头发比现在浓密得多，也混乱得多，表情严峻，眼光如刀。但是，我喜欢它的真实，我感受到，画面螺旋的笔触，冷峻的色彩，将他二十六岁时的精神状态表现得十分生动，那状态，绝对不是对现实世界感到满足的；那画面，也没有一丝自我粉饰，相反，是悲愤、苍凉、冷峻的。

从技法上看，陈钧德那时接触到的，是法国浪漫现实主义画派德拉克罗瓦的作品，他很有兴味，反复研读。他也接触到库尔贝的作品，熟悉从人物的现实态度和生存状态入手。他的这幅作品，先从面部勾线，渐渐画到脖子、衣服，然后在面部涂上薄油，再上他自己感觉到的五颜六色。当时盛行苏联传入的写实技法，但陈钧德倔强得很，认为世界上不可能也不能够只存在一种画法，他心里瞧不起随波逐流或死抱刻板观念的人，他给自己画像，绝不想走写实之路，而是要尝试印象加表现的技法。结果，他画笔下的自己，狂放、执拗、激情，他的笔触和色块不自觉地隐现着梵高的旋律，却逼真地再现了青春期内在的气质。

这幅画，给陈钧德带来不小的麻烦。

有一天，文工团领导将陈钧德叫到办公室。

看着首长手里拿着他画的一幅自画像，他很诧异。

"小陈，这是你的自画像？"首长问。

"您觉得还像谁？"陈钧德起初有点儿得意。

"嗯，算我明知故问，一看就认出是你嘛。"

"是我。"陈钧德还是没有察觉首长问话的用意。

"那你说说看，为什么你将额头、鼻子、脸颊的油彩画得那么厚，颜色也很古怪，黄的、绿的、红的，都有。不真实吧？"

"艺术的真实不是一般眼睛里看出的真实，你看出的是黄皮肤。但画家眼睛里，不是简单的黄颜色，而是许多颜色组成的印象色，甚至还是一种主观感受色。"

"你这是什么派的理论？"领导的表情越来越严肃了。

"我也不清楚。只是觉得这种画法有意思。"陈钧德隐隐感到情势不妙。

"哪里学的这种技法？"

"戏剧学院啊，教授们教的。"

"教授们教的？！"首长重重地重复这句话，双手放在背后，来

91

回踱步，似乎陷入深思。过了一会儿，首长语重心长地说："小陈，你想想，如果用你的画法，来描绘我们伟大领袖毛主席，来描绘工农兵的形象，你觉得会怎样？"

陈钧德愣住了，"我没有用这个技法画革命领袖、画工农兵啊！"

"是的，我没有说你已经画了，而是假设，如果这么画，丑化毛主席，丑化了工人、农民、解放军，是要剥军装、掉脑袋的，你知不知道？"首长越说越激动。

"我……"陈钧德感到被严重误解了，却百口莫辩，"我没有丑化任何人啊！"

"但你运用了典型的资产阶级绘画技巧，这是用来丑化革命者的，你知道不？"

"我没想丑化别人，要说丑化，我也只是丑化了我自己。"陈钧德感到很委屈，也有点儿"勿买账"，继续据理力争，"您是首长，我尊重您，但我的确没有想法画领袖人物、英雄人物，我只是画了我自己。行不？"

"那也不行，"首长严厉地指出，"你是革命军队的一员。你在画这样的自画像时，思想深处在想些什么，你究竟想表达、表现什么精神！这会是无产阶级感情、无产阶级精神吗？这会是共产主义思想吗？陈钧德同志！我看你满脑子资产阶级艺术观，很危险！"

首长终于上纲上线，一下子就将他划归到了"资产阶级"行列。

再费口舌也无济于事！十足是对牛弹琴！

陈钧德内心不服，但感受到的压力是沉甸甸的，让心头一沉。好汉不吃眼前亏，他连忙说："谢谢首长提醒，我知道了。我不再这么画了。"

"光知道还不行，还要深挖灵魂深处的原因，提高思想认识！"

陈钧德面色铁青，悻悻地离开首长办公室，回到宿舍。

他很纳闷，自画像是怎么长出两只脚，跑到首长办公室的？他更痛苦，感到自己像一只被囚禁的小鸟，想飞却无法振翅。他只能躲在宿舍里自问：我有错吗？首长如此看待绘画，态度简单、粗暴，我还能怎样……时代如此，世道如此，哪里还容得下艺术啊！

那一刻，几乎有股深深的幻灭感笼罩了他。搞现代派绘画，别说找不到出路，生存也难啊。从此洗手不画？可能吗？他独坐宿舍角落自言自语，异常悲愤。

这个时候，人很容易迷失方向，转而被"同化"。无论体制内还是体制外，无论专职创作还是业余创作，画家最大的悲剧，莫过于被世俗文化"同化"了。

容易被"同化"的艺术家，大多是性情四平八稳，思想举止认同中庸的人。这些人往往是驯服的工具，是生产建设的主力军，却永远成为不了个性鲜明的杰出艺术家。

所幸，陈钧德表面温和而"接受"了首长批评，其实，他内心不服，意志强大。如果他顺从上峰的意志做个听话的工具而放弃现代派艺术的探索，他很可能被认为"政治进步"，入党，提干，从此成为部队众多宣传干部中的一员，他的创作道路也就发生根本性转向，就成为不了今天的陈钧德了。但他不是。暂时的沉寂，可能酝酿出更大的爆发。任性、执拗的他，对于自己认定的人生目标矢志不移，很难被别的力量所改变。常人觉得不可能做到的事情，或不可能继续的事情，这个"独头"会硬生生绕着去做，去闯，成了"自己"。

"文革"期间的一天，自中央戏剧学院毕业后留校任教的鲍同学来信，透露了一个消息：北京正在举行"德国表现主义作品内部展"，是作为反面教材，供批判参考所用。

多么难得的一窥西方现代派艺术的机会？陈钧德一收到来信就完全坐不住了，他将文工团首长的批评忘在了脑后，此时头脑里只有一个念头：去看，一定要去看！

但是，一场来自德国的资产阶级现代派艺术展，还是供批判参考使用的革命靶子，自己明说要去观看，会被首长批准吗？他也知道"不可能"，但谁也别想阻拦他的行动。

　　他左想右想，借故去探望北京的一个朋友，毅然向文工团首长请假。得到首长准假后，他飞快地回家拿了替换的衣物，然后就直奔天目中路北站买火车票，终于赶在北京的"内部展"结束之前，去现场大饱了眼福。那是第一次看德国表现主义原作，他哪里想得到批判，他只是感觉像一个极度饥渴者在贪婪地吞噬那些恣意妄为的线条、色块、构图……

　　悄悄地去，悄悄地回，他严守着此行看展的秘密，心里快活至极。

　　他就是这样的人，个性过于鲜明，才情过于充沛，追求过于痴迷。有时让人觉得疯魔，但他自己觉得不是。他记得西班牙画家达利说过："我同疯子的唯一区别，在于我不是疯子。"他喜欢这句话，他说："我有时与疯子只存在一点点距离，这段距离却是疯子与艺术家的根本分界。"疯子是完全失去了对自己精神和行为的把控能力，而艺术家的疯魔是为了创造某个东西，将俗常规矩置于脑后，表现得鹤立鸡群，甚至看起来"怪异"。其实反映的是艺术劳动与一般劳动根本上的不同。遗憾的是，人们通常不愿意这样去理解，去对待。

　　陈钧德生命里有个"反复无常的存在"，时而给他快乐，时而让他郁闷。那个"反复无常的存在"就是人们常说的灵感。他日常最渴念最需要的，不是阳光、美食、锦衣，而是灵感。如果完全与灵感无缘了，他觉得自己就彻底完了，活着的意义也就不复存在了。

　　但，灵感来自哪里？实在是难以把握。灵感的来临，似乎伴随着以下种种：

　　遇见一个奇特的人，遇上一件奇葩的事，遇到一次意外的观展、阅读、交谈，甚至遇到一段奇异的乐曲，这些都可能撩动他的情绪开关，触动他思想发生强烈的波动。

灵感也是性情无常的，有时飘然而至，显出温柔的一面；有时突然来袭，显得狡诈。灵感一旦钻入陈钧德的脑袋，他有时会瞬间变得兴奋快乐；有时会突然变得郁闷烦躁；有时还会莫名地大发雷霆，脸部肌肉随之抽搐；有时他会闷头在便纸上"唰唰唰"地书写；有时他会骤然决定外出旅行；有时会立即动身去老先生家坐坐，回来才心平气和了。

这是他不为人知的"另一面"，熟识他的人，才会领略一二。

陈钧德承认，自个儿有着某种"神经质"。每次发作后，冷静下来，他也迷惑过，也说给老先生们听过。老先生对此惺惺相惜。刘海粟甚至劝慰陈钧德：

> 侬勿要怕情绪的到来，勿要怕"神经质"。要珍惜情绪、神经质，哪怕是极端的。

老先生们说出类似的话，其实是感同身受。对于真正的艺术家而言，看似异常的精神状况，其实完全属于正常，因为艺术家在不断发现或期盼各种别人无法理解、却已经是他想象中理所当然的东西。艺术的逻辑是非理性的！

对于任何从事艺术创作的人而言，追寻和前行中发生一些异于常人的言行，恰恰是身为艺术家的权利。若用常人的眼光或行政的手段去强加约束，要么艺术必死；要么"规则"被艺术家无视。当艺术家无视各种各样的"规则"时，他们就被人误以为"疯子"。

1960年代，二十多岁的陈钧德痴迷肖像创作的时候，就时常表现出疯劲儿。

他的肖像作品，也最直接地流露了他的某种怪异性格和情绪。

在文工团，只要看见陈钧德的双眼死死地盯着谁，就可以判定，他入迷于谁的"肖像"了。他这样的"独头"精神，自小如此，丝毫不加任何掩饰。他习惯去琢磨身边人的脸型、五官、轮廓、气质，但纯粹出于绘画的兴趣。与他一同来自上海戏剧学院舞美系的傅昌楣，则是真心热爱舞台美术，经常硬拉他一起去后台化装室，跟演员们打趣，还伸伸舌头，巧扮鬼脸。而陈钧德呢，长期与舞台美术打交道，执拗地琢磨着，舞台造型通过突出角色个性，表现内在性格，去塑造出鲜活的戏剧"角色"，但肖像绘画呢，所需要的内力是什么？

疯狂痴迷肖像创作的时期，他搜集了大量外国肖像画册阅读。那时，苏联的肖像画册容易找到，但欧洲现代派的肖像画册显得稀罕，一般的书店根本就没有。但陈钧德发挥了他的执拗，去旧书店、去图书馆、去朋友家、去礼拜天地摊市场寻觅。

对于肖像创作，客观地讲，苏俄写实主义绘画当然属于世界艺术的瑰宝，自有其优点，譬如对于人物的描绘细腻，质感清晰。但陈钧德可能先入为主地接受了欧洲现代艺术的熏陶，其内在气质与欧洲现代派的风格格外契合，结果，他对苏俄写实主义艺术画册意兴阑珊，遇到了，随意翻几下就扔了。对待现代派的画册则一见倾心。一样是写实性肖像，他喜欢库尔贝，不喜欢列宾，他对法国写实主义的喜爱，远胜俄罗斯巡回展览画派的写实主义。

陈钧德曾经对朋友说，库尔贝的艺术源于现实生活感受，更富有人性的温暖，更凸显人的情感，而克拉姆斯柯依、列宾、苏里柯夫等苏俄写实主义作品，由于"过于"追求国家与人生的宏大叙事，国家意识和气息浓厚，所以他敬而远之。

据我对陈钧德的观察和了解，恐怕还有一个深层的原因，是陈钧德骨子里有一股逆反心理。当年社会上，一谈到油画创作，言必称俄罗斯巡回展览画派，如此"一边倒"，令他极其反感。他那时经常跟画友说，既然社会到处宣扬主张这个苏俄写实主义，那我就要与别人不同，我要独辟蹊径，"去主题化"，画不一样的东西。性格决定命运，或许陈钧德的"独头"性格是一股内力，也在促使他在进行肖像创作时走法国写实主义道路，尽管彼时看不清现代派绘画的前途，但他追随内心，享受画画时的乐趣，享受与前辈艺术家的私下交流，至于边缘、寂寞，被时代排挤，被主流遗忘，他完全表现出一副"无所谓"的超脱。

肖像创作之余，他照例喜爱外出写生。他最感忍无可忍的，就是"无所事事"。

外界一直以为文工团生活，唱唱跳跳，挺自由挺快活，其实，除了排戏，团部还安排许多时间用于开会、集体学习等等，完整的时间根本抓不住，能抓住的时间都是零零碎碎的，无法安安静静地思考和绘画。身处如此不自由环境，陈钧德庆幸，文工团首长对所有人的"业务"是非常重视、常抓不懈的。有一次，团长看文工团舞美设计暂时没有任务，便灵机一动，将陈钧德和傅昌楣叫到办公室，给他们下达了一道命令："你们去浙江嵊泗写生，每个人的写生作品必须将自己在文工团里的工作室墙面全部贴满，没达到写生绘画的数量，就不准回来！"听了团长的命令，小傅似乎面露难色，陈钧德则大喜过望，心想："这哪里难得倒我？我正求之不得呢。"到了岛上，他每天尽情地观察日出日落，云舒云卷，潮起潮落，画了许许多多。从画面上看，别人看懂的是他画了海景、渔村、鱼市等等，其实，他运用的技法大多是印象派、野兽派的手法，好不过瘾！幸亏，绘画不像文字那么直白，绘画像音乐，纯粹的色彩和抽象的音符一样，阶级性不明，首长看了还夸奖，称这种手法画出的东西"蛮生动"。

陈钧德内心感激，生活曾经给予这样的馈赠。外出写生是思想最为自由、放肆的时刻，外出写生时，他也常常情不自禁忆起闵希文教授跟他说的："面对大自然，面对群众生活，你一定要学会谦虚地、耐心地静观，一方面观察对象的构图和色彩的变化；另一方面，更要将对象赋予你的内心感受，通过自己的画笔表现出来。"

在极度压抑的年代里，他以"老鼠玩猫"的心态，将自己逆时代而行的现代派艺术探索，将所谓腐朽没落的技艺，隐藏在外人所见的一幅幅"风景画"里。

这，正是1960年代，陈钧德的自画像以及内在精神的真实写照！

小金

从1960年到1969年，整整十年，中国美术界最出名的艺术作品是罗工柳的《毛泽东同志在井冈山》、侯一民的《刘少奇同志和安源矿工》、詹建俊的《狼牙山五壮士》、蔡亮的《延安火炬》、靳尚谊的《毛主席在十二月会议上》、全山石的《英勇不屈》等等。那时的革命主题画如潮如涌，目不暇接。而陈钧德呢？这个迷恋现代派艺术的青年画家，根本不被社会所关注。他也不敢对外展示自己的现代派探索，他是深山幽谷里的草，寂寞地生，寂寞地活。

漫长的寂寞里，原先与陈钧德一样喜欢现代派艺术的画家，纷纷缴械，放弃了理想。

可以理解，人的选择，永远是"生存第一"。理想的情怀、目标，在生存的巨大压力下，几乎不堪一击。但，身为文工团青年尉官的陈钧德，没有屈服于环境和命运。他说，随波逐流是容易的，但那时的他已经有了属于自己的审美眼光，甚至信仰，他相信自己的眼睛。他也坚信自己的感受，他所喜欢的、追求的画风不被时代所接受，却也绝非资产阶级艺术的残渣余孽。他内心信这个，他甘于寂寞奋斗！

他在日记本上写道："……我喜欢现代艺术。我决定不去理会别人的风言风语，坚定地走自己的艺术道路。真正的艺术家总是有着工作的自觉，当人家享受午睡、喝咖啡、游玩的时候，我可以放弃它们，我只画自己喜欢的画，做完整的自己。"

现在说这样的话，人们似乎感觉不到多少"硬度"和"温度"，但在是非颠倒、艺术找不到应有位置的年代，说这样的话很可能被上纲上线，被揭批、被打倒。所幸，日记就是日记，日记是自己对自己说话，没被人窃取的日记，还是安全的。

陈钧德这样想，也这样做，在部队文工团，别人安然午睡时，他常常戴一顶旧草帽，在太阳下的院子里忘我地绘画。自己的技法既然被首长判定为"资产阶级技法"，那么，不画领袖，不画工农兵，只画营房内外的建筑、树木、道路等等，总可以吧？

他就是如此，夸父逐日一般，顽固地追求自己心中的太阳。

有人说艺术是小道，殊不知，搞艺术与做教育、医疗、司法、新闻等等一样，只要你懂得自觉地在日常细节上自我修炼，每个行业都是心灵修为的大道。艺术也如此。

陈钧德的艺术道路并非一马平川，但他从不摇摆，为了自己的目标，他甚至不惜成为别人眼里的"白专典型""艺术偏执狂"。他坚定地顺从内心的抉择。

世上没有不透风的墙。有一次，来自首都的部队创作室干部大鹏来上海公干，听说战力文工团有个狂热痴迷绘画的青年画家，便找到陈钧德的宿舍，与陈钧德闲聊。

初次见面，彼此友好地寒暄。聊到陈钧德创作了大量作品藏在床下，大鹏便弯下腰，顺手抽出一沓作品，自说自话地看起来。一看惊讶至极：完全异质！胆大妄为！

陈钧德没有料到，大鹏会有这样一个迅雷不及掩耳的动作。被抽出作品的一刹那，他一脸惶恐，毕竟，因"自画像"被剐的阴影还在；毕竟，"左"的思想当道，纯粹的艺术创作仍旧被人视作"大逆不道"，与时代格格不入，会受到无情的批判和排斥。

意外的是，大鹏以兄长的口吻安慰他："别紧张，别紧张！"

他仔细端详了陈钧德的创作，安慰道：

画画，是画不死一个艺术家的！

"是吗？"惊魂未定的陈钧德竭力回味这句话。

大鹏倒是讲出了文工团的部分事实：时代对西方现代派绘画是关闭的，排斥的，但在文工团内部，对西方现代派还算不太敏感，对看不懂的东西，往往睁一眼闭一眼。

陈钧德从上海戏剧学院毕业时，档案里有一项由学院留给他的帽子——"纯业务观点严重"，几乎就是走白专道路的意味。文工团团长早就知道，却不以为然，即便发生了"自画像事件"的谈话后，也没再变本加厉找他算账，而像是"忘了"，只要陈钧德如期完成舞美设计任务，谁也不管你在"地下"或"半地下"状态画些什么。但丑化领袖除外。

这是封闭年代陈钧德们感到的小小幸运！

有一次，平时一直热闹的文工团驻地变得格外静谧，原来，漂亮的女团员接受"政治任务"去陪北京来的部队领导搞联欢、跳交谊舞去了，院子里顿时宁静了。其实，这类"政治任务"真还不少，每次轮到漂亮女演员外出执行任务，就成了陈钧德安心作画的好机会。那天下午，身材小巧玲珑、绰号"半导体"的文工团钢琴伴奏小金没被安排"政治任务"，她来找陈钧德聊天玩。陈钧德喜出望外，忐忑地问小金："能不能让我给你画一幅肖像？"

"好啊。"小金一向爽快，答应了。

小金的父母都是著名电影演员，她比陈钧德稍晚进文工团。她外表娴静，内心活泼，弹得一手动听的钢琴。平时他俩聊得不多，一起打饭打水的途中会聊上几句，但彼此一直是信任的、友好的。这天，就在陈钧德宿舍里，小金被邀请坐在椅子上做一回模特儿。她安静地坐着，与陈钧德轻声细语地聊着，生怕声音太响影响了绘画。而陈钧德格外放松，潇洒挥笔。

宿舍非常安静。两个年轻人默契配合，一个多小时后，一幅现代派油画肖像诞生了。

小金多么想得到这幅作品，毕竟作品画的是她呀。但陈钧德既害怕这样的画风惹事，也真的有所不舍。艺术作品就是这样，所画对象是清晰的一个人，但画作完成后，作品就是作品，作品本身是个有生命的独立存在，属于艺术家精神血肉的组成部分。所以，陈钧德一直珍藏着这幅画，即便"文革"风雨来袭，以及后来几次搬家整理，他都不忍丢弃。

对于现代派风格的肖像作品《小金》，许多从1960年代走过来的人备感"不可思议"——那时的政治空气，非常强调"步调一致"，画坛几乎都是苏俄现实主义作品。这样的年代，中国居然有艺术家偷偷运用现代派手法进行肖像创作，而且完整保存至今，堪称奇迹啊！

肖像油画《小金》，颜色浓重，笔力坚定，背景处理优雅，却全然不是当年美术界主流所倡导的写实主义，画面的笔调让人想起塞尚和马蒂斯，也显示了陈钧德早期的锐度。

年轻的陈钧德画了一批这样"稀奇古怪"的肖像，造型变形，色彩夸张，包括《自画像》。当年注定是见不得天日的，今天终究还是让我们窥见了一二，其文献意义不小。

其实，那时搞肖像创作，陈钧德还是无意中得到了部队许多"优待"。那时，好几次公干去外地，他利用礼拜天休假，畅游了敦煌、云冈。在"文革"扫四旧风暴到来之前,皇皇的古代人体雕塑艺术,给了陈钧德许多思想滋养。那时,他家里平日积攒的全国粮票,几乎都被他写生途中"挥霍"掉了。

有一年,文工团派他去北京工作一段时间。他珍惜这样的机会,事先做足功课。那时哪有"度娘"可以方便咨询,那时做功课需要跑到图书馆查阅很多书面资料,但为了不虚此行,他周密地制订了计划,准备利用在京工作期间的礼拜天,好好地去故宫观摩。

刘海粟听说后,专门致函在北京故宫任职的著名鉴定家徐邦达先生,请徐先生为陈钧德考察故宫艺术"尽可能提供便利"。故宫是明清两代的皇宫,也是世界现存规模最大、保存最为完整的木质结构宫殿建筑。宫里庭院深深,藏品多达百万,当年对外开放的中外珠宝、雕塑、古玩等等只是冰山一角,大量珍稀之物因种种原因深锁内宫,普通人难以一窥。

所幸,手持刘海粟的一张信笺,徐老像接待挚爱的老友一样,热情而慷慨地引导陈钧德观摩了平时很少打开的雕塑馆。

步入雕塑馆,满眼佛像什么的,挤挤挨挨。看了一上午,陈钧德还觉得没看够,徐老要带他去吃饭,他婉拒不去,说已经自备了干粮,于是,徐老干脆破例将陈钧德反锁在馆内,任他参观。宫门一关,陈钧德独自在静谧的雕塑馆里自由漫步,多么奇特的观摩体验。屋外的阳光穿过窗户映射在高低错落的古代雕塑身上,形成时暗时明、神秘且恐怖的气氛,仿佛一尊尊雕像全部复活了,争先恐后围观他,与他交流……

这次参观,陈钧德近距离端详的无数细节,令他的心灵受到极大震撼。他懂得:

真正的艺术是有生命的!

当晚，陈钧德回到宾馆，奋笔记录了自己的参观感受，想记录的东西太多太多，只觉得手里的笔赶不上喷涌而出的感受。

故宫赐予的灵感与熏陶，日后如影随身，潜移默化地影响着陈钧德，在他的创作中奇妙地显现。有时，陈钧德构思一幅作品，沉淀脑海深处的种种印迹无意就会浮现。他感到，中国古代文化太深邃太丰富了，相比璀璨的西方艺术，毫不逊色。从艺术品性而言，中国古代艺术作品相比塞尚、毕加索更显伟大。毕竟，在人类文化足迹上，中国古代艺术出现得更早，却那么丰富、辉煌。故宫一行，给了陈钧德极大的文化自信。

难怪，日后他参观巴黎卢浮宫、凡尔赛宫等，当别人数落"中国艺术匮乏"时，陈钧德常常反唇相讥："你对中国古代艺术知道多少？"

第
五
章　│　# 热恋罗兆莲

闺秀

文工团里长得标致、漂亮的姑娘很多，但陈钧德不是"外貌协会"的，他当然喜欢美丽的姑娘，却更注重内秀和气质。偶然的一次，陈钧德像往常一样去探望刘海粟，在那里遇见一个苗条秀丽、皮肤白皙的年轻姑娘，正在夏伊乔指导下专心致志地绘画。

"那是谁啊？"他问刘海粟。

"那是学生，叫罗兆莲。"

第一眼，他只是感觉她漂亮，像可爱的青苹果，却没有马上动心。

待到被介绍互相认识，彼此有了交流，陈钧德隐隐感到，她身上有一股磁力。

那磁力是什么呢？陈钧德竭力捕捉当年的感受。

> 那磁力远不止是青春活力，而是难以名状、捉摸不定的东西。噢，想起来了，是名门闺秀的气质。对，闺秀气质！

经过历次运动和改造，所谓"闺秀"，当年几乎绝迹，不料，陈钧德在罗兆莲身上发现了，他很惊奇："兆莲是知识分子家庭大小姐出身，伊身上有股魅力，很奇怪的魅力！"

这感受一点儿没错。他敏感捕捉到的"飘忽的存在"，是闺秀气质。

罗兆莲，是在中国大知识分子家庭熏染、长大的"末代闺秀"。1960年代，疾风暴雨的运动和跌宕起伏的岁月，已让名门滑向衰败，罗家也败落到靠变卖昔日的家产艰难度日的地步，罗兆莲沦落为"臭老九""大右派"的孙女，这样的出身，有人好奇，有人稀罕，更多人出于复杂心理，常常表示出"阶级的优越"。然而，从小在书香门第养成的眼界、品位、气质，早已浸入罗兆莲的骨髓，谁也轻易夺不走它，即便在备受株连、不满二十岁的罗兆莲身上。

这样一朵寂寞绽放的青春花朵，被陈钧德发现了，"捕捉"了。

陈钧德原本的理想是找个知性、温存的女性，没料到，命运让他认识的罗兆莲，不仅知性、温存，还是一个出自名门的坚毅闺秀，这真可谓此生的"最大幸运"。

罗兆莲的祖父，罗家衡，江西吉安人，光绪二十七年（1901）通过乡试考取了举人。

宣统三年（1911），罗家衡获得公费资助，乘船去日本早稻田大学攻读法学，在东京逗留期间与孙中山相识、相知，于是加入兴中会，后转入了同盟会。

罗家衡学成归国后，活跃在法律界，与梁启超、康有为等著名学者来往密切。1916年，由他邀集，一批有识之士相聚一堂，共同商议制定了中国第一部宪法。1919年，北京发起的五四学生运动，很快波及各地，在上海，罗家衡利用各种场合，热衷参与和倡导新文化运动，他也主张高举民主、科学的旗帜，希冀社会发扬独立自主、开放进步的思想和精神。

罗家衡精通法学，也贯通历史和艺术，尤其擅长笔墨。当年海内外许多人士倾慕他的书法艺术，以求得他的一幅墨迹为荣。我在陈钧德家里看到过罗家衡的书法条屏，其个性与品格跃然纸上；也看到梁启超、康有为赠送给罗家衡的书法作品，字里行间，洋溢着对罗家衡才学品格的热情褒扬。

罗兆莲至今保留着一幅泛黄的黑白照——祖父与著名的"七君子"合影。照片中，祖父戴着墨镜，酷酷地坐在"七君子"正中间。这昭示着，人称"罗老"的祖父，当年地位何等尊贵。

新中国建立前夕，蒋介石眼看国民党颓势无以挽回，便鼓动一批知识界精英去台湾"避一避"，其实是要他们跟着自己一齐逃离大陆。老蒋也精心安排了国民党军人，找到罗家衡，帮助将罗家值钱的家什进行打包，统统搬上驶往台湾的轮船。他想以这样的方式"要挟"一批文化名人跟随南下。

罗家衡表面敷衍，内心却盘计着如何摆脱老蒋的"绑架"。那天，驶往台湾的轮船乱得不能再乱了，码头上人很多，主要是当时的国民党公务人员、家大业大的商人和一些知名学者以及他们的眷属，许多人视此行是"逃难"。而罗家衡安排女儿、女婿随轮船赴台，自己则借故孙女罗兆莲突然出"天花"急需照顾，随即"失联"了，谁也联系不上他。过了好长一段时间，他重新露面，人们才知道，其实他早已与共产党干部接上了头。上海一解放，他成为首届华东军政委员会重要成员。首任市长陈毅特别敬重他，常与他有诗词互往，友谊笃深。罗家衡得到了共产党重用，应邀出任了不少行政和学术上的职务。

作为罗家衡的掌上明珠，罗兆莲从小生活在奇特的环境里。父母早早离异，并且各自组建了新的家庭，住在别处。与罗兆莲朝夕相处的，是爱她疼她的祖父、祖母。

早先的日子十分优渥，洋房、汽车、名流、美食，应有尽有。祖父在上海滩十分活跃，与各界名流有着广泛社交。幼时的罗兆莲在祖父组织的派对上，多次目睹一些京剧名伶、昆剧名旦与祖父一起跳交谊舞时的优雅和快乐。民国"七君子"之一、曾留学于美国威斯康星大学获政治学博士学位、回国后在复旦大学任职的王造时教授，也是罗家常客。他与祖父并非一般的社交朋友，他俩是江西老乡，很早相识，一见面彼此说着江西土话，兴致勃勃，有说不完的话。缘于康有为的介绍，祖父与旅欧归来的刘海粟也私交深厚，频频来往。罗兆莲少时患有严重哮喘，祖父罗家衡便请刘海粟夫人夏伊乔教自己的孙女习画。

天有不测风云。1957年"大鸣大放"后，敢于直言的罗家衡突然被打成右派，全部职务被免。原因至今不明。有人说他"过于高调主张'法律面前人人平等'，否定共产党的绝对权威"，也有人说他曾经替一个喜欢男扮女装的"潜伏特务"万国雄讲了句公道话……一夜之间，他成了"阶级敌人"，丢了职位，还被强令从高级洋房搬到延庆路4弄的普通寓所。

这时，他的同乡，从五四运动与他一路走来的法学家王造时，也因言"获罪"，被戴上右派帽子，扫地出门。

一个大律师、一个著名法学家，在那个年代，纵然对于国内外法律满腹经纶，也无法解救自己于劫难。

罗家衡搬家那天，延庆路4弄整条弄堂轰动了，议论不绝。爱看热闹的邻居们站在弄口，惊讶地看着想着，新搬来的人家啥个背景，哪来那么多名贵的红木家具、青铜器、书画？有一只红木雕刻的大床，令看客们弹眼落睛（沪语，感觉惊艳之意），天下居然有如此精美的红木大床。从卡车上搬下的高级家具，从弄堂口一直堆放到10号家门口，活像一次"大学者生活用品展"。

延庆路的房子属于旧上海中档西式里弄，两排三层楼高的建筑细看也相当考究的，但相比原来的高级洋房，这里的两卧住房显然非常局促和落魄，再怎么安置也盛不下阔气洋房里的全部家具啊。罗家衡没有气馁，生活要继续，学术要向前，他决定不管环境变得如何恶劣，自己的精神不能颓废。至于放不下的家具，送人的送人，变卖的变卖。

罗兆莲清晰地记得，祖父有一套约占据半个房间的《万有文库》，实在无法在延庆路的房间里安置，只能以区区四百元钱贱卖，当买主喊来一辆车运走了祖父心爱的成捆成捆的《万有文库》书籍时，祖父暗自垂泪了。此情此景，给了罗兆莲幼小的心灵以强大震撼，让她意识到，这些书籍在祖父心目中的分量！

很快，里弄里就传开了，新来的人家姓罗，是个大右派……

住在延庆路的日子，罗家人永远难忘，那些时时警惕的、带有监视性的眼神。有时相隔院子里的一排花丛，也会看到冷冷的敌视的眼光射来。罗家衡，一个著名的法律专家、爱国知识分子，绝对不曾料到，早年坚定地放弃去台湾，不到十年竟落难至此。

1961年，罗家衡未能等到平反昭雪，含冤而逝。家里的顶梁柱顷刻倒下，罗兆莲与祖母抱头痛哭。未来的日子，一切重担要靠她们自己了，才十四岁的罗兆莲一夜间成熟了很多。

祖父追悼会举行的那天，上海滩知名人士云集，法律界的、教育界的、政府机关的、金融界的，昔日好友都来了，默默送别著名法律学者。场面如此浩大，主持葬礼的却是未脱稚气的罗兆莲，她异常沉着，帮助祖母接待了祖父的新知旧雨，支撑了偌大场面。

罗家衡的去世，使得罗家失去了全部经济来源，祖母与孙女罗兆莲相依为命，生活水准每况愈下。起先，依靠变卖古董、红木家具、金银首饰等等，还能抵挡一阵子的日常开销。短短几年一过，家里能变卖的东西越来越少，怎么办？犯愁啊。

那年头，只要一听到弄堂深处传来一声先悠长后短促的"收——旧货"的吆喝，罗兆莲的眼睛就习惯性地扫视着家里四壁，看看还有什么能拿去换钱的。

家里面，能卖的几乎都卖光了。

一晃，罗兆莲自徐汇中学毕业了。学业优异的罗兆莲，原本想报考知名大学的，孰料，世易时移，局势骤变，1966年起，显示公平选拔的高考制度取消了。毛泽东向年轻人发出号召：有为的知识青年，到农村去，到边疆去，到祖国最需要的地方去。

按当时政策，罗兆莲心凉半截：且不说向往成为知识分子，那时所有的年轻人必须打破任何"精神贵族"的杂念，一律去做体力劳动者。"老三届"的毕业去向与家庭的阶级成分挂钩，而她属于"地富反坏右"后代，注定要去上山下乡插队落户，接受贫下中农再教育的。但她从小患有的哮喘一直没有根治，干不了农村重活，再说老迈的祖母体弱多病，身边也需要有人照顾，于是，经与学校老师商量，决定留在城市里，等待再分配。

这一等，让她体验了一次又一次希望、失望，周而复始的煎熬。

由于祖父是赫赫有名的大右派，株连到罗兆莲找工作的指望一再落空。

徐汇中学负责毕业生分配的老师没有歧视罗兆莲的成分，反而十分同情罗兆莲的遭遇，热心地、一次次地向用人单位推荐她，为了帮助这个品学兼优的毕业生落实工作单位，甚至愿意"搭上"一个关系生，但用人单位一查学生档案，都不敢接收这个烫手山芋。

时代和命运，一次次将罗兆莲拒在了就业门外，逼迫她成为"社会青年"。

"社会青年"，那个时代的产物！广义上，走出学校后没有谋生的职业、政府又尚未安排工作的城镇青年都属于此类；狭义上，特指社会不良青年和闲散人员，甚至是对"黑五类"子女带有轻蔑的称呼。

在身为"社会青年"的日子里，罗兆莲与祖母相互依靠，艰难度日，备感前途迷惘。那时的上海街头，表面看起来无比枯索、苍白，死一般寂静，其实，城市腹地，弄堂深处，到处晃悠着满脸稚气、浑身充满"荷尔蒙"的无业青年男女。他们惧怕政治和舆论，但生活要继续，他们私下盛传着据说是马克思与女儿燕妮玩的"问答游戏"：

> 燕妮问：你最珍贵的品德是什么？马克思答：朴素！/燕妮问：你最主要的特征是什么？马克思答：目标始终如一。/燕妮问：你对幸福的理解是什么？马克思答：斗争。/燕妮问：你对不幸的理解是什么？马克思答：屈服。/燕妮问：你最不能容忍的缺点是什么？马克思答：奴颜媚骨。/燕妮问：你最喜欢的座右铭是什么？马克思答：怀疑一切。/燕妮问：你最喜欢的颜色是什么？马克思答：红色。/燕妮问：你最爱做的事情是什么？马克思答：啃书本。/燕妮问：你对女士最重要的品质要求是什么？马克思答：温柔。

> （节选自《马克思的自白》，瓦·奇金著）

暗暗对形势变化心存怀疑的青年，不敢将"怀疑一切"直白地说出口，但借着传闻中的世界无产阶级导师马克思与女儿的问答，表达自己的不满。但他们不敢与他人讨论，懂得那是鸡蛋碰石头，唯一的下场是粉身碎骨。身无分文、无处宣泄的他们，每天像无头苍蝇到处乱飞，"老懂经们"（沪语，这里指世面见识广，具有高级的文化趣味）以偷听偷看当年被禁、却在扫"四旧"运动中漏网的音乐或书籍画册为乐，普通的人则完全失去了自己的思想和意志，盲目追随潮流，想方设法寻求生计温饱和生理刺激。

这个时期，罗兆莲最感心冷的，倒不是家庭经济大不如往昔了——尽管生活质量下滑，让人产生极度的失落和痛苦，她心里最冷的是"被敌人",是她每次走在街道里弄，戴红袖章的人以及盲目追随政治运动的人，对着她交头接耳，指指点点，用奇怪的眼光扫视她、跟踪她。似乎从那时起，她患上了"革命惊恐症"，害怕与大大小小的干部打交道。在她眼里，嗓门大、管事多的里弄支书、治保主任是日常生活中所接触到的最威风凛凛的干部了，路上遇到这些干部，她唯恐躲之不及。晦暗年代里，她最大的乐趣莫过于每周去刘海粟家，随夏伊乔研习工笔花鸟与山水。恰巧，作为部队文工团舞美设计的陈钧德，痴迷着欧洲印象派、野兽派、表现派，也常来刘海粟家"坐坐"。这样，罗兆莲与陈钧德在老先生家相遇了。

陈钧德与刘海粟谈论绘画时，说得头头是道，被罗兆莲留意到了。

罗兆莲还发现，这位"兵阿哥"帅极了，尤其是他身穿军装出现的时候。

军装，是1960年代最拉风的酷装，比四兜的蓝色中山装更为神气。陈钧德每次从文工团回家，按照部队要求而拉掉了两个领章，但眼尖的人一眼就能辨认，他穿的是纯正制服。

陈钧德只是个文工团舞美设计，真可谓寂寂无名，但罗兆莲"慧眼识英雄"，她想，陈钧德是堂堂的上海戏剧学院舞美系毕业生，也是初出茅庐的军旅画家，且不说擅长画画，肚子里还有蛮多的料，他不正是自己寻找中的"白马王子"吗？

而陈钧德呢，自从留意了比自己小了近十岁的姑娘，着迷于小姑娘身上流露的既不寻常又不张扬的涵养。他内心原本是排斥与"社会青年"来往的，但他感觉到罗兆莲与众不同。当年有些"社会青年"蝇营狗苟，满足于与"四类分子"混迹于里弄生产组，表现出彻底的消极主义，言语肤浅而粗俗，但罗兆莲是个"例外"。在陈钧德眼里，她没有工作但不沉沦，思想单纯但不幼稚，喜欢阅读，气质清高，像极了亭亭玉立、出淤泥而不染的荷花。

彼此惺惺相惜，"大右派"的孙女与"最革命"的年轻军官开始了单独约会。

荡马路，喝咖啡，看电影，逛书店……爱情，让单调乏味的生活陡然有了勃勃生机。

罗兆莲是一个直率的人，她喜欢上陈钧德，便毫无心机地邀请他到家里坐坐，给他亲手冲泡一杯咖啡，或给他做两三样清新的小菜，让陈钧德感受到感情的真切。陈钧德承认，他与罗兆莲相识，谈不上是一见钟情，但随着越来越了解，爱的感觉就变得强烈了。

他俩交往，不需要玩虚虚实实的"偶遇"啊，"英雄救美"啊，缘分到了，彼此一见如故，互相坦诚，就能感到舒服和自然。有一次，陈钧德请罗兆莲去天鹅阁吃西餐，看她熟练又优雅地使用刀叉，心里暗暗喜欢又感叹。那一刻，他看罗兆莲的眼神完全"不一样了"。

婚姻不是儿戏，恋爱再自由，总归要听听双方长辈的意见。

一天，陈钧德趁晚饭后的轻松时分，向自己的父母先做了禀报。

他一五一十，将罗兆莲的情况和盘托出，告诉了二老。

谁知，父母面露难色，认为儿子"考虑欠周"。

"怎么欠周了？"陈钧德不服。

"你想想，大右派孙女，又是社会青年，要职业无职业，要收入无收入，以后你们怎么过日子啊？"父母分明是为他着急，但陈钧德不以为然。

"我主外，她主内，分工合作，多好！"他说。

"侬不要感情用事，再考虑考虑。"父母竭力规劝。

"我考虑好了，也决定了，请爸妈理解。"陈钧德意志坚决，还甩出一句狠话：

人太计较，爱就没有了。

父母面面相觑，无可奈何。

他们还想开导儿子，但陈钧德告诉二老："你们要晓得，真正的爱比啥条件都重要。罗兆莲现在没有工作，不代表她以后永远没有工作。我是真心喜欢罗兆莲，是自由恋爱。"

"自由恋爱哪能啦？自由恋爱阿拉不反对啊。但我与侬姆妈，通过别人介绍，日子也过得蛮好嘛。"父亲伸出手指戳着儿子的脑袋，说，"侬啊，搞绘画，人勿要搞得戆忒。"

"我戆吗？"陈钧德头颅和眉梢一扬，反问。

他觉得够清醒，也只有自己是清醒之人。他是吃软不怕硬的"独头"性格，父母明显表露出的不赞成，似乎更激发了他的坚定，他心想：哼，其实你们是怕右派牵累，我不怕！毛主席也讲过：不唯成分论，一切重在本人表现。

于是，陈钧德未听劝阻，继续与罗兆莲来往。

接触越久，陈钧德越觉得罗兆莲难能可贵。她聪颖机灵，更重要的是，不像同龄女孩那么头脑浅显，看问题有独立见解，还懂艺术。他可不希望未来的妻子是艺术"阿木林"！

天空里的摄像头

陈钧德万万没有料想，他与罗兆莲的恋爱，始终伴随着监视。

那个时代，阶级斗争为纲，纲举目张。这样的意识主导下，一个大右派孙女的一言一行，哪有什么隐私权？时时刻刻有人注视着，"好像天空上也有无数双眼睛监视着你"！

陈钧德一头扑向爱情的火焰，熊熊燃烧，势不可挡。这一回，他比初恋更加忘我地投入，而且倍加呵护，不让它受到风雨侵袭。此时的爱情，首先不是肉体吸引，而是精神的魅力。陈钧德比罗兆莲年长近十岁，知识、阅历自然丰富许多。陈钧德所看的书，罗兆莲也喜欢借了去看，令陈钧德不得不叹服，花季少女悟性极高，属于见多识广的"懂经"之人，她的悟性与年龄无关，与从小的熏陶有关。她懂得绘画，喜欢阅读，谈起话剧《霓虹灯下的哨兵》、电影《魂断蓝桥》和《出水芙蓉》、小说《子夜》和《上海的早晨》，以及西方的音乐、咖啡、交谊舞等等，从小耳濡目染所受的熏陶，不经意间就从嘴里蹦了出来。特别让陈钧德舒服的是，罗兆莲穿衣打扮优雅得体，几乎同样款式的服装，穿在别的姑娘身上显得普普通通，换到她穿在身上，一番重新搭配后，特别有韵味儿。

从小过惯"大小姐"娇宠生活的罗兆莲，落到靠变卖旧物度日的艰苦环境，竟然能烧得一手好菜，萝卜豆腐等寻常物，她能烹调得色香味俱全。

一切一切，让陈钧德非但倾心，还暗暗庆幸，至于她祖父的右派身份，他根本没有父辈的焦虑。他心里原本就同情有学识、有见地、敢表达的知识分子。"右派是坏人吗？"他从来就不肯定。他喜欢罗兆莲，对家庭成分上的障碍，很快就一脚跨过了。

但是，人是社会的人，社会偏见一旦成为"共识"，整个社会就扭曲了，变形了，可怕到你常常叹息"想不到！"

有一天，陈钧德从文工团放假，未先回家，径直去了罗兆莲家。

罗兆莲一见喜出望外，忙不迭地拉椅子、沏茶。

陈钧德刚落座，屋外仿佛天兵降落，突然就闯进个神秘人物，严厉地质问陈钧德："你是谁？来这里做什么？"

"我是军人，来看朋友啊！"陈钧德坦坦荡荡。

"军人？"红袖章上下打量着陈钧德，满腹狐疑，"有什么证明啊？"

"证明？需要什么证明？"陈钧德一点不买账，问："你闯进来，有啥证明？"

"我？"来人指着罗兆莲，说："她知道的，居委会干部！罗兆莲是一个年轻人，我们要关心她，关心她与哪些人交往。你是哪个部队的？"

罗兆莲怕惹是非，连忙向来人解释："他真的是军人，战力文工团的！"

居委会干部还是半信半疑。他巴不得抓住一个"骗子""坏蛋"呢。

陈钧德不想与来者多费口舌，顺手掏出了上衣口袋里的军官证。

"喏，看吧！"陈钧德说。

居委会干部将军官证翻来覆去看了又看，抬眼又看看罗兆莲，欲言又止。

陈钧德和罗兆莲心里有数，他此时想说什么。但他俩"在一起"的表情决然。

居委会干部丢给陈钧德一个意犹未尽的眼神，讪讪地走了。

陈钧德有点生气。罗兆莲劝慰说："家常便饭，我早已习惯了神兵天降。"

他俩只能相视苦笑。

事后，陈钧德心里还"感谢"这位不速之客，未将他与罗兆莲恋爱的事去告发呢。

那年头，告发的事情比比皆是，夫妻间互相提防也不稀罕，睡觉闭只眼还得睁只眼。一个现役军官与大右派的孙女谈恋爱，按照部队纪律绝对是不被允许的。军人恋爱事先要向组织报告，接受组织的政治审查。而结婚，更需要单位审查同意，并出具盖上大红印章的书面介绍信。陈钧德明白自己恋爱面临的麻烦，他不愿意放弃罗兆莲，又无法抗拒当时的政策和偏见，便低调再低调，每次并肩出门，他俩从不手拉手，就像地下工作者"接头"。

整个社会文娱生活也是单调复单调，"破四旧"运动，早已将西洋交响乐、芭蕾、话剧等统统扫进了垃圾箱。青年人谈恋爱，无非是去逛外滩、南京东路、人民广场、淮海中路等，或去大百货商店购买东西，或看电影。为了避见熟人，他俩经常相约去某个僻静公园泛舟湖上，或专找人迹稀少的城乡接合部，那里农舍田野美丽，附近还有铁路轨道。

铁轨，蜿蜒前伸，总能牵引和拨动人的思绪。陈钧德和罗兆莲都有"生活在别处"的向往，渴望改变处境。当年，越南和老挝边境的"胡志明小道"神秘而出名，机灵的陈钧德就将自己与罗兆莲经常出没、长满野蒿、依傍着铁轨的地方，命名为"恋爱小道"。

"今天去哪儿？"

"去'恋爱小道'。"

他俩之间常有这样的对白。

好多次，绿皮火车从身边呼啸而过，他俩一起目送车尾忽地远去，仿佛欣赏了一出动感剧。望着无尽的铁轨前方，陈钧德无厘头地说过一句：

> 真希望有朝一日能去巴黎，去佛罗伦萨，去有艺术的城市自由自在地看看！

现今听来不足为奇，半个多世纪前，他梦寐以求的东西简直是"庞然大物"，根本就不可能实现，胆敢这样想入非非的人，简直离"疯子"也不远了。

罗兆莲听了只是会心一笑，她无法预测国家的未来，也无法掌控自己的未来，但陈钧德的向往也是她的向往呀，身处封闭的年代，一个人还敢如此狂想，不也很美吗？

两列火车经过的间隙，他们便在铁轨附近取景拍照，蓝天白云，微风轻拂，环境宁静，再加上陈钧德独特的取景与构图，所拍摄出来的黑白照片别有一番情趣。

孰料，简单的快乐也总伴随着意外。

一次，陈钧德正在用借来的德国莱卡相机为罗兆莲对准镜头，身后突然冒出几个便衣，大声呵斥他："喂，你们俩在这里干什么？"

两人正诧异时，来者果断地命令他们："走，去前面营房办公室说说清楚！"

营房？四周那么空旷，哪来的营房？

噢，在一排高大的洋槐背后，是军事禁地。

原来，便衣撞见他俩，怀疑他俩是"美蒋特务"。

现今的人们很难想象，1960年代，海峡两岸军事对峙，台湾国民党"反攻大陆"贼心不死，声势不断。内地报纸、杂志上经常刊登文章，宣传美蒋特务乔装打扮，潜入大陆，混迹老百姓间的故事。陈钧德万万没想到，有一天，自己与女友也被怀疑成国民党特务了。

到了营房，照例是一番严厉查问。

"误会误会，自己人！"陈钧德如实坦白，拿出战力歌舞团军官证递上。

执勤士兵作风严谨，看到了货真价实的军官证仍不放心，马上到隔壁房间，拨通上海警备区电话，与文工团团部办公室核实。电话核实完毕，还不肯马上放人，而是派了一辆军用吉普，将两人请上车，"护送"他俩驶往常德路上海警备区驻地。一路上，陈钧德与罗兆莲紧张地交换着眼神，彼此都读懂了对方的忧虑：他俩都不想让部队知道陈钧德与大右派孙女恋爱的事情啊。于是，趁着军用吉普在市区台硌路上"咯噔咯噔"发出巨大声响，陈钧德用上海方言告诉罗兆莲，"勿要怕，到了警备区一切有我对付"。罗兆莲信任地点点头。

车到常德路，事情戏剧性逆转，部队"押送"人员竟然说："下车吧，你们回家！"

莫名其妙，啥意思？他俩想："要我们呢。"

"哈哈，为我们省下了那么远的公交车费呢。"陈钧德陡然轻松，对罗兆莲说。

事情常常蹊跷，他们交往越是想着避人耳目，意外越是不请自到。

有一阵子，他俩再也不去远郊的"恋爱小道"了，而是在幽静的小马路游游荡荡。

结果，有一天，他俩在淮海西路附近一条幽静的弄堂拍照，竟然又遭遇背后有人大喝一声："你们拍什么？这里不准拍照……"

回头一看，这一回是持枪的军人。他俩也不问为什么了，识趣地掉头就走。

这些都只是恋爱季节里的插曲。其实最让他们难堪的是，弄堂里诧异的、狐疑的目光追随着他们，以及无法将婚恋实情如实地向部队汇报。众目睽睽之下，他俩从来没有一丝卿卿我我。这场恋爱，不啻为一场苦涩的秘密爱情啊！它哪天才能堂堂正正见光呢？

陈钧德和罗兆莲天真地想，不会太远，待到陈钧德转业，爱就大白天下了！

第六章 | "文革"岁月

恩师落难

1966年，"文革"开始了。这是一场比1957年反右扩大化运动更为激烈的政治运动。笔杆、榔头、皮带、刑具全都派了用场，中国历史被导入一场浩劫。

部队文工团，较之地方上一场又一场的疾风暴雨，相对平静。

但这像一场规模巨大的战争，谁也成不了"局外人"。你即便没有被炮弹炸到，没有被流弹击中，但隆隆炮声就在身边，硝烟弥漫时时可闻。

起初，陈钧德从社会气氛中感受到"文革"的肃杀。他从文工团回家，沿途常遇到这样的"意外"：在常熟路淮海中路路口，一群臂上佩戴红卫兵袖章的中学生守在路口，神情严肃地检查来往过客的发型、裤腿，发现谁的发型是大波浪卷发或飞机头，一律剪成阴阳头；发现裤腿狭窄的立即从足端往上剪开，谁穿了尖头皮鞋或高跟鞋，也勒令当场脱掉。

谁授权红卫兵这样做的？不知道。"革命"的风暴来袭，革"资产阶级生活方式"的命，是无需任何法条的，小将们自发上街就可以为所欲为。

紧接着，"破四旧"的横幅随着游行队伍走上街头，横扫"旧思想、旧文化、旧风俗、旧习惯"的叫喊声、怒吼声响彻城市上空。陈钧德家里也感受到了风声鹤唳。

有一天下班，父亲神情紧张，低声告诉家人，单位领导找他谈话了，鉴于他是资产阶级成分却也一向守法，就不安排造反派上门抄家了，但必须看他的自觉行动：能否主动将属于"四旧"的黄金首饰、古董珠宝、红木家具等上交组织。

母亲一听非常惊恐，为求一家老小平安，自觉地从箱底翻出了积攒一生的所有金银珠宝，痛苦而又不舍地让父亲拿去上交。父亲呢，掂量着一包沉甸甸的金银珠宝，竟然还担心单位领导嫌他"有所保留"，他狠狠心，将自己收藏的张大千等名家字画等一并搭上，还将家里红木衣柜、圆桌、椅子、花架等列明清单，准备大部分上交单位。

如此自觉响应"革命"，还是无法躲过"另眼相待"，单位领导最终仍旧以资产阶级分子需要深刻反省和思想改造，安排年迈的父亲改做又苦又累的家具搬运工……

陈钧德的父亲上交了家里所有值钱的东西，一夜间成了"无产者"，换得了暂时的安宁。但运动无远弗届。陈钧德上街不断看到，闹市街头的西餐馆、咖啡馆等被勒令改名，卖时尚服饰、男女皮鞋的商店纷纷清查"奇装异服"，报纸上说，所有"资产阶级的东西"一经查出，立刻实施无产阶级专政。一时间，有人恐惧，有人狂热，有人积极，有人观望。无产者无产无畏，有产者闻风丧胆。出生于买办商贾或高知家庭的人们几乎都躲不过恐惧，趁着夜黑，将家中的黄金首饰、古玩字画、貂皮大衣、香水领带、唱片画册甚至老祖宗留下的族谱等翻找出来，或上交组织，或悄悄扔进垃圾箱。有的将凝聚一生心血的古代书画浸泡在浴缸里，化为纸浆冲进下水道……舍不得扔东西的人惶惶不可终日，时时担心祸从天降。

陈钧德身为现役军人，未受到冲击。跟罗兆莲一样出身，从小讲究情调，注重衣着仪表、卖相派头的绅士淑女们，此时纷纷改头换面，素颜素装，生怕一夜之间被人指为"流氓阿飞"。而他由衷尊敬的前辈刘海粟再次落难，以"历史反革命"等罪名，前后被抄家二十多次。林风眠也以莫须有的特务罪名，被捉拿进局，在提篮桥监狱关了四年之多。

刘海粟被抄家之前，有关部门先发出了通令，严厉警告，"所有私人租用的饭店、银行的保险柜，里面的物品全部取回"。老先生预感不妙，担心耗费半辈子心血收藏的古董字画以及重要信函诗稿等遭遇不测，便将家里的古代名人字画转移到上海博物馆，委托他的学生、时任馆长沈之瑜代为保管。即便如此，家中还剩不少书画、信札、画册等重要物品。

不久，年逾古稀的刘海粟果然难逃厄运，他所担心的抄家"风暴"猛烈地刮来。

被抄家后，红卫兵小将还将刘海粟大妇赶进一间朝北小间居住，那里光线昏暗，阴冷，里面既无卫生设备，也无炉灶设施。为了照顾好刘海粟，夫人夏伊乔起早摸黑，应付每天的生煤炉，买汰烧，倒马桶，还要应付随时可能闯入的造反派和红卫兵。

"文革"的疾风暴雨，让许多人心惊胆战。再度落难的刘海粟，被打成"历史反革命""反动学术权威"，家里的珍藏都被红卫兵和造反派定性为"封资修"货色，一律被堆放在贴上封条的房间，等候上交。当时刘家门外，墙上贴满了大字报，"日本汉奸""帝国主义走狗""反动学术权威"等字眼天天冲击着人们的眼球，令人不寒而栗。

刘海粟恍惚中想起，被查封的其他房间里还留有他珍藏的不少艺术品，怎么办？

红卫兵造反派天天派人在刘家附近站岗。刘海粟内心焦虑，茶饭不思。他的孩子们也如惊弓之鸟——因为造反派与红卫兵扔给他们一句狠话："谁碰谁负责！"

刘海粟夫妇忧心如焚，生怕这批艺术珍品遭受不测。

这件事让学生罗兆莲知道了。

罗兆莲身为大右派的孙女，本该谨小慎微，远离政治危险。但当看见恩师刘海粟、夏伊乔为安置名家书画急得团团转时，她毅然决定出手相援。

危急时刻，胆大心细的罗兆莲穿上一件时兴的旧军装，看起来也像红卫兵小将一样，她只身前往刘海粟家，勇敢地帮助刘海粟将贴上的封条扯开，用竹席卷了不少轴画转移到安全的地方。后来，她还鼓动陈钧德与她一起，以恋人身份，趁夜晚的瓢泼大雨，身穿雨衣一起去老先生的家。他俩依旧小心而巧妙地撕开造反派贴的封条，冒险选了不少画作，捆好后夹在腋下，用雨衣做掩护，将画作带了出来。彼时，造反派和红卫兵轮流在楼下站岗，若被他们查到，后果不堪设想，他俩事后回忆也很后怕。当时罗兆莲却义无反顾，陈钧德也积极配合。他们从站岗的造反派身边走过时，心都怦怦地乱跳。

转移出来的油画、书画存放哪儿呢？他们左思右想，将东西藏在陈钧德家里楼梯格后的暗处。看似很妥帖很安全了，但家人每次扫地扫到这个旮旯，心里隐隐也担惊受怕。

陈钧德回忆：

> 那是家里最大的秘密，也是最危险的火药桶，随时可能"爆炸"啊。

就这样，一直小心翼翼存放到"文革"结束，完璧归赵。

"文革"最疯狂之时，刘海粟被扫地出门，与妻子一起，被人赶着搬到了香山路一间光线阴暗的客堂间。老先生起先悲愤、狂怒，后来想想不值得糟蹋自己的生命。于是安于斗室，将小小空间隔成两半，自己在里面半间小屋里伏地作画时，夏伊乔便负责坐在门口望风。

白天，造反派随时会闯进屋子，通知他参加批判会，或安排他去劳动。一见人来，夏伊乔立即大声地"通风报信"，老头子啊，侬起来了伐？有人寻侬来了！夜晚，不便开日光灯作画，罗兆莲得知情况，就去淮海旧货商店买了一只台灯，给刘海粟夫妇送去。

刘海粟在极度的政治高压下，在非常压抑的空间里，对绘画仍有顽强的爆发力，仿佛也是抗争。陈钧德多次去看望刘海粟，目睹他在昏暗的屋里专注地作画。备受屈辱的刘海粟，身处恶劣的环境，盯着画面的眼光，炯炯如炬。他挥出的每一笔都从容坚定，格外有力。

有一次，刘海粟正在小黑屋画画时，屋外突然锣鼓喧天，原来，是庆祝毛主席新诗发表的游行队伍高喊着口号从门外经过。刘海粟好像什么也没有听见，丝毫不受干扰地继续凝神作画。这一幕，陈钧德看到后，久久难以忘怀。

画家都喜欢使用鲜墨和优等宣纸。落难的日子里，刘海粟哪里还能天天研磨新墨，只能将就着使用凝滞而流动性差的宿墨；没有优等宣纸，他就在四分钱一张的皮线纸上顽强地作画，练字。陈钧德亲眼看见老先生用宿墨激情充沛地创作了墨色樱桃。他拿着一支笔蘸了蘸墨汁，几乎是"嗖嗖嗖"地挥笔将墨色不断地掷在纸面，笔笔有力见骨，异常生动。好奇怪，老先生身陷困境，竟然画出了一批在陈钧德看来"非常难得"的杰作。目睹此景，陈钧德感慨不已。

陈钧德感悟到，艺术家与政治家不同，与普通群众也不同。这个"不同"，在于艺术家有一股锲而不舍的艺术追求。当所有人被政治运动绑架的时候，当整个社会将艺术忘到脑后的时候，真正的艺术家依旧执着地信仰艺术，潜心钻研艺术，享受创作的乐趣。

刘海粟对"四人帮"以扫"四旧"为名无情封杀文化艺术，也是敢怒敢言的。有一次，陈钧德在"存天阁"与海老聊到"文化大革命"，刘海粟一时激愤，顾不得隔壁有耳，大声地对陈钧德说："中国历史历来忌才。所以不要回避，要勇于面对。司马迁就是榜样，尽管他受尽折磨屈辱，但他在狱中仍旧坚持创作了伟大的《史记》！"他屡次告诫："陈钧德，你要记住，中国的文化犹如地下长河，是任何人割不断，也毁不了的！""我们只有对艺术真诚再真诚，才是艺术的战士。"犹如黑暗中的闪电，这让陈钧德看到海老先生的勇气和赤诚！

是啊，无论专业画家、业余画家，都要有一股子精气神。有什么能阻止我们对绘画的热爱？绘画不是为了名利，而是为了内心的信仰，为了生命的意义。

老先生在"文革"黑暗时期画的画，无论色彩和笔法，传递着非凡的力量，不正是他铮铮硬骨的体现吗？不正是他的绘画精神吗？

陈钧德从刘海粟身上感悟到，一个画家应该有着怎样的创作态度。他回到自己的家里，也毫不松懈，像老先生一样，玩儿命地画，画，画！

陈钧德这个时期的创作，受两方面的影响很深。一方面是西方的艺术，尽管他没有机会去欧洲感受世界艺术之都的自由和斑斓，但畅游书海，仿佛乘上了一块飞毯，载领他的思绪自由自在地飞翔。另一方面，他细细琢磨刘海粟、林风眠、关良的艺术，感悟到他们对于西方现代艺术的理解之独特、深刻，以及对油画表现民族精神所尝试的探索。

刘海粟很喜欢他，天赋突出，却又谦虚好学。他并不刻意手把手地传授技法，而是自己作画时，让陈钧德去看，去悟，去吸收，去消化。渐渐地，陈钧德似乎"破译"了老先生的艺术密码。海老先生开画，往往第一笔是用普蓝色勾线，然后填色。陈钧德掌握了这类技法，结果，将刘海粟的油画风格学得惟妙惟肖。

朋友们看了陈钧德的作品，纷纷赞扬："年纪轻轻就画得那么好，像煞刘海粟！"

陈钧德听了，心里也乐开了花。毕竟，自己还年纪轻轻，画风能够继承老先生的衣钵，说明对老先生的绘画技法、味道把握得比较准确。

陈钧德早期有相当一批作品，与刘海粟的作品相比，几可乱真。

创作到了这样的境界，其实是走到了死胡同！如果那时陈钧德未能及时转头，不去寻找自己的新路，他很可能一辈子在前辈的艺术胡同里兜兜转转，他的艺术就死了。

所幸，有一天，有个新朋友看了陈钧德的画，毫不客气地指出："太像刘海粟了，这不是你的'画'，而是刘海粟的！"陈钧德听了，仿佛遭到当头一棒！

他原先听到的都是赞扬啊，这一回却是辛辣的讽刺，好像一盆凉水从头浇下。

想起刘海粟曾经告诫他，要"认定自己的方向，走自己的路"，陈钧德幡然醒悟。

是啊，我不是刘海粟，我是我自己，陈钧德。我的创作不能满足于像刘海粟，而必须让别人一看就认识是"陈钧德"，这才是艺术家应有的精神。艺术价值在于独创！

思想上，他首次有了摆脱刘海粟影子的意识。但站在画布面前，画笔一提起，脑子里不由自主还是想到刘海粟的技法。想创出自己绘画的语言风格，谈何容易！

很长一段时期，他感到最痛苦、最艰难的，是如何剔除刘海粟的符号。

刘海粟有什么"符号"呢?一方面是普蓝与橘黄的运用;另一方面是老先生的笔触。陈钧德看多了,常常情不自禁会像老先生那样运笔和施色。

普蓝与橘黄,是刘海粟油画作品里运用最多的色彩,无论风景还是静物。这鲜明地凸显了刘海粟作品的色彩面目。陈钧德一度尝试这两种颜色,发觉它们结合在一起,果然显得深沉而又亮丽,光彩夺目。但不能亦步亦趋,停留于模仿啊。

想成为真正的艺术家,必须跳出前辈的风格。

但自己的色彩语言在哪里?陈钧德苦苦思索。

去大自然中寻找吧,一切颜色,原本就源自自然。去历代大师的作品中去寻找吧,那些经过提炼、饱蘸感情的色彩也会给他灵感。陈钧德经常说:

> 自己的一生有两个永远不变的老师,一个是自然造化,一个是历代大师。

于是,他冒着酷暑或寒冬,在户外凝望物体上的光影,竭力寻找投射在建筑、树木上无穷变化的光色精灵。这样的寻觅和追逐不是轻松、浪漫的,而是伴随着苦闷、彷徨和煎熬。

有一段时间,他几乎扔掉了画笔,不再去碰画,仿佛生了一场大病,人也病恹恹的。

罗兆莲看在眼里,急在心里。他不画,肯定遇到什么障碍。想问,又怕他发脾气。只能在日常生活中尽力给他创造条件,让他不至于在死胡同里头撞南墙。

有一天,陈钧德外出回来,脸上明显恢复了生气,似乎还有喜悦。

奇怪。罗兆莲问他:"今天出门,碰到了什么新鲜事?"

"没有啊,我只是去了公园,随便散散心而已。"

"噢——"罗兆莲不再追根刨底了。但她高兴地感受到，陈钧德越过了暗礁。

一个画家在绘画上走入迷津，往往渴求迅速找到"出口"。而"出口"在哪里？或许隐藏在一棵树下，一片云朵上，一栋房子里，一群普通人的生活场景中。其实，是隐藏在画家的感悟中，而感悟来自自然，来自生活！

世上许多大画家都是深受日常生活的滋养。无论塞尚还是梵高，他们的绘画根植于生活，写生是他们的创作手段，写生给了他们取之不尽的艺术感悟。

受先哲启发，陈钧德一得空闲就骑上自行车或登上长途汽车，深入街头，深入田园，深入山地。在他的心里，写生也等同于创作。艺术家与艺术的生命意义在写生创作中得以展开。写生之余，他还钻研著作，大师们的艺术魔力就掩藏在花花绿绿的表象背后。

大师们的色彩各有其妙，看多了，陈钧德发现，每个大师的色彩趣味、感觉是千差万别的。塞尚的色彩令陈钧德亲近。塞尚的妙论："所有颜色各有自己的灵气，哪怕黑色"，这也给了陈钧德许多启迪和遐想。

陈钧德琢磨塞尚的色彩，采取的是"笨"办法，即将一幅幅作品对比着看。

不比不知道，一比才知道，这个法国老头的艺术密码还真有啊。

塞尚大面积使用小笔触，且顽强地运用对比色塑造平面，他的画面全盘以色彩来表现层次的推移，结果，色彩和谐不说，气韵还异常灵动。

陈钧德忽然发现了这个密码，立即放弃了刘海粟标志性的普蓝与橘黄，也大胆试用各种色彩，毫无禁忌地突破中间色的安全地带，向着纵深的对比色领域闯荡。

一闯，新曙光渐露。陈钧德发现，绿与红、黄与紫，类似的对比色表现，在学院传授的知识里，是需要竭力避免的。那像是色彩运用的禁区，也像是色彩学领域的珠穆朗玛峰，画家们轻易不去闯，不去攀登。对比色的大笔触和大面积运用风险极大，一不小心，会掉入"艳俗"这个悬崖之下。谁也不想自己的色彩趣味显得"乡里乡气"啊。

但陈钧德眼见曙光在前，怎么甘心退缩？他认为对比色运用领域存在峻岭险峰，却也并不可怕。为此，有一段时期，陈钧德在大尺幅布面作画时，反复尝试同一画面的冷暖对比，鲜红的边上，翠绿附之；柠檬黄的一侧，抹上神秘的紫色。有意思的是，如同走入一条无人走过的道路，他越走越感到，前方的天地豁然开朗：冷暖对比色一同大面积呈现，只要搭配得体，不仅不会显得艳俗，反而凸显了大雅大魅，还能表现一股强烈的情感和力量。

陈钧德乘胜追击，他在调制颜料过程中发现，绘画色彩一定要够亮，无论赤橙黄绿青蓝紫，都要追求浓纯，浓纯到颜色发亮，而色彩的过渡，也不是一味只能通过色块，色块和线条可以随心所欲地搭配，这就看艺术家的胆识和综合修养了。

历经艰难曲折的摸索和无数次的实验，陈钧德深深体会到，走别人开拓的道路，道路情况一目了然，走起来很顺畅，其实一点儿也没味道。而走自己的路，如同置身漫山遍野的荆棘丛中，常常，每迈出一小步都很难，但一旦自己闯出了新路，好比打了胜仗，那种成就感、喜悦感，不是浅尝模仿、贪图轻松者能够感受的。

血和泪

一边苦苦探索绘画语言，一边备尝精神蹂躏，是"文革"中许多画家生活的真实写照。陈钧德也不例外。

"文革"给陈钧德造成的无法磨灭的伤痛，是眼睁睁看到身边最熟悉、最敬重的人，一个个受到非人的折磨、侮辱，最终或者发疯，或者弃生。

起初是林风眠的遭遇。那时谁家有人住在海外，是个危险的包袱。恰恰，林风眠的妻子是巴西人，1949年后选择定居巴西，舍不得离开祖国的林风眠留在了上海。这层关联，让林风眠永远洗不清身上的"海外关系"，最终因此而身陷囹圄。

其实，自"反右"运动后，林风眠已经失望于局势，知识分子都不敢说话了，他也不再公开自己的"资产阶级绘画"了。很长一段时间，他很少被邀请参加社会活动，整日凄凄然幽居在上海南昌路的家里。有一天，陈钧德听妹夫的弟弟说，上海重型机器厂的造反派打算去林风眠家抄家，陈钧德闻讯连夜赶到林风眠家通风报信，生怕先生遭损。不料，林风眠言语间流露着无奈，幽幽地说：

> 怕什么，我的家里已经有红卫兵来过了，抄家、贴封条。我是没有什么害怕的东西了，老早画的作品全部烧毁了，冲进下水道了，一点也不剩，抄无可抄。

林风眠的反应是躲无可躲的平静。陈钧德看到老先生如此，黯然回家。

后来没多久，陈钧德带着习作再去找林风眠求教时，他已经失联了，门锁紧闭。

陈钧德急得团团转，四处打听，方知林风眠是"特嫌"，被抓去坐牢了。

莫名的悲哀直袭心头！

陈钧德多次不由自主地走到南昌路53号附近，毫无方向地徘徊。

他站在街道对面，抬头仰望二楼的一扇窗户，多么希望里面有人影晃动。但，屋里再无动静。

疯狂的年代，似乎谁都可以组织"冲击"。

想革谁的命，无须举证，只要高喊口号，胡乱编个罪名，就畅行无阻。

陈钧德耳闻了，目睹了太多有关揪斗、抄家的事情。

有一次朋友通知他，上海电影制片厂剧场里，红卫兵造反派揪斗文艺界人士，陈钧德对艺术家的命运格外敏感，立即赶过去看，刚走到人声鼎沸的批斗会现场，只听得高音喇叭里声嘶力竭地大叫："现在，将'反动学术权威''黑画家'吴大羽揪出来示众！"

啊，吴大羽！陈钧德心里一阵发抖，那是大名鼎鼎的中国"第一代"油画家啊。

陈钧德睁大眼睛，吃惊地看到一个精精瘦瘦、身穿深色衣服的老人，随着喇叭里叫到他的名字，他手执一把收拢的雨伞走上台，弯腰将伞放在脚边，平静地屹立着，任凭海啸般的革命性批斗语言在四周滚来滚去，毫无惧色。轮到下一个批斗对象上台，已经走到台下的吴大羽突然又不慌不忙折回台上去取忘拿的雨伞，此时全场再次响起"打倒吴大羽""打倒反动学术权威"的叫嚣，但老先生依旧面无表情，淡定自若。

老先生身陷困境依旧有股尊严之气，令陈钧德感佩不已。

"文革"对知识分子的摧残，无所不用其极。有一次，陈钧德听说上海中国画院开批斗会，也与好友一起去看。台上站着唐云、来楚生等一长溜的老画家，个个两鬓灰白，神色严肃。陈钧德听不清喇叭里高声揭露了他们什么罪行，只在"嗡嗡嗡"叫声中看见一个凶神恶煞的年轻人，将一大瓶墨汁一股脑儿地倒在老艺术家们头上，顿时，老画家们头上、脸上、肩膀上墨汁横流……陈钧德哪里忍心再看下去，立即掉头就走！

经历过抄家的人，才知道何谓恐怖：一帮人突然冲进屋，不需要提供任何证件，就可以登堂入室，长驱直入。岂止是翻箱倒柜，"聪明"的红卫兵或造反派像是受过特别训练一样，采取各种方法去发掘秘密。于是，敲墙听音、挖墙洞、撬地板、掀屋檐，真可谓彻底搜掠，多少人一生的心血被毁，还备受稀奇古怪的侮辱，让人生不如死。

有的实在熬不住，就跳楼，就打开煤气阀，就上吊，以了余生。

林风眠当年说过一句："我不会自杀，我要熬住……"那是巨大压力下的不屈精神！

但，也有许多熬不住的惨痛记忆啊。

有一天，陈钧德在刘海粟家得知，傅雷和妻子双双"走"了。

起先传闻他俩是开煤气阀自杀，后经办案民警证实，是"上吊自杀"。

刘海粟老泪纵横，伤心不已。傅雷是他青年时代就亲密交往的挚友啊！

傅雷，著名翻译家、文学家和音乐家。他在"文革"中备受冲击，人格遭受极大侮辱，一生收藏的外国唱片全被毁于一旦。他连续被斗四天三夜后，忍无可忍，万念俱灰。

得知傅雷死讯"第一时间"，刘海粟受到极度震撼，立即出门跳上一辆三轮车，在长宁区江苏路傅雷家附近兜了几圈，以自己的方式默默悼念挚友，悼念失去的友谊。

刘海粟告诉陈钧德，早在1929年春天，经过一个姓刘的朋友介绍，他和傅雷在法国认识，那时傅雷在巴黎大学专攻文艺理论，由朋友介绍，每日抽时间帮刘海粟夫妇补习法语，本来只是尽义务的，傅雷却教得格外认真，执意要求刘海粟夫妇非学好不可。如此宾主颠倒，令刘海粟肃然起敬，友情笃深。他们曾一起从巴黎出发，去瑞士莱芒湖畔的避暑胜地圣扬乔而夫休养，在那里，刘海粟以阿尔卑斯山瀑布为背景创作了油画《流不尽的源泉》，傅雷则在那里翻译了《圣扬乔而夫的传说》，共同游玩、畅谈的情景历历在目。1931年，刘海粟与傅雷一起乘坐"香楠沙"号客轮回国，到了上海后，傅雷一度就住在刘海粟家。刘海粟盛情邀请傅雷出任上海美专办公室主任，并负责教授美术史和法文。后来，仗义而耿直的傅雷，因了美专另一位教师待遇过低而迁怒于做校长的刘海粟，两人断交。1949年后，他俩又恢复友情，经常来往。陈钧德记忆中非常真切，对于至交傅雷的遽然离世，刘海粟显得痛心不已。

刘海粟悲凉地拿出傅雷赠送自己的译著——伏尔泰的《查第格》，转赠给陈钧德，嘱咐陈钧德好好珍藏，留作纪念。

听了刘海粟的一番话，陈钧德回家将傅雷的译著一一找出重新阅读。他感慨一代知识分子的命运，也越来越迷惑，世道究竟怎么了？好人为何纷纷投河或上吊？

在极度的迷茫里，他不停地阅读，画画，也一直留意林风眠的下落。

林风眠因为太太长期定居巴西，被诬陷为"特务"里通外国，在上海提篮桥监狱被关四年多，不仅受到严刑逼供，还将他长时间双手反铐，吃饭时只能像狗那样去凑近食盆。

记得是1972年，林风眠刚被释放，陈钧德闻讯立即赶去探望。

陈钧德敲开林风眠的家门，老先生一看是陈钧德，甚感诧异。

"小陈，我刚刚被释放出来啊。"林风眠说。

"无论啥时候，我都会来看望您的！"陈钧德真诚地说。

林风眠别转脸去，眼泪瞬间迸出。

陈钧德也泪奔了，愤怒了！林风眠原先就是"鸡胸"，个子显小，从监狱回来，身体更显瘦弱了。他实在不理解"革命"，为什么对一个手无缚鸡之力的艺术大师如此残忍！

自那以后，陈钧德继续登门探望，求教。他感到，出狱后的林风眠更内向了，言语更少了，时常沉默。他不敢直截了当地探问老先生，究竟在监狱经历了什么非人的磨难，但却感受到他身上"超然出世"的内力更强大了，对个人不幸泰然处之，对艺术愈加笃诚、直率、超逸，脸上有一股"曲高和寡"的坚毅之气。

多少个寂静之时，林风眠与陈钧德，一老一少，简问简答，静思默对。直到有一天，林风眠飞去巴西与妻子团聚，后长期定居香港，他再也没有、也不愿意踏回内地。

后来，陈钧德多次有机会去香港，想方设法与林风眠有过几次相聚，却很少再谈绘画本身了。但老先生曾经给他的耳提面命，幻化为精神，影响着、伴随着他日后的绘画生涯。

"文革"对陈钧德伤痛最深的，恐怕是他的卢家伯伯。

卢家伯伯的血泪史，与许多小人物的生命惨痛一样，消失在历史的风尘里。

这位父亲生前的好友，对他从小认识"艺术的奥妙"起到了无法言说的引导作用。很长一段时间，陈钧德渐渐从一个顽童变成了一名大学生，乃至成为一名文工团尉官，他都坚持抽出时间去看望一天天变老的卢家伯伯，岁月在一老一少两个人身上发生着不同的变化，他始终抱着感恩之心。而卢家伯伯看到陈钧德真的一天天长大而成为一位青年画家，内心感到喜悦和欣慰，每次相见，都盛情接待陈钧德，叙说着永不厌倦的鲁伊斯达尔。

陈钧德感恩命运赐予自己这么一个神奇的留德医生。但有一桩事情，他每每想起，无法平静，甚至心存愧疚：

是不是我没有帮卢家伯伯守住秘密？卢家伯伯被造反派抄家，与自己引荐颜文樑老师去他们家有关吗？如果颜文樑不去，卢家伯伯视如命根子的艺术品会不会躲过运动浩劫？

世界上没有"如果"。卢家伯伯"悲剧"的前前后后，历历在目，不只让陈钧德一想到就心痛，也改变了他对政治、社会、人性等许多问题的看法。

卢家伯伯住在长宁区一栋独幢房子里。建筑的样貌与四周邻居无异，也是灰砖水泥风格，但一进他家，像是陡然换了个世界。他家四壁错落有致地悬挂着欧洲著名画家的油画，最显赫位置是鲁伊斯达尔创作的一幅大风景。相配的地毯、玻璃器皿、复古台灯等等，营造了一个与别的人家截然不同的小世界。陈钧德反复去看，每个阶段获得的感受都有不同。小时候只是觉得美好，青年时期开始琢磨光与影的关系。再到后来，懂得琢磨内在的画家情感。

陈钧德与颜文樑有着特别好的师生关系，经常走动，倾心交流。陈钧德无意间向他提及，父亲的好友卢家伯伯收藏了不少欧洲名画，非常耐看。

颜文樑很好奇，似乎又难以置信：多年政治运动涤荡了一切，谁还有如此私藏？

有一天，经过卢家伯伯的首肯，陈钧德带着颜文樑老师，叩响了卢府家门。

卢家伯伯开门一看，陈钧德介绍来了大名鼎鼎的画家颜文樑，他笑脸相迎，请他们进屋。颜文樑青年时期留学法国，历经几十年颠沛，对欧洲古典油画暌违甚久，此时在上海，在宁静的弄堂深处，竟然再次亲睹欧洲名画，像是做梦，不敢相信自己的眼睛。他激动而轻轻地移动脚步，一边观赏墙上悬挂的油画，一边情不自禁地叹赏卢家伯伯的眼光和趣味。

颜文樑是个顶真（沪语，较真之意）的人，看到外国人的油画，他执意要爬上去看看画框背后，是否属于原配。"颜先生勿必太吃力了"，卢医生打开保险箱，将一厚叠收藏证明和各个记录翻给颜文樑看。这些证明上清晰地注明了作品图片、参加了何时何地举办的沙龙展，主办方负责人亲笔签名等等，收藏路径一目了然。那天，颜文樑在卢家伯伯家，还惊喜地看到了卢家伯伯所收藏的林风眠、刘海粟的作品。他不禁对眼前这位德国海归派医生肃然起敬。

看完画，颜文樑紧紧握住卢家伯伯的双手，说："感谢感谢，侬的收藏让我非常享受……"

一顿"艺术大餐"，让颜文樑心满意足。出门时，他对陈钧德感叹，多数中国人赚了大钱只是热衷于娶三房四妾，或将财富变成金条珠宝等，但德国留学回来的这位卢医生趣味不凡，竟然收藏、运回了这么多世界名画，这在新中国成立后真是闻所未闻的传奇。

"文革"初起的时候，卢家伯伯就担心这批艺术品在劫难逃。但，他实在做不到像林风眠等艺术家那样，亲手将自己珍藏的作品毁于一旦。当"破四旧"运动骤起时，他的应对之策是深居简出，将一楼的艺术品全部搬至二楼，自己严密看守，不敢让"稀世珍宝"再见天日。遇到有人来访，他也是将客人安排在楼下客厅小坐，楼上挂鲁伊斯达尔等名家油画之处，绝对是任何人不可涉足的"禁地"，甚至，卢家伯伯自己的女儿结婚，他曾经给了宝贝女儿一幅名画做陪嫁，不久又怕惹是生非，硬生生又将这幅画悄悄地要了回来。

所以，当向颜文樑破例，让他欣赏了自己的私藏时，卢家伯伯再次产生不祥之感。他将颜文樑、陈钧德送出门时，左叮嘱、右叮嘱："颜先生，勿能对外讲噢，千万千万勿能讲出去噢！"

事情就是这么凑巧，之前一直保密周详、只允许陈钧德常来看看的珍稀艺术藏品，在他们走后不久遭了殃。实在无法判定"上海有这么一个了不起医生"的传闻是如何泄露的，那时，"文革"抄家风已经有所消停了呀，卢家伯伯的私藏很可能躲过运动的浩劫，谁料，有一天，一帮红卫兵气势汹汹地找上门来，直冲楼上，简直熟门熟路，将一幅幅油画、一尊尊玻璃器皿，堆在地上，硬拉硬搬到屋外。

特别让卢家伯伯心脏受不了的，是他目睹了自己一生珍藏的油画，有的竟然被红卫兵粗暴地从二楼窗口直接往下扔，对着楼下小将同伙叫喊："嗨，接好接好，画着白马呢！"

"啪"的一下，有一幅画框裂了，画布也折了。

卢家伯伯见状深受刺激，他疯狂地冲上去，双手捂住视如生命的名家名作，但红卫兵小屁孩哪里懂得文化，他们一脸凶煞，残忍地将卢家伯伯重重推倒在一边……

自那以后，深居简出的卢家伯伯，疯了似的，天天出门，满世界找画展看。

有一天，在画展上看到上海戏剧学院姓蒋的老师所画的一幅《马》，与自己藏品中的马有些相似，就怀疑是蒋老师带人抄了他家，开始四处找蒋老师索画。

又有一次，卢家伯伯在淮海路国营旧货商店，看到货架上一只洁白的捷克车刻玻璃，八个小天使捧着器皿的盖子，精美至极。那正是从他家抄走的私藏啊！他找到商店负责人要求索回，人家骂他："神经病！"他当然不肯罢休，立即回家给当时的上海市革委会负责人马天水写了一封长信申诉，马天水了解事情原委后很快批示"物归原主"。当商店通知卢家伯伯领回这件车刻艺术品时，他百感交集。

但他的全部油画呢，杳无音讯，一去不返！

卢家伯伯郁闷不已，不久，默默而死……

陈钧德每每念及此事，格外痛心。他无法得知红卫兵是如何知道卢家有外国油画的，更不知道是哪些红卫兵上门抄家，将油画、玻璃艺术品抄到了哪里堆放。他只明白，"文革"是个疯狂的年代，是屠戮文明的可怕年代，也是将卢家伯伯置于崩溃边缘的黑暗时代。

在中国最黑暗最混乱的十年里，陈钧德从林风眠、刘海粟、卢家伯伯等人身上感悟到的东西，早已超越了艺术，是艺术面对严酷政治、混乱社会、复杂人性的无尽悲哀。

自行"结婚"

1969年，文工团突然解散。陈钧德欢呼雀跃，终于可以告别部队了。

但去哪儿呢？命运又会将一个青年画家抛向何处？

那时没有专业的绘画机构可去。疾风暴雨式的街头运动弱了，淡了，但意识形态领域，树欲静而风不止。随着"样板戏"的高潮掀起，会画画的多被召集到报社搞"样板戏油画创作"。那些年前前后后，陈钧德得知，不少画家参加了上海《文汇报》组织的创作，主题有《红色娘子军》等。翌年，又有不少画家参加了《解放日报》组织的"黄河创作组"。说心里话，陈钧德非常渴望专业从事创作，但对这类主题创作，他早就有所不屑。他酷爱纯艺术，一直对纯粹的绘画抱以理想主义的狂热，尽管内心时常惨淡而迷茫。

离开部队的陈钧德等啊等，有一天接到通知，要他去上海第七纺织机械厂报到。

工厂！工厂是什么？似乎到处都有，但对陈钧德而言，完全陌生。

卸下军装而改穿工装，在普通市民看来值得庆幸啊。当年，多少刚满十六七岁的热血沸腾的中学生，高喊着毛泽东语录"到农村去，到边疆去，到祖国最需要的地方去"，而奔赴了大江南北。陈钧德无数次看到，一些中学门口，人们敲锣打鼓，欢送知识青年去云南、陕西、安徽、黑龙江、新疆等，而驶往火车站的一辆辆大卡车上满载着笑着、哭着、兴奋着、忧郁着、伤心着、迷茫着的青春面孔……看着他们，陈钧德感到自己已经不年轻了，他在部队文工团"像一颗永不生锈的螺丝钉"，一晃九个多春秋就唰地飘逝了。转业到地方，做个工人，命运安排完全出乎他的意料，他手足无措，只能听之任之。

刚刚走过狂热的"文革"巅峰，绝大多数人的日常生活里只有两件大事，一件是事关温饱的油盐酱醋米，一件是事关毛主席的语录、像章。陈钧德一直耿耿于怀"文艺旗手"江青那时所说的："毒害麻痹人民的阿飞舞、爵士舞、脱衣舞、印象派、象征派、抽象派、野兽派等等，名堂过多了，一句话，腐朽下流，毒害和麻痹人民。"现代派绘画在人民生活中消失了，像灰烬中的火种，只存在于上海个别弄堂的个别画家那里。陈钧德也将梦想深埋心底。

去了工厂报到，才知道，他被安排做刨工。

什么叫刨工？什么叫刨床？完全不懂，一切从头学起。

陈钧德穿上了背带式工装，每礼拜"翻班倒"，满身油腻地干着体力活，耳朵里天天灌满了轰隆轰隆的刺耳机器声，很快，他患上了神经官能症，焦虑，抑郁，夜不能寐。

生活多么充满讽刺。手握画笔的年轻人，每天与铁家伙打交道，要将无数块钢坯变成零件，这是他从来没有想到过的"生活"。当然，那个年代，也有许多青年在机器旁干得乐呵呵的，那是体力劳动者的幸福，日子连着日子，现实连着现实，活生生也是热血青春啊。但对向往绘画生涯的陈钧德而言，身穿油腻的工装，将金属搬上搬下，日复一日的重复性劳作，让他感到难以承受体力活之重，理想之苍白，看不到尽头的单调和乏味。

他觉得自己成了个困兽，正一天天麻木下去！

刨床，让陈钧德日益消瘦，神经极度衰落。

爱情，却让他精神振奋，变得异常勇敢。

与罗兆莲相爱了一段时日，陈钧德愈发觉得"找对了人"。

陈钧德笃信爱情。只要彼此的爱情是纯真的，只要罗兆莲下定了决心永远陪伴自己，家庭出身、职业有无、收入有无，他对这些统统"无所谓"。他在乎的是罗兆莲这个人。只要她对自己是真感情，他就完全有勇气面对父母的不解以及世俗的偏见。

父母一度对他俩的交往持"保留态度"，眼见陈钧德一往情深，毫无退却的意思，他们默认了。罗兆莲登门拜访二老，二老也客客气气，似乎保持了一点点"距离"。罗兆莲感觉到老人不再反对但"距离"仍存在，便暗自垂泪。她不想惹未来的公公婆婆生气，暗暗决定，以实际行动让二老相信，他俩是真正相爱，也能互相照顾，让陈钧德过上美满的生活。

陈钧德回忆婚姻，毫无后悔之意。他始终认为与罗兆莲结合，是天赐良缘。但他很久很久以后，意识到自己当年沟通不力，导致父子关系有所不睦。他与罗兆莲未领结婚证就搬到一块住，更是二老怎么也无法理解的。

那是初冬。枯叶纷飞，被寒风裹挟得四处飘零。

两位年轻人内心充满了温暖，决定了：结婚。

结婚，让多少人喜悦的事，他们却有点沉重。且不说双方家境每况愈下，置办新家全靠自己，就是想办法律手续，也难如登天。陈钧德早先试探性地问过部队首长，想与大右派的孙女结婚，能开出结婚介绍信吗？首长态度决绝："没门儿！在部队，不可能通过政审。"

此时，陈钧德刚从部队转业，但政审的阴影还在，工厂会允许他与大右派孙女结婚吗？他吃不准。为防枝节旁出，他俩豁出去了：先自行"结婚"！

他俩先相约一起去了罗家衡的地处郊外的墓地。那天，墓地十分寂静，空旷的天宇下，罗家衡的墓碑昂然矗立，仿佛他就站立在那里。"面对"罗家衡，陈钧德献上一束鲜花，默默地说："我与兆莲真心相爱，因为结婚政审无法通过，我们决定搬到一块儿住了。"

墓地四周的树木在风中轻轻摇曳，发出温柔的"沙沙"声响。

罗兆莲说："回家吧，爷爷同意了，我听到了……"

有了罗家衡的"首肯"，他俩"在一起"的意志更坚定了。

风和日丽的一个礼拜天，他俩不顾世俗眼光，租借了一辆三轮车，将陈钧德的衣被用物等一股脑儿搬运到罗兆莲与祖母所住的延庆路4弄的两居室的房子，祖母住一间，他俩住另一间。那一刻，陈钧德有一种离家出走的快意。他认为相爱最重要，至于登记啊，婚礼啊，婚纱啊，统统可以省去。

这种"结婚"，自然得不到任何祝福。

无所谓。他俩对一切形式都"无所谓"。将衣被搬到一块儿的翌日，他俩将房门一锁，乘火车直奔杭州度蜜月了。那也是陈钧德大学第一个暑假去写生的地方，他要西湖见证爱情。

风轻云淡，月光下，他俩坐在西湖边的木椅上。陈钧德深情款款地道白：我们没有婚纱，但迷人的月光，就是大自然赐予她的最美婚纱。四周无数的树木，代表亲友发出"沙沙沙"的祝福。波光粼粼的西子湖水，是我们的月老，西湖在，我们的爱情誓言就在。

罗兆莲根本不计较婚礼的形式，此时，甜蜜的初婚夜晚，她道出了一个秘密：

爷爷很早告诉我，嫁人一定要嫁给知识分子，宁愿嫁给穷书生，也不要嫁给生意人。

"为什么？"陈钧德第一次听说，觉得好奇。

"爷爷说过，一个人赚钱是为什么？不是仅仅为了守住一堆钱，而是作为提高精神品质的手段。我决定跟着你过日子，就因为你不是热衷于买卖的'滑头货'，你会成为一个单纯大气的大画家、大知识分子！"罗兆莲认真地说。

陈钧德听了，若有所思。或许，陈钧德日后成为一个成就卓著的画家，与娶了罗兆莲不无关系。她的眼光、她的期待，成为一种力量，也成为一种鞭策。

几天后，当他们自杭州返回上海时，闻得喜讯的刘海粟真诚地给予祝福。仍旧处在红卫兵造反派严密监管之下的刘海粟与夏伊乔，忘却自己的苦难，在由康有为题写的"存天阁"张罗着摆了一桌家宴，悄悄以长辈身份，庆贺陈钧德与罗兆莲喜结良缘。

婚后的日子起先是甜蜜的。

尽管陈钧德每月收入非常有限，家庭经济很不宽裕，但"闺秀"不是随便说说的，罗兆莲操持家政很有章法，将日常生活安排得有条不紊，情趣盎然。婚房不大，却窗明几净，桌上永远有一束芬芳的鲜花；粗茶淡饭，哪怕只是蔬菜、豆制品，也做得色香味俱佳。

罗兆莲原本就有绘画的童子功，那时，她常常铺开宣纸，挥洒水墨，尽情地画着清新扑面的花鸟或山水，而陈钧德或者站在一旁欣赏，评头论足，或者各画各的，艺术传情。

艺术与爱情，为物质短缺的婚姻生活蒙上了最美好、最温暖、最奇妙的色彩。

婚后一年多，小公主文文降临了。照理，他俩有了爱情的结晶，多么大快人心。但是，还在罗兆莲坐月子期间，陈钧德就愁上眉头了。为什么？掩盖婚姻真相要付代价了！

宝贝女儿诞生后很长一段时间，他俩没法为她去派出所上户籍啊，女儿居然成了"黑户口"。当时吃的、穿的、用的，凡是刚性需求的物资，哪一样不需要凭票供应啊。女儿一出生，他俩才意识到样样短缺，别说订不到新鲜牛奶，基本口粮、副食品票也都没有。

升任父亲的陈钧德为此感到棘手。

索性，咬咬牙，靠大人的口粮里硬省下的粮票，给呱呱坠地的女儿买些必要的食品。

有时，家里真有吃了上顿没下顿的恐慌感，但在最困难的时候，陈钧德不仅按月贴补父母一些钱，而且依旧咬紧牙关艰难度日。他就是这样的倔强和要强，与罗兆莲说定了："我们要独立，决不求任何人！"

自行"结婚"带来的窘迫生活，挨了一年多时间。

最后，缺东少西，实在挨不下去了，捉襟见肘的票证逼得陈钧德硬着头皮去工厂和居委会去询问补开结婚介绍信一事。谁料，工厂的工会负责人是个和善的阿姨，她没有歧视罗兆莲的家庭成分，还同情他俩，曾经以为比登天还难的事情，出乎意料地一下子解决了。

领了结婚证，喜滋滋地给女儿上了户口，压在心头的一块巨石被搬掉了！

好事成双，不久罗兆莲又怀上了，这次，他们又得了个天使般的儿子玺玺。

古人云，有儿有女万事足，精神上的确如此，只是生活担子更加沉重了。

一儿一女，几乎都得靠罗兆莲一人照料，劳累过度，导致她小时候患有的哮喘再度复发了，急喘、气促、胸闷、咳嗽，那时对付哮喘没有特效药，罗兆莲白天起身倒也少喘，一到夜晚，就发作了，加剧了，根本就无法平躺。很长一段时期，陈钧德只能拿几只枕头垫在罗兆莲后背，依靠这样，罗兆莲一边"呼哧呼哧"艰难喘息，一边努力进入睡眠。

生活如此艰难，温饱依靠挣扎，夫妻间却从未有怨言，而是相依为命。

有时，陈钧德感叹生活不易，罗兆莲反过来安慰陈钧德，人到世上走一趟，不单单是图享受的，还得养儿育女，还要经历各种磨难。这些都难不倒她。只要米缸不空，豆腐、蔬菜还买得起，她依旧变着花样做出可口的佳肴，让一家老小胃口大开。孩子身上穿的衣服，都是她自己亲手做的，她有时将自己的旧衣服略做修改，穿在女儿文文的身上，看起来体体面面。女儿四岁的时候，罗兆莲还想方设法托朋友为女儿请了一个免费的小提琴教师，有一段时间，他家时不时飘漾出　阵阵小提琴的练习声。难得的是，即便在最艰苦难熬的岁月里，罗兆莲始终目光远大，鼓励、支持陈钧德："不要停止绘画"，"不要放弃理想"！

罗兆莲相夫教子，放弃了自己心爱的绘画爱好，但督促陈钧德则显得非常"严厉"，礼拜天上午一起床，她就对陈钧德说："去，去画画吧，不要待在家里浪费时间！"

陈钧德爱绘画更爱孩子。孩子午休熟睡的时候，他时常带着慈爱和温柔的目光，给睡梦中的孩子画下一幅又一幅恬美的素描。他们家里墙上，悬挂着一幅幅陈钧德的作品。那是全家的精神大餐，滋养着一家人以一种尊严、体面的生活态度，从容不迫地享受天伦。

生活的艰难并非是精神完全能够克服的。

事实上，陈钧德一家的生计，根本就是入不敷出，罗兆莲先以微薄的收入尽力解决好老小的果腹所需，至于房管局规定的每月房租，她是能拖则拖。日积月累，单单欠下的房租就多达六百块钱，相当于当年一个大学毕业的机关干部一年多不吃不喝的全部积蓄。

房管所负责收费的同志经常上门催讨，在路上遇见买菜回家的罗兆莲，也堵着她催讨，眼睛还不时朝她篮子里瞟着，似乎想逮个正着，证明他家有钱只顾吃喝，是个"老赖"。

但人家每次发现，罗兆莲篮子里所买的东西，都是便宜得无法再节省的蔬菜、豆制品，很少沾着荤腥儿。他们也就不忍心，也不好意思再来"催命"了。

陈钧德、罗兆莲夫妇不愿意充当"老赖"，也不想拖付房租啊。

拖欠了好几年的房租，依靠每月牙缝里省下的一点点钱，怎么还得清呢？走投无路之际，他们狠狠心，做出决定：换房！

俗话说，人往高处走，水往低处流。衣食住行是人的基本需要，天天要打交道的。不到万不得已，谁会选择越住越差呢。但在经济萧条年代，活着，是人的第一需要。为了让一家老小的肚子填饱，也为了换回必要的尊严，夫妻俩开始为置换差房而奔忙。

时值"文革"后期，老百姓哪住得起私房？那时所谓的私房，都是坐落在棚户区的简易搭建房。稍微像样点的楼房，无论洋房、新式里弄，还是石库门，统统属于国有，必须按月缴纳房租。即便缴纳得起房租，也不是谁想住大房子就能住到的，因为房源实在少得可怜。

那时还没有"房产交易中心"一说，民间自发形成的"换房市场"是有的，设在卢湾区的淡水路上。一到礼拜天，小路两边一长溜，是坊间居民自发提供、等待置换的各种房源，房型、面积、朝向等等信息，都写在作业本撕下的纸上或旧报纸上。一张张纸压在石块底下，供来来往往的人流查看、比选。陈钧德也在那里摆了几次摊，最终物色到一户人家，因孩子多，渴望将一室户房子置换成二室户。其实陈钧德家老少加起来，人口一点也不显少，但每月十多元的房租能抵上两张嘴巴所需要的食物，温饱没解决，图什么舒适呢？

因此，他们将罗家衡遗留下来的、坐落在东湖路延庆路附近的新式里弄二卧公寓，换成了落败、昏暗的襄阳南路357弄的石库门底楼房子。

搬家的那天，全家人内心是百般无奈。他们知道，这样一交换，地段、面积等更差了，罗兆莲的祖母、陈钧德夫妇，加上孩子，三代同堂，不得不拥挤在地洞般的黑乎乎房屋里，还必须利用无法站直身子的阁楼，设置地铺，起居空间太局促、太逼仄了。但转念又一想，这样一交换，再用陈钧德转业所获的八百元安置费，将压在身上多年的山一般沉重的房租债务搬走了，一家老小的基本温饱从此也能继续维持了。多好！

人，是多么要强的动物啊，"蜗居时代"开始时，他们首先感到无债一身轻。

寂寞、疲惫、冥想

工厂岁月的累筋累骨，对身体、意志都是艰苦的磨炼。

工厂岁月的精神流浪，让他感到命运的不可捉摸，梦想越行越远。

那时，陈钧德瘦得像一根麦秆，繁重的体力活，几乎耗尽了他在军营里攒下的一点肌肉和脂肪。每天筋疲力尽回到家后，再做什么也没力气了。罗兆莲看了心痛，想方设法改善伙食，让他有个好胃口。有时，看到陈钧德实在受不了早班、中班不断"翻烧饼"（沪语，倒班之意），罗兆莲就鼓动他去附近地段医院弄个病假条歇息几天。等到缓过了劲儿，有了精神，再去继续上班。

与刨床相伴的日子，陈钧德度日如年。但最穷困潦倒的时候，他精神上却不曾空白过。有一阵子没有绘画，他的精神就漫游在阅读上。无数个夜晚，将就着屋里昏黄的灯光，以前在上海戏剧学院念书时读过的经典小说，被他重新找出来，再读，咀嚼着曾经感动自己的段落、语句。而《约翰·克利斯朵夫》是他在思想受到禁锢而又找不到现实出路时的一部《圣经》般的作品，反复激励着他不要气馁，暗自奋斗，对生活抱以信心和希望。

他也阅读"禁书"，朋友间流传的禁书或手抄本，读起来也是一大乐事啊。

那时，"反帝反修"十分高调。中苏两国经历了1950年代的亲如兄弟，1960年代的反目交恶，进入1970年代后，互相依旧视若仇敌，这样的背景下，苏联现代小说在内地很少出版了。大约1970年代初，上海人民出版社突然出版了四本内部书，灰皮封面。其中柯切托夫的《落角》和《你到底要什么》引起社会轰动，一时风头无二，当有一定级别的干部买到手后，大家竞相借阅。陈钧德也想方设法借来一阅，果然，非常非常"刺激"。《落角》描述了十月革命后苏联国内的残酷斗争，引人津津乐道的是白军军官逃亡过程中的苦闷与无奈，透出了一股被禁锢的"人性"。而《你到底要什么》更被朋友们大肆议论，他们第一次读到完全不同于社会主义国家的"另类"生活：纳粹余孽、流亡白俄的后代、美国特务以及他们之间乱搞男女关系的"资产阶级糜烂生活"。刺激归刺激，陈钧德倒也不向往。

这只是无聊时代精神生活的真实存在。

1971年，"林彪出逃"的发生真正让他感到震撼，毕竟是"国家副统帅"啊。陈钧德是在工厂学习中得知消息的。三十四岁的他对于这个政治事件除了吃惊还是吃惊。他与好友们分享着"571工程"计划暗杀的传闻。轰炸、车祸、绑架、城市游击……林彪的儿子林立果酝酿和发动的政变，简直是"革命年代"的夜半炸雷，惊悚得让他们睡不着觉。他真切地记得，为了"反帝反修"，工厂生产一度停顿，工人们都被安排去修筑防空洞，看他文弱，就安排他协助搞宣传。出墙报，或在墙壁上刷写"独立自主、自力更生、多快好省地建设社会主义"和"深挖洞、广积粮、不称霸"等标语，这些他做起来是绰绰有余。晦暗年代，陈钧德从朋友处借到不少好书。鲁迅的《朝花夕拾》《野草》也是那个时候接触的。但那时，对他诱惑最大的还是美术方面的所谓"禁书"，譬如塞尚、毕沙罗、马蒂斯的画册。

当时看这些"禁书"危机四伏，时时要提防被人举报或揭发。而偷偷阅读艺术"禁书"，又能跟刘海粟坦诚交流阅读后的体会，简直是晦暗岁月里充满刺激的精神享受。

绘画，阅读，是他私人领地的事情，但交流政治、社会、文化的"小道消息"，是他与工友们的共同快乐。陈钧德也时常有惊人之语。新中国成立前，与"30年代的黑明星及美国特务"王莹争演赛金花的蓝苹，就是江青啊。这样的政治八卦是从刘海粟嘴里得到的，现在听来波澜不惊，当年通过陈钧德一转述，工友们如同收听"敌台"，个个瞪大眼睛，感到刺激。

工厂里有个领导，是南京军区派来的军宣队头头。对于自部队转业的陈钧德是有所照顾。但这位头头对陈钧德的评价是"既简单，又复杂"。简单是指他的性格，单纯直率；复杂是形容他的头脑，作为一个工人，他看的书太多，想法也太多。

高尔基将艰苦的生活磨炼喻作自己的"大学"。陈钧德切切实实对照了经典小说，感到自己经历的部队、工厂也是"另一所大学"。工厂劳作难免无聊、无趣，但这段时间里，他思考了许多。知道自己想干什么，能干什么，这就是他的态度。其实，这个时期，他看不清，也找不到绘画的出路，阅读缓解了他的思想苦闷，让他实现了对灰色现实的逃避，但总还有一根无形之鞭在抽打他，命令他：画画吧，陈钧德，别偷懒，别瞎混，你就应该绘画！

工友看陈钧德呢，真像看大熊猫，稀罕。这位转业军人一点不威严，倒有点儿书呆子气。他们发现陈钧德坐在刨床边，常常诗人一样耽于沉思冥想。师傅们以朴素的方式表示对他的尊重，亲切地唤他"阿德"，有的主动帮他将沉重的钢坯搬上刨床，还帮他摁动机器按钮，纵容他干活的时候思想也能开开小差，继续做他的白日梦。陈钧德时常感到身体异常疲惫，但他感激车间工人师傅们的善待和体谅，精神上还是愉快的。

问题出在"神经官能症"上。工厂的日子里，或许拿画笔的他根本适应不了刨床劳作，连续数月翻班劳作后，他一度整夜整夜无法入眠，人躺床上，满脑子依旧回响着车间里轰隆轰隆的机器声，怎么也无法驱散它们。熟悉的人遇见他都惊奇：整个人瘦得脱了形。

工厂医务室的厂医同情这个部队转业的青年知识分子，有时主动给他多开几天病假。

拿到了病假单，陈钧德哪肯老老实实待在家里休息，几乎统统用来外出写生。那个时期，他经常骑车或步行去上海各个角落写生，是个不折不扣的"写生狂人"。罗兆莲则细心地为他准备好随身的食物、茶水，以便他粮弹充足，可以打仗。

无数个休息日，他背着画具，带着干粮，野营拉练般，将上海的黄浦江边、远远近近的公园、街头巷尾，几乎都画遍了。荒唐年代，他努力捕捉这座城市并不荒唐却被人忽视的诸多"美"。他还特别胆大，喜欢爬到建筑物的顶层鸟瞰城市。有一次，他带着画夹偷偷爬到上海南京东路一家百货大楼的屋顶，几乎整座城市的屋顶和天际线一览无遗，正当他开始欣喜若狂地作画，被高度警惕的公司安保发现了："干什么，不许画！"

陈钧德哪肯轻易放弃已经到手的美景，他也会耍耍"无赖"，使出的招数就是极度诚恳，与安保商量，哪怕只给一小时……甚至半小时！

如此极度痴迷的人，常常得到一些好心人的同情和照顾。每次画好喜欢的景色，他像打鱼归来的渔翁，心里总洋溢着小小的幸福。

其时，这是他生命中最灰暗的日子。做刨工，陈钧德每月收入才五十八元，上有老，下有小，全家五口靠这点钱生活，紧绷绷的。居住环境也非常恶劣，襄阳南路旧石库门弄堂的一间房子，全部面积加起来不过二十平方米左右，时常潮湿又昏暗，有时一不小心会踩到滑腻腻的鼻涕虫上。地面木板早就腐败不堪，走上去咯吱咯吱作响，有时脚踩一头，地板另一头会翘起。全家蜷居于此。艰苦的磨砺，使得那时的他两腮凹瘪，身子骨瘦得像一根豆芽。

虽然如此，每当陈钧德创作好一幅新作而等着晾干时，全家人就喜滋滋地欣赏，小心翼翼不去触碰它。他们家狭小的空间里，墙上、餐桌玻璃板下，到处是陈钧德的绘画作品。当"破四旧"运动达到登峰造极的地步，当绘画完全被改造成宣传工具时，上海这座城市的一些角落里，在一些人知识分子家里，物质条件再困顿，他们也努力保持精神自尊和生活品位。

当时淮海路国营旧货商店、华亭路旧货摊，是陈钧德与罗兆莲经常去调剂心情的地方。那里不经意就会邂逅"资产阶级生活的货色"。有时遇到一本难得的西方画册，有时遇到一只漂亮的画框。看见这类玩意儿，陈钧德就眼睛发亮，与罗兆莲商量，靠牙缝里节省下的钱，用来购买照亮一家老小精神生活的"美的东西"。有一次，他俩在华亭路"淘"到一只金色的小油画框，上有粗犷的木雕，看起来异常精美。陈钧德决定买下它。

摆货摊的老者对陈钧德说："这货有人要了！"

"谁啊？"陈钧德忍不住问。

"住在马路对面，一个姓颜的老画家预订了。"

陈钧德一听，立即猜到是最喜欢淘旧货的颜老夫子——颜文樑。那是自己最熟悉不过的长者了。急性子的他"噔噔噔"地跑去找老师商量，颜文樑非常善意，一口答应让给陈钧德，其实他也喜欢这只画框，对这只画框的来历都弄清楚了，对他说："这个框子是俄罗斯教堂里流出来的，框上涂的是纯金箔，雕工精致，算是少见的上佳画框。"世上就有如此温暖的事情，尽管颜文樑也喜欢这只画框，但他爽快地决定割爱，还特意按照这只画框的尺寸，去襄阳公园创作了一幅精美的油画，在妻子的搀扶下拄着拐杖，亲自送到陈钧德的家里。看到好框配上了好画，老先生心满意足，至于挂在哪里他不计较，如此大度，让陈钧德感激不尽。

后来，颜文樑又将自己的一幅得意之作《上海植物园的天鹅湖》赠送给陈钧德，陈钧德觉得实在"不该收下"，便执意将作品送还给老师，请老先生自己珍藏。

岁月如此颠连，经济生活异常贫贱，却淹没不了师生间的真挚友情以及高贵的精神。

本来，早期学过工笔画，后又学过书画的罗兆莲，在家也时常玩玩水墨，但怀上第二个孩子后，她就彻底放弃了，专心致志忙一家老少过日子。画画，看似陈钧德一个人孤身奋战，但他俩始终亲密无间，就因为：陈钧德的梦就是罗兆莲的梦，他俩的梦想完全合二为一了。这真是幸运：世人大多数梦想都是奢侈的，但梦想的奢侈若被两人分担，代价就打了个对折。

罗兆莲无条件地支持陈钧德一门心思往绘画方面发展，她曾经说："哪怕家里米缸底朝天，只要他还想画画，我也不会阻拦，自己想办法出去筹米！"罗兆莲就是这样的人！

而陈钧德每次从刘海粟、林风眠、颜文樑等家里回来，会兴奋地告诉罗兆莲，今天在前辈家里听到了什么，看到了什么，也会向罗兆莲多多通报夏伊乔的近况，毕竟，罗兆莲跟随夏伊乔学画多年，不仅绘画情结仍在，对夏老师也一直牵挂于心。

夫妻俩栖息一棵树上，同命是无疑的，磕磕碰碰也在所难免。

搞艺术的陈钧德，发起脾气来一点也不艺术，有时近乎歇斯底里的发作，"地球也要抖三抖"。长期的共同生活，罗兆莲对陈钧德所有的一切不以为怪，习以为常。因为陈钧德身上所表现的"艺术癫狂"，有时候古里古怪，却一点儿不恐怖。当陈钧德的"怪异"发作，情绪激烈时，罗兆莲从不直接"交锋"——直接"交锋"不是很愚蠢吗？

罗兆莲采取的是先默默接受，静静等待"疾风暴雨"过去，等待宁静到来，这时，她才温婉地与他一起坐下来，娓娓分析原委。

事实上，陈钧德的"怪异"脾气大多事关创作，因此她更加觉得应该包容和理解，她也一直充满信任地鼓励他往前走，走出下一步，走至新境界。

但遇到原则性问题，罗兆莲则先礼后兵："礼"让在先，谈心在后，她谈心是很有技巧的。陈钧德戏称，她是家庭里"恩威并施"的厉害导师。

我无意打探陈钧德与罗兆莲的私生活细节。从我的观察看，陈钧德不仅没有患上"气管炎"（妻管严），脾气也是不小的。但他俩相濡以沫，相敬如宾，生活再艰难，陈钧德的绘画从未中断。随着两个孩子所需开销越来越大，手头时常拮据，这时，罗兆莲决定"上班去"！

每天将孩子送到附近幼儿园后，罗兆莲就赶往一家单位，担任财务工作。收入不多，聊以贴补日常家用，这样，既解决了入不敷出的难题，每月还能剩下几块钱存到银行里。

关良的"阁楼"

关良，中国油画界一个最奇妙的大家，也是让陈钧德心醉神迷的先辈。

继与刘海粟、林风眠成为"忘年交"后，一个偶然机会，陈钧德又结缘关良。陈钧德感到"不可思议"。冥冥之中，老天似乎对自己特别眷顾，让他获得诸多大师的滋养。

其实，早在刘海粟安排的一次活动中，陈钧德就与关良邂逅。关良中等个子，肩膀蛮宽，两只眼睛细小而尖锐，给了陈钧德至深印象。那天，关良与太太一同出席聚宴，落座后，关师母取出随身带的一小瓶酒精棉花，将关良和自己面前的筷子非常细致地擦拭一遍，引得旁座哈哈大笑，这一幕也令陈钧德无法忘怀。但与关先生频繁来往，是后来，在女儿所上的襄阳南路幼儿园里，陈钧德与女儿的班主任老师攀谈，得知她的公公是大名鼎鼎的画家关良。陈钧德希望上门求教，女儿的老师一口答应"引荐"。

就这样，建国西路关良的家，成为陈钧德艺术生涯中的又一重要地标。

陈钧德骑车第一次去拜访的时候，关良身穿一件洗得泛白的蓝色中山装，里面的衬衫也软塌塌的，模样非常朴素，言语格外温和，与陈钧德早先在书里读到"关良先生一度在歌台剧场流连，在深夜街头蹀躞"的纨绔子弟印象完全判若两人。而关师母人瘦脸瘦，笑起来表情很生动，那天也很热情，给陈钧德沏了一杯龙井。

甫一见面，关良就紧握陈钧德的手，笑容满面地将陈钧德迎进屋，无拘无束地大谈印象派、野兽派、立体派以及罗丹的雕塑等等，老先生眉飞色舞，思绪飞扬。

倪贻德曾经写过文章说，关良要么一言不发，要么滔滔不绝，果然。

关良曾留学日本，师从日本著名美术家兼文物收藏家中村不折。他对塞尚、梵高钻研很深，但他超爱立体派绘画，谈起对西方现代派的认识和感受，给陈钧德讲了个"阁楼"理论：当一种新艺术出现时，很可能不被人理解，就像印象派。但印象派的奥妙就像阁楼，站在楼下的人是不知道楼上有何风景的，必须爬上梯子，钻到阁楼里面，这就是所谓"学习"。

关良自己就是赋予"阁楼"许多秘密的人。

陈钧德非常讶异关良的油画画法，以前他所知道的油画有两种，一种是完全西方味道的；一种是中西融合的。看了关良的油画，他似乎悟到，世界上油画可能还存在第三种，那就是"中国特色油画"或叫"中国式写意油画"。这种完全属于中国风格的油画，完全弱化了物象的三维空间，却为线条与色块的独立审美打开广阔天地。

关良这一风格给了陈钧德强烈感受，尤其，他作品里特有的洗练流畅的线条和明快简约的色块，让陈钧德十分着迷。陈钧德既钦佩又纳闷，关良哪来那么多奇特的想象力，一个个生龙活虎的戏剧人物，在关良的笔墨下千姿百态，栩栩如生。老先生画他们的时候，毫无对象啊，仿佛对象都活在他的脑袋里。

其实啊，就像苏东坡讲的，厚积而薄发，博观以约取。

为了观察戏剧人物，我看了许多京戏呢，用眼睛看，用耳朵看，还随手在速写本上记下，多年来记下了成百上千种场合各个戏剧人物的神态。

关良用他带有广东口音的上海话，笑呵呵地泄露了自己的秘密。

陈钧德茅塞顿开："原来都一样：台上一分钟，台下十年功！"

谈得投机，关良也一下子喜欢上了这位年轻人。不出一个月，关良主动画了一幅四尺对开的《钟馗嫁妹图》，请儿媳转赠陈钧德，上书：请钧德、兆莲伉俪品鉴。

画面十分精彩！陈钧德异常感动！

"文革"中的关良，未能逃脱运动的魔爪。但老先生童心未泯，对艺术一直抱有初心，他说："我热爱绘画是无条件的，任何时候，任何地点，都要画。"

关良亲口传授给陈钧德画画的秘诀是："画画，不要受制于对象，也不要受制于技法。譬如，画静物，不必将自己想画的东西一一摆出来，摆出来只是为了构图，为了对明暗对比的把握，但真正有味道的静物，是积淀在你脑海里的东西，你要能够摆脱对象的存在而画出心中的静物，这样画无拘无束，更自由自在，更能表现自我的情感。技法也同理，我画油画，技法大多是水墨运笔的方法，拉线条，轻背景，活脱脱的味道就这样冒出来了……"

简简单单，三言两语，所透露的创作观和美学观，让陈钧德咀嚼了好久。

陈钧德有时也特意锻炼自己"无中生有"的想象力和表现力，"跟自己的智力较量"。

青年时代的关良，曾经是个事事考究的"老克拉"，风度翩翩，头发收拾得挺挺括括，也非常喜欢社交，无拘无束。但岁月和"运动"磨去了他放浪不羁的一面，等到陈钧德与关良交往时，老先生的衣着几乎总是一身蓝，生活非常俭朴，只是依旧喜欢交流，一时聊不过瘾，他会招呼陈钧德陪他一起去复兴中路上海电影院旁的理发店，一边理发，一边继续谈话。

陈钧德从关良身上还发现了这样的"情趣"。他的艺术风格非常现代，肆无忌惮地玩变形，玩意象，根本不受明暗、光影之类清规戒律的束缚，但命运安排他在中国美术学院授素描课，他也能说圆说透"一板一眼"画素描的重要，截然不同的思想并行不悖地储存在他的躯体里，让陈钧德琢磨出：学习绘画，所学的东西越多越好，但成功的关键是钻得进去，也要跳得出来，一切学习都需要消化，强壮自己的头脑和双手，真正变成自己的东西。

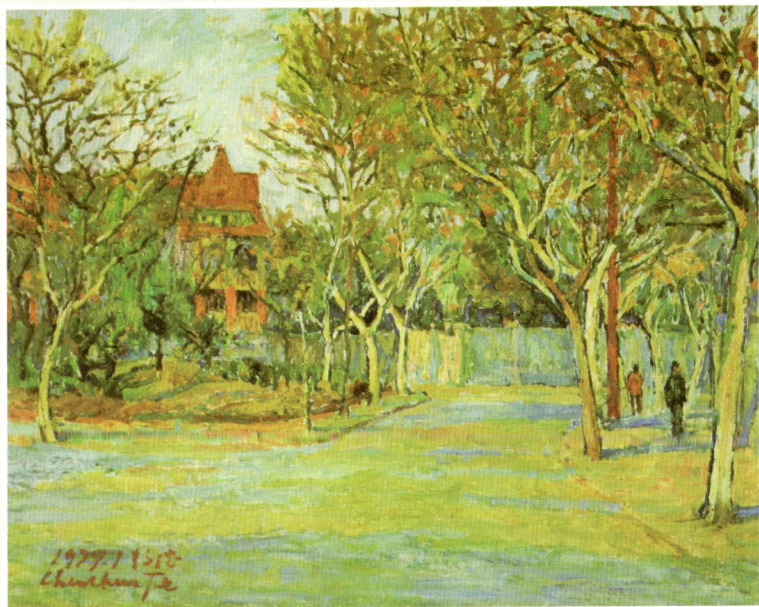

油画《有过普希金铜像的街》

坐落在岳阳路汾阳路交叉口的普希金铜像默默地熏陶了上海几代市民。但在"文革"中，它被连根拔除。陈钧德创作的这幅油画一出现在1979年1月"十二人画展"上，立即引起了观众的巨大共鸣。

油画《上海的早晨》

1970年代末代表作。那天早晨，黄浦江凛冽而湿润的气息让陈钧德心情舒畅。陈钧德静静眺望着蒙蒙晨色里的天空、建筑、江面、渡桥，运用小号油画笔，行云流水般地抒发内心感受。灰白色彩，刚劲线条，勾勒出比真实更优美的雨雪早晨，绘出了比现实更有魅力的"经验之梦"。

油画《帝王之陵》

那年，喜欢怀古的陈钧德去西安游玩，独自深入到游客罕至的山村窑洞去寻找古迹。当地老乡热情引路，以致他后来观摩帝王之陵也怀有驱之不散的温暖。或许这样的心情促使他用迥异于传统的眼光，去观照素来被人认为阴郁的帝王之陵，将帝王之陵表现得非同寻常、异常响亮。

油画《蒙马特高地圣心教堂》

1990 年代末，陈钧德在巴黎居住半年，几乎访遍所有的美术馆和著名建筑。而蒙马特高地让陈钧德流连忘返。他熟悉圣心教堂不同季节、不同时辰的光影，创作了大量速写，也写下了不少感悟。不幸扭伤脚骨后的一天，他完全凭着对圣心教堂的主观感受，以一种蓝色调子，绘出了他内心感受到的教堂印象。这幅作品被收入"20 世纪中国油画展"。

油画《海德堡细雨》

一些异域小城吸引着陈钧德一去再去。德国的海德堡是其中之一。陈钧德在这幅画的背面少有地记述："往年曾多次畅游该古堡,现今专程客居作画,心境格外愉快。每日勤奋创作,故即使下雨也被其美景所迷恋。"画面上,欢畅的河流、红色的建筑、斑斓的树冠、遛狗的女郎以及停靠的自行车等,无不反映彼时的浪漫心绪。

油画《夏翠红屋》

上海的西区洋溢着昔日法租界的遗韵，尤其淮海中路复兴西路交叉一带，无论建筑样貌还是树林草坪，其文艺的情调和灵魂滋养着一代又一代市民。陈钧德选择启华大厦里可以鸟瞰淮海路的高空，尽情勾勒了远处的天际线，也生动表现了近处的绿荫红屋，这幅创作于盛夏的作品，酣畅淋漓地表达了画家内心的诗意。

油画《日映岚光轻锁翠》

陈钧德非常推崇中国诗词，认为言简意赅的七言诗、五言诗充满了诗情画意，几乎每一首都能运用画面表现。这幅画是他创作"山林云水图系列"作品时，偶然吟诵古诗后有感而发，其实画的是他心中气势迫人、挺拔秀美的山林云水。该作品在全国美展上获得银奖。

油画《双裸体》

陈钧德的"女人体"作品大多只画一人，迄今唯独有两幅作品画的是"双裸体"。这幅作品运用了野性的笔力，浓烈的色彩，表达了自己对潜藏造化内里的生命力量的理解。作品《双裸体》曾多次参加全国性大型油画展。

油画《桂林山水》

陈钧德曾在桂林逗留。一天,他写生完毕,收笔后沿小路随意行至一酒店,陡然惊叹眼前的美景可遇不可求。于是不厌其烦再次打开画箱,将刹那间感受的云朵、山峦、微风等"你中有我,我中有你"的气象尽情抒发。看似具象,却又抽象,和谐的构图里洋溢着独一无二的喜悦之情。

油画《花果图·色草柠檬》

这幅静物画奇特在所画对象原本是散开的。陈钧德不愿意将它们布置好去画，这样多拘束啊，一点也不自由。他只想信手拈来、随心所欲，遵照自己的内心描述它们，结果呈现出如此这般趣味盎然的"意识流组合"。

油画《清辉幽映》

陈钧德走遍欧洲大小名城后，异国的教堂、建筑、云雾、山水等印刻在记忆深处。有一天，他突发奇想，运用自己对欧洲的思想积淀，天马行空地创作了这幅作品。完成后，他按捺不住得意，在作品背面写道：对景实画以抒感情属难能，按心写景以倾意情，更为可贵。

油画《女人体》

陈钧德完全撇开对象进行的意识流创作，既有"山水云林图系列"，也有女人体。画了无数个女人体后，那些曼妙的、充满造化神奇的女人体便无须站在他面前，他在画布上随意涂抹，意象中简约灵动的女人体作品就诞生了。

油画《眺望上海音乐学院》

陈钧德小时候,每天早上一起床就与大哥一起聆听贝多芬《命运》交响曲。他晚年的创作常常有个仪式感很强的场域,即交响乐,在激昂旋律中表现自我。汾阳路是上海最迷人的永不拓宽的小路之一,坐落在这条路上的这栋建筑,一次又一次激发着艺术家的灵感,有一天,他终于忍不住画下了闪耀着辉煌之色的"凝固的音乐"。

油画《雨后——哈尔滨索菲亚大教堂》

2009年，陈钧德在哈尔滨逗留，无意中看到这座教堂雨后如洗，异常美妙，于是拿起画箱，即兴创作了这幅作品。

油画《花房》

花房系列是陈钧德八九十年代非常喜欢的题材，作品大多显示他扎实的写实功底。但这幅《花房》，似乎吸收了立体主义的光色，感觉哪里需要阳光就在哪里"发亮"，自由运用白色。

纸本《海德堡之晨》

纸本《女人体》

纸本《清心》

纸本《莱茵河之畔》

关良小提琴拉得好，京戏也唱得好，他随时能哼唱谭派、余派、马派。他与盖叫天私交笃深，两人聚会笑声不断，关良特别擅长打开别人的话匣，而盖叫天兴致上来，给他表演"斗鸡眼"和"对眼白"，给他讲京剧里，单单一个眼神，就有看、盯、瞟、瞄、瞪、眯……

向关良学习，仿佛在荒野里遇见一座柴屋，里面有什么，给人以无穷无尽的想象，但一定要"伸进"脑袋——一次次交往，一次次深谈，才让他悟得柴屋里的艺术真谛。

陈钧德感叹，有关中西艺术融合，三位大师各有妙传。刘海粟传授的是"气魄、力量"，林风眠传授的是"灵动、透气"，而关良传授给他的是"想象、自由"！

时来运转

一个绘画艺术家的长成，只靠天赋和传授，是远远不够的。

陈钧德矢志不移地学以致用，曾被画友们送了个绰号："写生狂人"。在工厂漂泊的日子里，他与画友几近疯狂地外出写生，再多的烦恼和郁闷，一到户外创作就统统抛却了。

其实，他沉湎写生，是自觉也是本能。一方面，他意识到，梵高、塞尚的作品百分之九十九属于写生创作，唯有在真正含义上体悟到写生的神圣意义，才能读懂这些大师的伟大之处。写生是独立的艺术，也是生命的艺术，艺术家必须以生命的崇高精神去投入写生，而绝不是依样画葫芦去抄袭、描摹对象。另一方面，陈钧德的创作总是"在路上""在别处"，他真切地体会到黄宾虹发自内心的呐喊："中华大地，无山不美，无川不秀"，他每每扑入大自然的怀抱，就深深感到自然胸襟无限开阔，足以抚慰自己那颗经常无辜受伤的心灵。

起先，手头拮据，他就多用双脚，将上海的外滩、植物园以及淮海路、高安路、岳阳路、富民路、襄阳南路、复兴西路等，几乎所有美的地方都搜跑遍了。上海西区，小洋房、梧桐树、铁艺门等混合出的气息十分诱人。尤其是旧上海，"冒险家"拉斯洛·邬达克设计的经典建筑，以及诸多法式、英式、美式、西班牙式等洋里洋气的二三层住房，历经岁月洗礼，更显风姿绰约。有些老洋房安装的黑魆魆的铁门，如同名片，一眼就能看出房子主人的身份和趣味。昔日的街灯、篱笆也别有风味，这一切一切，宛若都市的精灵，在他的画里，得到了淋漓尽致地表现，陈钧德画笔下的上海，如同张爱玲小说里的上海，有着难言之妙。

后来手头略显宽裕，他就迈向了外地。因为上海没有真正的大海，也没有真正的高山，所以他喜欢远足，去外地寻找不同于城市的"别处"。他喜欢海滨渔岛、崇山峻岭、古朴乡居，尤其喜欢毫无污染、空气新鲜的大自然，喜欢那里淳厚的民风。有时写生，招致乡村老人孩子的围观，但这样的围观往往出奇地安静，乡里的人们享受着目睹画家运用画笔记录和抒发的时刻。众目睽睽下，陈钧德也丝毫不受影响，他享受着带有善意的注视。

乡野山村，森林海边，他常常深一脚浅一脚地跋涉，不以为苦，反以为乐。

天目山是陈钧德那时去得最为频繁的地方。他沉醉于幽静自然环境的秋色，那漫山遍野的银杏，层层叠叠，呈现出柠檬黄、鹅黄、橘黄、深黄、褐黄等等。如此丰富鲜艳的色彩，任你在调色板上调制各种颜料也不够用，恨不能将油彩一股脑儿全部泼洒上画布！

他喜欢深入山林腹地，将自己完全置身于空旷的山谷，面朝起伏的山峦，与天地共呼吸，在凝视中静静地捕捉微妙的感觉。一旦"对象"钻入了自己的脑海，他立即尽情挥洒，将脑中所思、心中所悟，痛快淋漓地体现在画布上。这时，他的画风不像以前那么饱满和坚实，他尝试空灵的表达，将画面处理得有张有弛，中国气息扑面而来。

他画青岛、连云港也是如此，完全抛却尘世，静待灵感一出现，就及时抓住。他说，写生创作，物象的形态是次要的，细节也是次要的，关键是抓住稍纵即逝所感觉到的"气场"。

与陈钧德一同外出写生创作的画家，往往惊骇于陈钧德在开画前那一刻，久久凝视后突然爆发的阵阵吼声，随着吼声，色面、线条忽而像钢琴家双手流畅的琴键运动，忽而又像是自然界的疾风暴雨，每一笔都出自他内心真切的感受，甚至每个笔触都是他的生命因子，但整体观瞻，他的创作刚柔并济，气息流畅，画面充盈着生生不息、大化流衍的魅力。

陈钧德的绘画受益于户外劳作，也受益于传统写意的哲学思考。

他探索西方现代派艺术中国化的漫漫旅途中，一度沉醉于书法的森林而乐不思蜀。

罗兆莲看到陈钧德热衷临帖，突然想到从小目睹过祖父罗家衡写书法。

"有一个人对我爷爷的书法影响很深。"罗兆莲告诉陈钧德。

"谁？"

"黄庭坚！"说着，罗兆莲就在书橱里翻找，找出了一套"松风阁"原碑拓片。

陈钧德接过一看，忍不住惊叹，多么珍贵的拓片艺术啊。

他真心佩服罗家衡，学贯古今，视野非凡，为孙女留下一厚沓名碑古帖，其中这套"松风阁"原拓实属难得，他小心翼翼地一页一页翻阅，爱不释手。

北宋诗人、书法家黄庭坚，是大才子，诗文、歌赋、书画、词曲无不卓越，书法技艺尤为杰出。他的《松风阁诗帖》，结体、用笔、章法十分奇特，其风神洒荡，长波大撇，提顿起伏，宛若船夫摇桨用力，而下笔呈现平和沉稳之气，变化含蓄，轻顿慢提，婀娜稳厚，充满意韵。难怪，诗人曾经骄傲地告诫后人："吾书不可学，学之辄笔软。"

陈钧德悉心研究黄庭坚的结构、笔法、力道、节奏，发觉书写艺术充满意趣。

一支饱蘸墨汁的毛笔，情之所至，气之所达，可以在宣纸上变换出各种墨韵，尤其是那些自主性极强的线条、笔触，启发陈钧德进行油画创作时，一笔下去，能不能有浓淡，有冷暖？能不能有情绪，有力量？反复尝试似与笔墨逗趣，陈钧德感到手里的油画笔渐渐变得曼妙，每根线的勾勒，经过自己的演绎，表现出了力度和节律感，让情感有了更为宽阔的安置空间。他乐此不疲，直到自己的画风里出现了"自己的味道"。

身为长年累月与油彩打交道的油画家，此时写出一幅幅气度不凡的书法作品，心里也像灌了蜜似的，喜不自禁。陈钧德立即想找个画框装裱装裱。可是，那年代，画框业早已作为"封资修"被红卫兵运动砸得稀巴烂了，上哪儿去寻找好的书法装裱呢？他来到南市的老城厢，不厌其烦地行走着，一条弄堂一条弄堂地探寻，直到找到隐身弄堂深处的装裱师傅。

狂练书法期间，他还有个"危险"之举，是参加"地下画友活动"。

何谓"地下画友"？原来，他们的结识像极了发展地下组织，都是一个一个通过私下介绍认识，慢慢滚雪球而形成的相对稳定的圈子。他们各自在不为人知的西方现代派领域狂热地探索，又在彼此的身上看到了自己的影子，互相吸引，互相欣赏。他们偷偷地约聚在公园里，热烈地交流资料和技法，滋生出许多快乐。一旦陌生人靠近，他们立即转换话题。

频频的"地下活动"，成了陈钧德灰暗年代里的一束烛光。

画友里有个侨居上海的日本画家，名叫小雄三郎，六十岁左右。

陈钧德是在复兴公园聚会时认识他的。这个日本老者是个"多面手"画家，能诗善画，还能作曲，他格外迷恋西方现代艺术，创作了许多现代派油画作品，令画友们钦佩。偶尔地，他与陈钧德相识，两人惺惺相惜，有着说不完的话。小雄三郎喜欢用表现派、野兽派手法进行肖像创作，陈钧德一样也倾心表现派和野兽派，高山流水遇知音，技法、色彩、构成等等看似枯燥乏味的专业话题，中日两个画友聊得烫心烫肺，趣味盎然。小雄三郎有个嗜好，是酷爱以变形的技法画各国"领袖"，他也一直鼓励陈钧德悄悄地尝试，以野兽派技法画毛泽东……陈钧德吃不透这个日本老头是真正思想前卫呢，还是"拎不清"（沪语，搞不懂之意）中国的政治文化，但他知道，以变形的技法，别说画毛泽东，就是画英雄劳模、画工农兵，也属"大逆不道"，弄不好要坐牢、杀头的。

陈钧德将这个日本人的嗜好当新闻在家里饭桌上说了，吓得父亲一身冷汗。父亲脸色骤变："侬勿要命啦？！"他勒令儿子马上与日本画友中断来往。

陈钧德事后想想，也的确害怕：

如果自己画了变形的毛泽东，我现在还在人世吗？

所以，陈钧德对运动"敬而远之"，画画也刻意地远离政治，只是寄情于山水和生活。

如此"去意识形态化"的创作，表明了他的艺术追求。但在荒诞的年代，按照陈钧德的画画趣味，显然也是站到了与红色相对立的灰色地带，他所热衷探索的西方现代派绘画语言，被视作"资产阶级腐朽没落的货色"。这，时常让他感到心悸不已。

他画的东西看似宁静，其实玩的是心跳！

1973年，三十六岁的陈钧德创作了油画《山景》，出手不凡。与同时代画家的主题绘画迥然不同，他义无反顾地着力于形式与风格的探索，运用印象派的表现手法，表现自然界中的光与色。我看到了那幅画：绵延的山峦、流动的空气，披挂着纯净而斑斓的色彩，构成了和谐单纯的画面。有意思的是，用色造型显然能看出野兽派的影子，是"文艺旗手"所呵斥的腐朽艺术。但色彩与音符一样，看似有阶级性，实则很抽象，旁人难揪他的"小辫子"。

有人看懂了，他是采用了"观念色"叙说心语，唯有功力深厚，才敢如此表达色彩关系。但更多人似懂非懂，他们看惯了"红光亮"作品，觉得《山景》怪异，简直出自"病人"之手。其实呢，生来习惯竹笼的鸟以为飞翔是一种病，其实是自己的无知。结果，这幅作品无人喝彩，未遭质疑已经算幸运了。好在，前辈画家懂，极力鼓励陈钧德："就这样画下去！"

就在这一年，有一天，陈钧德听刘海粟兴奋地讲述了他在外滩和平饭店会见英国上议院议员海顿夫人的事情。原来，刘海粟早年在伦敦皇家艺术学院发表过几次关于东西方绘画艺术比较的演讲。当年有两个金发碧眼的堂姐妹听后非常仰慕，热情邀请他去她俩的住所做客，还见了这对堂姐妹的哥哥。刘海粟做梦也没想到，其中一个女孩长大后成了英国上议院议员，随"英中了解协会"访华团到了北京，她与江青交谈时，执意要求看望刘海粟。英国议员如此坚持，江青不得不同意，可是刘海粟还背负"历史反革命"等两顶帽子，处于监督劳动中。怎么办？"有关部门"通知刘海粟换上整洁的衣服，由外事干部陪同，去与英国老太太会面。会见中，英国老太太执意提出要去刘海粟家拜访，被刘海粟巧妙地打发了。不久，刘海粟被摘掉"历史反革命"帽子。戴帽后经过改造也可以脱帽，是中国的一大发明。按当时的说法，刘海粟自此算是回到了"人民的队伍"。得知这个喜讯，陈钧德立即回家告诉罗兆莲，他俩为老先生高兴之余，也暗暗盼望，有朝一日陈钧德能结束"工厂的流放"。

果然，还是1973年，夏季的时候，命运突然垂青了"流放工厂"

的陈钧德。

上海工艺美术研究所是一家专门研究实用观赏艺术的研究机构。虽说不是油雕院，多少也是与绘画沾边的。"文革"运动让原先的美术队伍完全荒芜了，他们急需招聘绘画人才。

凭借上海戏剧学院舞美系才子的口碑，以及上门调研的人事干部对他档案调阅的情况反映，陈钧德顺利地被上海工艺美术研究所调入，成为一名专职的工艺美术研究员。

但是，这一回，只是短暂的逗留。没过多久，工艺美术研究所与上海工艺美术学校归并，整体搬迁到了上海市最北端的嘉定外冈。陈钧德因为妻子哮喘严重，孩子又小，都离不开他的照顾，无意再去。恰恰这时，上海戏剧学院也到处物色新教师，他被举荐到母校执教。

一切发生得太快太快，陈钧德尚未品尝出工艺美术研究所的滋味，就被母校"请"回了。

陈钧德心气很高，对自己的职业曾经暗暗抱有热望，要么当大学教师，要么成为职业画家。他从未想到自己大学毕业后，像一根羽毛，在部队、工厂漂泊了十多年。

梦想经历了多年的兜兜转转，这时终于兑现了，成真了。他无比兴奋！

获知被上海戏剧学院同意商调的那天，他飞快跑回家。"兆莲，兆莲！好消息啊！"陈钧德"第一时间"给罗兆莲通报。"太好了！终于熬出头了！"罗兆莲喜出望外。

"多少年来，我就等待这样的机会……整整等了十四年！"陈钧德感叹。

是啊，这就是你的命运，也是阿拉的命运！

罗兆莲幽幽地对陈钧德说。

161

命运？陈钧德一怔，他不得不相信。想到十四年的蹉跎，他眼圈发红了。

"加菜，庆祝！"罗兆莲提议"小小庆祝"。说毕，她就去厨房忙碌起来，一边轻轻地哼唱起来："当那嘹亮的汽笛声刚刚停息，我就沿着小路向树下走去……"

听着妻子的歌声，陈钧德在破败不堪的地板上轻快地踱步，心花怒放。

那一刻，襄阳南路的灰暗小屋被幸福照亮了！

回到母校

做个好老师

1974年，"文革"后期，肃杀气氛不那么严重了，人们的笑声似乎也多了。

那天，陈钧德骑着自行车去学院报到，街道上依旧车辆稀少，人们的着装依旧是清一色的蓝色或灰色的海洋，偶有一点青春少女的鲜艳亮色。此刻的陈钧德飞快地踩着自行车的踏板，内心是百感交集。从自己离开学院算起，蹉跎岁月，改变了多少东西啊。

陈钧德对母校的感情，实在可以说是"复杂"，学到了很多东西，也亲眼看到了许多知识分子受到戕害。他整整十年没有去过母校了。此刻一靠近校门，他就跳下车座，与门卫微笑点点头打了招呼，故意慢慢地推车步行，慢慢品尝着久别重逢的滋味。

冷飕飕的秋风秋雨里，陈钧德行走在校园里，目睹着一栋栋依旧熟悉的西式建筑，感觉到的是运动浩劫后的萧条。昔日同学间的欢笑似乎就在昨天，又似乎十分久远。那一刻，希望和热情如将灭未灭的炭火，在他的心底隐隐闪亮。

这年重回，他被分配在舞台美术系，负责执教油画。第一时间，他自然想去看望自己尊敬的老师闵希文。"反右"运动过去十多年了，闵希文先生没有摘帽，每天继续坐在学院图书馆一角整理书籍，为新书贴标签。留美归来的王挺琦教授，也没摘去右派帽子，每天打扫布景间。"死老虎"杨祖述呢，继续靠边站，干着重复的体力活儿。

陈钧德见状，惶恐又凄凉，私下对罗兆莲说了他对政治的"疑惑"。

罗兆莲比谁都了解丈夫的性格，也更清楚政治如同烈焰，不是谁都能触碰的。她一再提醒他，回到母校，说话一定要小心，对看不惯的事情不必去操闲心，以免祸从口出。

那是历经运动摧残的"过来人"，才有的谨小慎微、如履薄冰。

事实上，经历了一场接着一场的运动，整个社会几乎没有杂音了。所谓的"黑五类"——地、富、反、坏、右，一个个都变得像老鼠，见人如见猫，生怕躲之不及。深知几轮运动滋味的人，即便是独处，也会感觉到被四处无数双眼睛"盯着看"。

这就叫"心有余悸"。

即便如此，民间暗涌的，是对政治松动的渴念。

人们已经烦透了无休止的运动，烦透了单调乏味的文娱生活。

正是在这样的时代背景下，陈钧德走上了大学讲台。他任教的前几批学生，是"文革"后期舞美系招录的工农兵学员班，他负责教授基础绘画。这门课，对于身为当年上戏舞美系"5分专业户"的陈钧德而言，不存在难度，尤其，他还积累了十多年创作实践，积淀了林风眠、刘海粟、关良、颜文樑等"私授"的丰富经验。他暗暗立志做个好老师。

怎样才算是好老师呢？他思索着。

曾经教过自己的颜文樑、杨祖述、闵希文等等，走马灯般映现在脑海。

无数个夜晚，陈钧德再次研读画史画论，忽然悟出，将学生带入他所理解的"真正自由的绘画世界"，才是好老师应该做的。他准备将心交给学生，将自己在绘画实践中的所思所想，毫无保留地传授给学生。他要在教学中释放每个学生的个性，这样，学生的绘画风格才会各自独立，如果培养出的学生个个雷同，他定义为"教学失败"。

且看陈钧德如何在课堂里传授：

素描，是绘画的起步。讲授素描，按照苏联派的教学模式，应该严格要求学生先画轮廓，首先追求"形准体显"，素描的明暗处理一共有五个色调、六个块面等等，教师评分也严格参照这些标准而进行。陈钧德呢，彻底颠覆这样教条式的认识和理解，他讲课，简明扼要讲明写生造型的基本规律，但不强制学生画素描必须轮番使用各种型号的铅笔，以及根据各种块面要一笔笔直线涂出。他还警惕教学可能导致学生机械地掌握技巧，所以，当他布置课堂素描作业时，有的学生将明暗对比画得层次分明，有的却只是勾了单线，与"形准体显"相距甚远，陈钧德统统予以允许和包容。他的教学思想是，只要符合对象的造型结构，无论采取哪一种手法去表现，都可以获得高分。

陈钧德更是从自己的实践中，意识到：

任何绘画技巧都像个笼子，你教会学生跳进去了，也要教会学生跳出来，能跳进也能跳出，掌握的技能才是自由的、灵活的。

"他的教学思想很open，追求现代意识，自由精神。"有个学生如此评价。

还有学生介绍说，陈钧德一直强调，素描训练时一定要知道，技巧只是技巧，是绘画的手段，手段永远不是万能的，有时适用，能帮助把控形体变化；有时不适用，还可能反过来束缚人的创造性和天性，让学生越来越被囚禁在所谓学院派的笼子里。

所以，陈钧德的素描课不断改良，乃至后来"一反常规"：学生画素描，他建议使用炭笔，训练学生在充分观察素描对象后，用高度简括的体面进行表现，永远侧重画面的整体感与绘画性，有时一笔下去就形成一个块面，避免依靠重复的线条，僵化地表现对象。

这样的教学，反对成为技巧的奴隶，更强调技巧服务于内心。

早就领悟了绘画妙谛的陈钧德，不断寻求教学上的突破。

上色彩课时，面对同一个模特儿，他倡导围绕四周的学生们选择自己喜欢的色调，不必画出一个调性。这与学院惯常的苏联派教学又是一大"叛逆"。但是，陈钧德心里透亮透亮的，什么可以允许、包容？什么不可以允许、包容？他心里矗立的标杆，概括起来就一句话：基本规律是自然法则，必须遵守，除此以外，尽可自由发挥。譬如，对于黄色物体，你的绘画可以表现出黄偏绿，也可以表现出黄掺褐，陈钧德巡视、分析学生的习作时，不会简单地评判你用的黄偏冷了还是偏热了，这都没关系，他眼睛"凶巴巴"盯着的，是你所用颜色是否与环境色一致，你的色彩思维是否准确。有的学生"无理取闹"，所画的颜色根本没有逻辑可言，一味地玩"花哨"，他会毫不客气地"剋"。基础绘画当然要教透视学、色彩学，陈钧德的教学方法别具一格，他悟透了思想和意志的自由对未来绘画创作是多么的重要，他孜孜以求想让学生掌握的，是艺术家为什么画画，如何画出自己理解的对象，画出自己的情感和思想。

听过陈钧德绘画课的学生，有的说他"很严格"，有的说他"很宽松"。评价迥异。但学生个个牢记着陈钧德经常说的一句话："班上有十五个学生，我希望将来有十五个艺术面貌不同的画家。你们不要成为前辈第二或哪个老师的第二，最重要的是要成为你们自己。"

多年以后，陈钧德教过的学生遍布各地。但他们的艺术发展方向迥异，有的擅长写实，有的擅长抽象，有的专注于架上，有的成就于装置。为此，陈钧德备感欣慰。

这个时候，陈钧德自己的艺术家之梦并未消失。梦想如同置入显影水里的胶片，时间越久，梦色越加清晰。这时，他对马蒂斯、塞尚已非常熟稔。教学之余，当别的教师忙于各种应景的宣传创作时，他依旧钻研他喜好的西方现代主义，对马蒂斯、塞尚的线条、色彩尤其有深入理解。他将他们的画册翻得稀巴烂，并在画布上做了各种实验。如果说"先锋"，彼时钻研现代主义艺术的陈钧德无疑已是"先锋画家"，他在"文革"后期创作了一批"不同于时代主题"的纯风景油画。

他的创作吸收了毕沙罗、塞尚、梵高以及刘海粟等的技法，在写生中进行创作。

谈到这一阶段的写生，陈钧德流露出"非常享受"的意味，因为"与学生们在一起"。

他非常喜欢"课代表"陈箴以及其他几个真心热爱绘画艺术的弟子，经常带领他们一起外出写生创作。他教授学生绘画，说教少，引导多，注重发掘学生内心对艺术本身以及对大自然的热爱，于写生中激发每个学生的梦想和奇思。但写生毕竟需要成本，尤其走出上海去外省，容易让人联想是"游山玩水"。为此，他动足脑筋，想尽办法向学院申请经费。其实即便申请到了经费，也经常捉襟见肘，需要精打细算克服许多意想不到的困难。

那时的写生条件与现在不可同日而语。每次出门，需要随身携带单位开的介绍信，还要带好铺盖、面盆汤碗以及个人洗漱用品。一路上乘坐设施破旧的长途公共汽车，大包小包的行囊，在拥挤肮脏的长途汽车上总伴着磕磕碰碰，甚至导致与他人吵嘴。到达目的地，住的地方大多是小学教室，几张课桌一拼就代替床铺了。若忘带垫被的话，就得借用当地农家的草垫，尝尽虱子爬身的滋味。那时的伙食简单至极，面条、面包、馒头、酱菜，除了满足果腹，几无油水可言。艰苦无疑，但师生打成一片，同吃同住，其乐无穷。

第一次带学生去黄山写生，面对云海、松林，学生们犯愁了。自古以来，表现黄山美景的都是水墨表现，我们怎么画啊？！不怕，看陈钧德身先士卒。当着学生的面，他用炭笔进行示范。但见他凝神观察了云海和松林后，用炭笔勾线、涂面，只一会儿，两幅画就完成了。他为其中一幅题词："黄山天下无"；为另一幅题词："中西画理互通"，鼓励学生大胆尝试。

陈钧德认为：

> 中国传统书画能画的对象，油画都可以涉猎，并无严格的泾渭之分。

为了扭转学生的固有思维，他不仅率先带头使用炭笔画了两幅速写，还与学生一起使用油彩进行黄山题材创作。这时，学生们看到老师没有刻板地描摹自然的山峦、树林，而是凝望，静悟，然后下笔。看得出，他对虚无缥缈、捉摸不定的云海情有独钟，云海似乎也钻入他的脑袋，给予他无限的灵感。他第一笔下去，似乎画的是云，却又不是模仿云，很主观的一笔，喻示着他感觉到的云海的悠然、自由。他所画的黄山印象，亦真亦幻，一看就是黄山，但又有鲜明的个人感受，气息传神。学生们看了，不得不叹服。

对于户外写生教学，当年的上海戏剧学院存在争议。

有教授主张，带领学生外出，自己画不画无所谓，却一定要对学生的绘画过程进行具体指导。陈钧德不以为然，他觉得课堂传授了基本规律后，一旦外出写生，就像上战场打仗，临阵还教别人透视怎么表达、色彩怎么表达，只会"破坏"学生的情绪。他认为最好的写生教学，是老师与学生"同场竞技"，一起进行写生创作，这样，教师本身言传身教，而学生可以去观摩，去感悟，去借鉴，也完全可以自己去自由发挥，这样最符合绘画"规律"。

陈钧德坚持，艺术教育以形象思维为主，而非逻辑思维可以替代。

他白天与学生一同绘画，到了晚上，则集中讲评，分析学生的当天习作。

陈钧德五上黄山，五次都是与学生一起去的。

有一次，他带学生再上黄山，在眺望天都峰的绝佳之处，云集了多个美术院校的师生。正当他们面对天都峰，在支好的画架面前准备挥舞油彩，突然一片乌云飘来，雨点顿时密集而下。别的院校学生纷纷跑到屋檐下、雨披下躲雨，但陈钧德冒雨畅快地"记录"大自然一瞬间的奇妙，仍旧在雨中画啊画啊，一时，他的鞋子里、画箱里灌满了雨水，但那一刻，他绝不退让的精神气概让在场的人们感动、感慨。一会儿，乌云飘走，太阳又钻出了云层。学生们为陈钧德的坚守一阵欢呼，他身上无法遏制的激情，深深感染了学生们。他们意识到，一个艺术家，生活中无论什么困难都无法转移创作时的激情，生命就应当为艺术而燃烧。

陈钧德正是这样一个为艺术而自我燃烧的"写生狂人"。

有一年，他带领学员去云南中缅边境的"大等喊"村写生。"大等喊"是民间俗称，陈钧德非常好奇中国还有这么一个生动、奇特的村名，他站着绘画的地方，一脚立在中国，一脚立在缅甸，就站在这样的奇异之处，他创作了一幅1.2米×1.6米的巨幅风景油画，起名就叫"大等喊"！不知情者往往莫名其妙，却被他所画的边境景色所感动。

陈钧德写生，与绘画大师布丹有着一样的感受："直接在现场画出的东西，总有一种力量，一种笔触的生命力……"甚至，他还有更进一步的丰富感悟。

无论黄山、天目山还是青岛海滨、连云港海滨，他的许多作品都是当场写生，一气呵成。他感到写生"气场"是个捉摸不定的精灵，你在现场抓得住，回家后未必还能捕捉。现场写生作为一种创作方法，准确地说，就是所谓即兴创作法，是将自己眼睛所见、头脑所想、心灵所感的东西，即时地、整体地、饱含激情地发挥出来。这种发挥，似与不似，魂在以景写情。

陈钧德上课就是这般，高扬自由意志，却从不故弄玄虚，与工农兵学员之间是"教中有学，学中有教"；对恢复高考后迎来的新一代学子，他也是坦诚相见，致力于发掘他们的潜能。

他的教学主张，最与众不同之处在于：不是神神叨叨，一味地纸上谈兵，课堂上讲明绘画的基本规律就足够了，余下的关键是言传身教，让学生看懂，绘画的奥秘不只是有技法，更重要的秘密是驾驭技法画出真情实感。徒有形式而缺乏情感的绘画是僵尸，是凋落的枯叶，毫无生命气息。陈钧德始终寓情于画，他常常语重心长地告诉学生：

> 一块白布竖立在面前，作为画家，如同进入战场。是打持久战还是速决战，由画家说了算。这时候，第一笔怎么画十分重要，第一笔必须是破坏性的，即不要被任何对象甚至于大自然所约束。不要怕线条太硬，也不要怕色彩太浓。放开画，大自然会出其不意给你回报。

画风景，尤其每次置身空旷、幽远的自然怀抱，陈钧德练就了一个特异本领：耳闻自然的低吟，能清晰感受自然的气息。杰出画家的写生创作，永远不会满足于画出自己所见的美的事物，更要画出隐藏在对象背后"视而不见"的存在，要善于画出人与自然情感交流的鲜活感受。陈钧德感受大自然的气息，有时会为之深深喜悦，有时会发自内心的崇敬，有时会泪眼婆娑。从心灵出发，对所画事物观察到什么,感悟到什么,其实也都无所谓,关键是画家对大自然有无产生真心实意。这样的真心实意,与西方完全的"自我表现"明显不同,而是体现为"天人合一"的思想境界。

远离"红光亮"

"文革"后期,是陈钧德创作上最为动荡、最为迷惘的时期。

之前,一切一切的严厉"不许"有如高压线,他也认了西方现代派创作只能生存在"地下"。但这个时期,运动的神经不再那么紧绷了,但工宣队还驻校,意识形态还偏"左"。

陈钧德当着同事的面,一度公开研究苏俄名家尼古拉·费钦,也尝试画过一批黑白肖像,受到戏剧学院同行的赞叹,被认为"深具功力"。但,陈钧德很快就放弃了。孤傲、执拗的他,对流行一时的艺术风潮嗤之以鼻,而禁锢的东西时时激发他的创作细胞,他还是不可遏制地喜欢表现主义,喜欢现代主义的光影、色彩和线条,他宁可继续寂寞,做个"地下画家",也不甘心随波逐流。哪怕知音稀少,毕竟还有画友们互相支撑着。

蒋玄佁,一个难得的忘年交。他在"文革"前已经是同济大学教授,比陈钧德年长许多,他曾留学日本,精通考古,对中西绘画均有涉足。但这个老教授的内心却渴望成为职业画家,与陈钧德一样痴迷现代派绘画。陈钧德未结婚时,老蒋就经常不怕路远,主动相约到陈钧德家,在他的小屋一聊就是半天。有时,他俩还相约一起"体验生活",逛苗圃,游郊外。陈钧德结婚后,他还是经常来"干聊",一坐下就忘了时间。

罗兆莲好生奇怪,忍不住问:"钧德,侬年纪轻轻,怎么与一个老头子来往密切?"

陈钧德想了想，回答说："只有价值观一致的人，互相交往才觉得舒服。"

是啊，他俩都远离"红光亮"，都喜欢现代派。难得的精神知音！

陈钧德一向自傲于色彩的天赋感觉。的确，要说色彩，他早在大学时代就发现自己这方面的敏感。他在1970年代前半段所画的作品中，最为刘海粟、林风眠等肯定的，就是运用色彩对光影的表现了。但陈钧德一度也陷入了"色彩的沼泽"。

那是陈钧德与好友结伴去山西大同，看了云冈石窟的壁画后，他被深深震撼了。

他觉得自己过去所画的一切，是多么狭隘，多么肤浅。

他意识到艺术的伟大不在于表面的色彩绚丽，也不在于光影感觉，永远在于精气神。

自己过去太追求色彩之炫了，简直就是大自然光影的奴隶。但是看了大同的石窟艺术，他第一次发现，原来无色之色，最有"色"。那才是色彩的超高境界啊。

这么一想，他几乎否定了自己，深陷于自己的思想沼泽，无力自拔。

那些日子，他闷闷不乐，整个人像是霜打的茄子——蔫了。

刘海粟老先生知道事情原委后，奋力救了他，将他从"沼泽地"拉了出来。

海老先生老辣而中肯地指出，对于油画而言，线条是骨架，色彩是血肉，千万不能简单地否定色彩的意义和价值。你看到的云冈石窟壁画，看似无色却有最丰富的色，这种理解非常深刻。但不应用以否定色彩，而应该在更深的层次理解和感悟色彩的微妙和含蓄。

刘海粟的一席话，令陈钧德豁然开朗。

如果说，"色彩的沼泽"是小沼泽，那么，更大的沼泽是"如何画"。

时代依旧"左"流横行，形势也只允许"红光亮"存在，舆论鼓动艺术家大搞主题创作，体现宣传意图。而陈钧德的绘画始终追求纯粹的艺术品性，坚守"去意识形态化"。

他的选择注定了他处于时代的边缘。

很长一段时间，他习惯也罢，被迫也罢，反正摆脱不了"边缘人"的尴尬。

但现在，他成了大学老师，便思考：人生路怎么往下走？自己的创作方向要不要改变？

彼时，相比那些每画一幅宣传画式的油画就能登报，收获一大片"欢呼"的应景派画家，陈钧德是深感寂寞的，仿佛山谷深处的野百合，寂寞生长，寂寞开放，无人过问，无人喝彩。那时候，除了与老前辈交流绘画，冥冥之中还有一股力量，牵引他仰望星空。

那是长期独立思索、特立独行的必然归宿！

对现世的失望何以解脱？偶尔的一次仰望星空，时间、生死、荣辱观"不同了"！

面向深邃的天宇，璀璨的星辰，他陡然感到，人是那样渺小，生命是那么短暂。

一个艺术家，为了什么绘画？什么值得去画？

他苦苦思索"如何画"的深层意义。

他无法预知未来。整个国家仍旧沿着毛泽东的引领在轰轰烈烈地搞"文化大革命"，自己就像孩子歌谣里所唱：我是一颗螺丝钉，社会大机器上的螺丝钉……

即便如此，陈钧德决计不去随波逐流，不放弃自己的坚守。他的画继续远离政治运动的衬托，只画风景、肖像、静物等等，与火热的政治生活相去甚远，与革命小将的情感与审美相去甚远。但陈钧德坚信，这些才是本质意义上的艺术！

他不认为自己是为艺术而艺术，他专注于画出真实感受，画出客观世界赋予自己内心的诗情和意绪，这才是艺术最本质的东西。真正的艺术家不就应该这样存在吗？他私下所画的作品，虽然只有自己的妻子、画友以及个别前辈艺术家的欣赏、鼓励，但这难道还不够吗？

陈钧德在"文革"中表现得勇敢、坚定。整整十年"文革"岁月，他硬是没有去画过一幅"红光亮式"的作品。回忆这段时期的创作，他坦然地说：主题油画创作并非一无是处，特别是写实主义油画对现实社会进行艺术化的记录或干预，是有价值的，艺术领域是允许、包容这样的作品存在的，但问题在于，如果像过去那样，由主题油画完全主宰了所有的油画创作，艺术风格只允许存在单一性，这一定是极度荒唐的。

疯狂的年代里，他致力于纯粹艺术，深刻体验了极度荒唐下的边缘化生存，乃至地下生存，时而寂寞，时而惊恐。创作环境里的政治高压，将绘画粗暴地视作非"红"即"灰"，让酷爱现代派艺术的他深感窒息。幸运的是，他对自己的选择终究未改，也从不放弃，从小渴望成为画家的梦想依稀还在，只是真的一点也不敢奢望，有朝一日自己能成名成家。

陈钧德戏谑地笑着说，谁都受够了极"左"思潮主宰一切，盼着"文革"尽早结束，但一度也看不清未来，那时，人人以为世界永远就这样的——去菜场买菜，先要高声地唱"敬爱的毛主席，我们心中的红太阳"，然后开始买菜的行为。这段历史过去了近半个世纪，但一想到当年的荒唐，陈钧德竟能当着我的面清晰地哼唱"革命歌曲"。"不是我喜欢，是我们整整一代人'被记忆'了，一辈子磨灭不掉的！"

身处荒唐久了，人们自己很可能成为荒唐的一部分。但陈钧德在荒唐岁月坚持不画一幅荒唐之作，显然，因为他那时已经有了自己的艺术信仰。

这真是值得研究的"艺术现象"。我几乎查遍了陈钧德自1960年大学毕业以来的所有作品，他选择远离主题创作，不仅仅是远离政治，还远离文学、历史。好奇怪啊，给他"私授"的林风眠、刘海粟、关良等，他们的创作中或多或少，也在借画喻意，曲线表达对政治、社会的看法，但陈钧德恪守纯艺术，始终倾心于绘画本身的诗性和色彩学的"纯"语言，志在创造纯艺术的油画新语言，在表现审美文化中去传递思想、情感和态度。就这一点而言，我认为，陈钧德的新表现和新写意，与抽象艺术的探索有着相近之处。

他"文革"期间于"无人区"的西方现代派艺术领域独自跋涉二十年。"八五新潮"之后，他在表现主义和新写意主义深度开掘方面走得更深、更远了。

大约就在这个时期，一天，学生小D骑着自行车找到他家。

"陈老师，好消息好消息！"小D热情而神秘地说，"现在有人订购一批丝绒画，就是在黑色丝绒上临摹世界名画。凭阿拉专业技巧，一天画三五幅没问题，您也参与一起画吧。"

陈钧德不好意思直接拒绝，便说："我没画过，不会画。"

"太简单了，您看，我带来的样子。"说着，小D铺开了一张丝绒画。

那正是当年上海滩风靡一时的装饰画，许多百货商场都有柜台专卖这类画，许多赶新潮的有钱人或新婚的年轻人，家里都时兴悬挂这样的作品。对于这类商品，陈钧德本能地绕道而行。谁知，小D不懂老师的心，依旧不依不饶地鼓动陈钧德参与制作，陈钧德终于忍不住下了逐客令："我真的不想参与，也没有兴趣。谢谢了，请回吧！"

"这……来钱很快啊！"小D扫视了陈钧德家里破旧的家具、沙发，直接说了。

"谢谢你的好意。我再穷，也不画！"

陈钧德偶然回想起这桩往事，不停地摇头、苦笑。他没有责怪学生，知识分子依靠自己的专业技能业余揽点活计，完全应该包容。他也不否认，住在襄阳南路的后期，自己已经成了大学老师，罗兆莲的祖母也生病去世了，家庭经济负担变小了，但妻子的哮喘旧病复发，两个孩子正在上学和发育，许多地方很需要钱。然而即便在生活最拮据的时候，他也没有将作品视作产品，从来没有为人民币去画画。他在徐汇区业余大学干过兼职，给人上课，仅此而已。这一坚守让他欣慰。他深为感慨地说：

绘画是神圣的。如果绘画时老想着钞票，想着为买房、买车、买奢侈品而画，那是多么邪乎，会窒息一个艺术家的创造力，甚至败坏他天生的独特感受力。

幸亏，自己当时抵抗了金钱的诱惑，但那次只是小钱。
日后有大钱砸来，带给他无限诱惑，他会不会改变想法呢？

解冻

上海的早晨

长达十年的"文革"结束于1976年。9月9日，毛泽东逝世，当许多中国人觉得"天要塌了"时，陈钧德则隐隐约约感到，时代终于翻过了一页，明天与今天会有所不同。

10月6日，"文革"中不可一世的"四人帮"被抓捕，春意开始将冰冻融化。北京故宫的徐邦达先生在给陈钧德的信里写了一首发自肺腑的诗词，表达了一代知识分子当时的激奋。

感受到冬去春来的人们，包括被打入牛棚或扫地出门的文化名流、艺术名家隐隐感到，将要苦熬出头了。1977年，恢复高考；1978年，报告文学《哥德巴赫猜想》、小说《伤痕》《班主任》等相继发表，全国掀起了追求科学和知识、启蒙和理性的读书运动，如同人们抗拒"文革"思想禁锢的号角。一度被霜残风摧的老艺术家们老藤发新芽，刘海粟、关良、颜文樑等渐渐活跃起来，拨乱反正渐行渐猛。这个时期，顽强生长在贫瘠环境里的陈钧德们也盼到了阳光雨露，跃跃欲试。

课堂上，陈钧德小心翼翼地开始谈论印象派、野兽派、立体派等等，将塞尚、梵高、毕加索等等一个个大师介绍给他的学生。学生们听得如痴如醉，陈钧德将前辈老师为他打开的"世界之窗"，结合自己的理解和实践，又向新一代学生打开了。这时依旧存在一定程度的政治风险，但他忍不住了，富于智慧地表达着，传授着，在学生们心里播撒了种子。

创作上，他激情勃发，内心涌现很多想法，处于少见的亢奋状态。他几乎每天都为绘画而奔波，而疯狂。这一阶段，成为陈钧德创作的"岩浆喷发"期，厚积的岩浆冲破思想的"藩篱"后，立即呈现无可阻挡的喷薄之势。

上海大厦是陈钧德的一个福地。那时他认识上海大厦一位美工，这位美工与陈钧德十分谈得来，也知道陈钧德有个夙愿，就是在上海大厦楼上创作俯瞰黄浦江的油画。

有一天，他匆匆赶到陈钧德家里通报，原先有一间借给刘海粟作画用的房间，现在刚刚腾出，他督促陈钧德赶紧利用这个空隙，去进行写生创作。陈钧德立即骑车与他一起去实地察看，彼时的上海大厦是全城最高建筑之一，从11楼房间阳台望出去，远处能眺望到高耸的海关大楼，近处能俯瞰黄浦江和苏州河的交汇，两者相间是车来人往的宽阔的中山东一路，构图天然就美。他看了很满意，回家对罗兆莲说，想抓住难得机会，创作几幅大尺寸的、具有时代象征意义的《上海的早晨》。——"早晨"，纯风景创作，寓意却是深刻。

可是到哪里去寻找大尺寸的木框呢？

今天的年轻人无法想象，当年买木材也要凭票证供应的。

一时也没有哪家商店出售这等规格的画框。怎么办？

陈钧德灵机一动，主张将家里一张棕绷床的床框拆散，将床框木改成两只1.6米×1.2米的画框，那尺寸也是陈钧德事先去上海大厦电梯里仔细量好、可以容纳的最大尺寸。

看到陈钧德满脸兴奋，洋溢着激情，罗兆莲毫不迟疑，当即表示支持。

绘画那天，陈钧德和罗兆莲很早醒来。天气骤冷，屋外飘起了雪花。站在上海大厦11楼的阳台上，陈钧德深深吸了一口空气，黄浦江凛冽而湿润的气息让他舒畅。他静静地眺望着蒙蒙晨色里的天空、建筑、江面、外白渡桥，激情澎湃。那时他喜欢运用小号油画笔，笔在手里飞舞，行云流水般地抒发内心感受。宛如小提琴曲演奏，陈钧德完全沉浸在物我两忘的癫狂中，雨雪打在头上、脸上，他根本无暇顾及。罗兆莲在一旁为他打伞，努力为他遮风避雨。那一刻，陈钧德倾注了极大热情，用灰白色彩、刚劲线条，勾勒出一种比真实景色更为优美的雨雪中的《上海的早晨》，绘出了比现实更有魅力的"经验之梦"。

由于淋了雨雪，陈钧德一度高烧，但他觉得"值"。

1970年代代表性的作品之一《上海的早晨》，一共两幅，就这样诞生了。

1978年年末，对陈钧德以及许多画家而言，是个特别的时刻。彼时，文化部发出了《关于美术院校和美术创作部门使用模特儿的通知》，在教学和创作中又被允许使用人体模特儿了。空气中透露着自由和宽松。1979年2月，北京三十七位油画家自发组办了"迎春油画展"，在中山公园举行，该展览"不设审查制度"，有"自由结社"的意味。

也正是这时，上海十二个画家也渴望自主表达，自由呼吸。陈钧德、孔柏基、陈巨源、陈巨洪、钱培琛、郭润林、沈天万、罗布臻、王健尔、徐思基、黄阿忠和韩柏友等气味相投的画家一合计，未与官方部门打招呼，一场民间自发的艺术群展在黄浦区少年宫举行。

艺术评论家朱朴在1979年出版的《美术》杂志上，如此写道：

"探索、创新、争鸣，是上海春节期间展出的'十二人画展'招贴广告上的副题。展览会的前沿是一首不受格律约束的自由诗，写道：'严酷的冰封正在消融，艺术之春开始降临大地，战胜了死亡的威胁，百花终于齐放……每个艺术家有权选择艺术创造的表现形式'，并且表示了要为'文学艺术的全面繁荣'而努力的愿望。"

与北京迎春展迥然不同的是，陈钧德与十一个或"在野"，或被主流排斥的自由画家共同参与，后来被美术史反复提及的"上海十二人绘画展"，具有鲜明的现代主义倾向，成为1950年代以来中国大陆第一次公开举行的现代主义艺术展。展览没有经过任何机构的评审，布展现场设计成X形格局，展厅空间回旋着钢琴奏鸣曲。

在这次画展上，陈钧德拿出了《有过普希金铜像的街》（1977）、《雪霁》（1977）等作品，这些作品并不是他在探索现代派艺术方面"走"得最远的作品，而是比较温和的印象派风格，但题为"有过普希金铜像的街"的油画作品分明带有"文革"结束后的反思意味，如同当年的"伤痕"文学触动了人们最敏感的神经，立刻引起了广泛关注和共鸣。

著名评论家、浙江美术学院的朱金楼教授在"上海十二人绘画展"现场，站在陈钧德作品前惊呼："出色啊，出色！"不久，这位教授主动为素不相识的"后起之秀"陈钧德写了一篇长篇评论，发表在当年的《文汇月刊》上，评论题为《画坛上的新星——陈钧德油画》。

《有过普希金铜像的街》就此成了陈钧德的成名作。

普希金铜像

普希金铜像，坐落在闹中取静的岳阳路汾阳路交叉口，是屹立在上海街头最美的雕塑之一，多年来默默陶冶着市民情操。陈钧德儿时经过这里，总忍不住被铜像所吸引，或去端详铜像表情，或去读一读底座上的碑文，四周树叶摇曳，仿佛低吟着诗人的诗句。

据查，这座铜像始建于1937年2月，最初是由当时的苏联侨民发起并捐款建造，以此纪念他们心中的文豪、诗人普希金逝世一百周年。日军侵入上海时，竟悍然将其拆除并化成铜水，所铸成的子弹用来射入中国军民的身体。抗战胜利后，1947年2月，由苏联爱国侨民和上海进步人士协同，新的普希金纪念碑在原址重建，碑身由苏联侨民中的建筑师和美术家共同设计。谁料，二十年后，"文革"风暴骤起，普希金像未能躲过二次劫难，这次铜像连同底座彻底被拔了，只空留一块疮疤般的水泥平地。当陈钧德与罗兆莲再次走过，见到空荡荡的街心花园，不禁万分失落。他有过"喜欢诗歌的岁月"，年轻时喜欢普希金、席勒，如同喜欢李白、杜甫、白居易，对诗意、诗情的感情是一样的。

出自有感而发，陈钧德选择秋天里一个阳光明媚的午后，创作了《有过普希金铜像的街》，画面充满了印象主义的光影表现，与当时盛行的苏联写实主义风格截然不同。

陈钧德回忆创作时说：普希金纪念碑是我常去的地方，在"文革"混乱中被夷为平地后，我还是经常去。我将这曾经有过普希金铜像、而如今却是平平坦坦没有丝毫画味的地方画出来，是想表明没有普希金铜像的普希金精神，它的存在绝对不是取决于铜像。

陈钧德还说：

> 我作画时就仿佛见到了雕像，不仅在那三角街心水泥地的棕榈树边，而且在那歪歪扭扭的树木上，在朱红、翠绿交映的叶丛中，在被落日染红了的红瓦、围墙和马路上，我都体味到普希金的诗意。

陈钧德的表达，看似温和，只是典型地反映了"去政治化"的独立人格。但多年以来，他以及他所身处的这座城市的许多艺术家，他们的激进意识或激进态度，其实并非利用艺术表达"革命"意识，而是基于对回归艺术自身规律的渴望。这种刻意规避政治的纯艺术流派上的追求，在绝大多数人视"红光亮"宣传画等同艺术作品的年代，也是出乎意料的艰难，需要突破集体的思维惯性，甚至冒着"触电"的危险。这也就是林风眠、刘海粟等艺术家在"文革"期间根本不敢宣扬西方现代主义艺术的客观原因。时代环境就是如此逼仄！

当年，有个叫王观泉的记者，如此记叙了观摩"十二人画展"的感受：

"1979年新春佳节，我从大雪纷飞的北国飞向上海。刚踏上我的故乡，就被一个展览会——'十二人画展'上的一幅油画——陈钧德作的《有过普希金铜像的街》所吸引，我久久不能平静。一幅油画风景，令人触景生情，浮想联翩……"

社会反应热烈。陈钧德的名字一下子在美术圈内外传开。报纸、电视、杂志记者纷纷找上门来，苏联驻上海总领事馆也派人联系陈钧德，询问他是否喜欢普希金的诗歌等情况。

社会永远盛产着奇葩。上海电视台两位编导主动上门联系，带着摄像机跑到襄阳南路陈钧德家里采访，还爬到才六平方米的阁楼上尽情拍摄，准备制作一部电视专题片，消息传出后，"不少人"给上峰以及上峰的上峰寄去了匿名信，质疑政府办的堂堂电视台，为何对那么多劫后余生的老艺术家视而不见，反而去宣传一个初出茅庐的新画家？

一次采访惹出一连串的是非，令陈钧德始料不及。

他生气，他疑惑，他对所谓的规则、潜规则也闹不明白。

他一个人静下思索后，决计不再理会任何风言风语，走自己的路。

过去在部队和工厂，多少时间白白流失，青春岁月瞬间凋零，现在鸟笼打破了，形势不同了，激情澎湃的他，有无穷无尽的想法和题材，唯恐时间不够，精力不够，只盼时针的脚步走得慢些、再慢些。他决定将枝枝蔓蔓的人生不愉快扔到风里，一心一意投身创作。

这年秋天，"星星画展"在北京中国美术馆外东侧小公园里露天办展，影响更大。陈钧德顿感，艺术的春天越来越近，时不我待。陈钧德四处选址写生，奋笔创作，新作迭出。

《怀古》《古俑花果图》，一幅幅新作沐浴着改革的春风诞生了。陈钧德拿了作品请刘海粟、关良、颜文樑等多个前辈过目，前辈们很欣喜，连连称道："好啊，棒棒的！"

西方现代派艺术在中国依旧萧条，但陈钧德脱颖而出，冒出来了。

或许那时起，前辈艺术家从陈钧德身上看到了自己过去的影子，看到了他们开辟的中西艺术交融事业终于"后继有人"。

拜见张伯驹

1979年深秋，陈钧德被上海戏剧学院推荐去北京参加第四届全国文代会。行前，陈钧德去刘海粟家小坐。刘海粟连声说"好，好！"老先生说，全国文代会二十多年未开了，文化界好久没有"自己的声音"了，这次是劫后第一个文代会，会上一定会见到许多人。

刘海粟委托陈钧德抽空替自己看望老朋友张伯驹先生。聊起张伯驹，刘海粟笑得十分灿烂，"他比我小两岁，却真正是当代文化高原上的一座峻峰啊，淡泊名利，爱国至诚"。

刘海粟兴致勃勃给陈钧德讲起张伯驹的逸事。

张伯驹出身于盐业银行大亨的家庭，典型的富二代。奇妙的是，纨绔子弟成长为中国一百年来难得的大藏家和大才子，他竭尽财力收藏了大量价值连城的古代书画，他还有"一绝"，能将《古文观止》

背得滚瓜烂熟，对《资治通鉴》的故事如数家珍，对唐诗宋词张口能诵，还写了大量古体诗词、音韵、词曲的论著，刘海粟的叙述激起了陈钧德的强烈好奇。

说起张伯驹与潘素的婚姻，刘海粟感叹道："是传奇，真正的传奇！"

原来，张伯驹是在烟花柳巷遇见潘素的。

潘素，前清著名状元宰相潘世恩的后代，家道中落后，被继母王氏卖到上海妓院。由于长袖善舞，能写能画，弹得一手好琵琶，她的艳名四扬。张伯驹偶尔遇见她后，惊叹"天女下凡"，当听了她弹拨的一曲幽幽的琵琶后，张伯驹更为倾心，立即赠送对联以表心意。但好事多磨，当时早有人眼馋天女，不是一般达官贵人，而是威名显赫的国民党中将臧卓。臧将军欲将潘素纳为爱妾，已经到了谈婚论嫁的地步，谁还敢在他的头上动土？偏偏，张伯驹不信这个，他使出浑身解数，在遭遇了种种曲折后，终于抱得美人归。

刘海粟感叹，若有人写张伯驹与潘素的爱情故事，不输历史上的阮郁与苏小小、冒辟疆与董小宛、钱谦益与柳如是。张伯驹"视勋名如糟粕，看势力如尘埃"，说到这里，刘海粟脸上流露出佩服之情。他与张伯驹多年来熟如兄弟，惺惺相惜。

而陈钧德内心一直非常尊敬、感激刘海粟，就因为刘海粟总是像慈父一般，对自己的栽培，常常看似无意，却处处有心。介绍陈钧德去认识张伯驹，也算是明证。

刘海粟当着陈钧德的面，掐指一算，自言自语道："老先生已经八十岁了，我要跟他讲两句闲话"，说罢，他伏在书案上铺开信纸，即兴给老友张伯驹写了一首贺诗。

等到陈钧德坐火车去了北京，果然感觉这届文代会"不同以往"。他激动地看见，"三下三上"的中国政坛"不倒翁"、时任国务院副总理的邓小平也出现在文代会的会场，并热情洋溢地作了开幕致辞。陈钧德还见到了文化艺术界许多显赫的人物，深感不虚此行。

会议间隙，他遵照刘海粟嘱咐，在夜晚时分找到北海后面的一个僻静住处。

张伯驹的夫人、书画家潘素女士为他开了门。

初见张伯驹，陈钧德一惊。人称"民国四大公子"之首的这位张老先生，眉宇之间果然透着不凡气度。张伯驹曾经也被打成右派，赶出京城，去了东北农村。这时他们好不容易才回到城市，所住的房子不大，夫妇俩还是抱以乐观心态。他们的屋里堆满了书，还养了许多只猫，张老先生起身迎接陈钧德时，怀里正抱着一只漂亮的白猫。

张老接过刘海粟的诗稿，当场展读，喜上眉梢。他像欢迎刘海粟一样热情接待了陈钧德，仔细询问了刘海粟的近况。陈钧德作为刘海粟的信使，一一从容作答。

陈钧德怀着崇敬和初生牛犊不怕虎的倔强劲儿，也向张老先生请教了一堆有关诗词书画的问题，还直言不讳问了张老先生，向政府捐献了价值连城的古代书画，"文革"中却没有得到应有的庇佑，心里有委屈吗？听到这个问题，张伯驹没有怨恨和激愤，而是十分淡然地对待自己经受的磨难，平静地告诉陈钧德：

一切都成了过去。人到世上走一趟，就是要遍尝甜酸苦辣的。

超然的态度、随意的言语，让陈钧德一惊，也让陈钧德对往所经历痛苦的怨念一扫而光。这是他意料之外的收获。

陈钧德告辞时，老先生仔细地问清陈钧德的姓名，嘱咐他第二天晚上再来。

陈钧德猜不透张老先生的用意，第二天夜晚应约再度赶到后海。

原来张老先生连夜为陈钧德创作了一幅《梅花图》，并将他的名字"钧德"二字，巧妙地嵌入作品对联的句首，巧用典故。对联这样写道：

"钧天一气洪炉转；德水八功净土生。"

陈钧德一直珍藏着这幅《梅花图》，时常翻阅张伯驹的书，他从张伯驹身上感悟到，一个人的才华不能虚掷，不能借口任何原因而荒疏，要分秒必争，夺回被"运动"耽误的创作光阴，多出作品。他还一直感念张伯驹的厚爱，想将自己精心创作的一幅油画回赠张老先生，不料，没等到他再度赴京，1982年，张伯驹老先生溘然病逝了。

自己还有许多问题想要请教呢，陈钧德对此深感遗憾。

四人画展

如果说，人的内心真有春夏秋冬四季，那么，1980年的春天，陈钧德真正感受到，春天到了，中国的春天降临了，暖到了他的思想，他的心底。

这年春天，陈钧德产生了一个念头：想将自己二十年来默默探索所创作的油画作品，选择一个时机，举办作品展。但谁愿意出面为自己主办呢？老美协怎么可能为一个"小荷才露尖尖角"的新人举办展览呢？一位友人建议："你应该请几位老前辈一起参与展览，我来负责联系安排展馆等事宜。"好主意！陈钧德听了，立即提笔给已经迁居香港的恩师刘海粟写信，坦荡地表达了他想和刘海粟、关良、颜文樑等几位前辈老师一起办展以表达感恩之情的想法。去信的那些日子，陈钧德是忐忑的，毕竟，刘海粟、关良、颜文樑都是盛名久远的中国"第一代"油画家，他们会答应与他共同办展吗？随着刘海粟热情洋溢的回函来沪，陈钧德悬着的那颗心安落了。刘海粟非常支持陈钧德的想法，自从"文革"中被打入"冷宫"，刘海粟自己已十多年没有在上海举办过展览了，他很高兴再一次让作品露面，也愿意以这样的方式提携后辈。

刘海粟给陈钧德的信是这样写的：

钧德仁弟：

　　来信收悉。武夷山之行，（我）画了很多画。你借去展览的油画《欣慕》，是非卖品，万勿标价。一九七八年六月在北京的画展，也是非卖品。美国友人卜（奋）好几次来参观，要求十二帧。后与文化部协商，为中美友好，同意卜先生购两帧，画值外汇柒万元，全部捐献给国家，为"四化"做出绵薄贡献。画展不标价为重，结束后仍送美术馆保藏，油画、国画要藏在楼上。底层潮湿，不能藏。你费心了，感谢。草草不敬，祝全家好。

　　　　　　　　　　　　　　　　海　八○年五月廿六日

不久，关良、颜文樑老先生也欣然回话，同意联袂办展。

这是个美好的夏天，也是陈钧德绘画生涯里最为灿烂的时日。经过友人忙忙碌碌的筹备，一场题为"刘海粟、关良、颜文樑、陈钧德四人绘画展"在市中心的上海展览中心隆重举行。

三位前辈画家拿出了他们与观众睽违已久的精品力作。

四十三岁的陈钧德与中国近现代绘画史上三位重要的前辈艺术家并肩作展，他的作品毫不示弱，甚至让人们看到，他在继承先辈艺术脉络的基础上，呈现了新锐气息。这种气息，与前辈的艺术气息彼此连贯、互融，又有所不同。

西方现代主义艺术在上海的公共舞台消失已二十余年。时光荏苒，此时以这样新老结合的格局出现，对于看了太多宣传式绘画展的人们而言，充满新鲜感和吸引力。艺术终于回归了自身面目，展品没有任何说教，呈现的纯粹是审美，是情趣，是新老艺术家超越阶级斗争意识的现代派艺术。消息不胫而走，每天，观众潮水般涌向展览中心，他们不仅来自上海和外省，还有驻沪的法国、美国、日本、意大利等领事馆的外交官以及在沪的境外收藏家。

"四人画展"爆红上海滩。轰动不言而喻，画坛内外议论不休。

整个展览遵照刘海粟的嘱咐"万勿标价"，但打听价格者络绎不绝。

陈钧德几乎每天都在展览现场逗留，细心观察观众的反应，心潮澎湃。

自己并非靠运气成功的画家，能与长久以来自己无限尊敬的前辈艺术家联袂办展，他感到了尊严和骄傲，憋在心底二十年的郁结似乎一朝统统消融了。他没想到，展览吸引了那么多境外人士，展厅里高鼻子、蓝眼睛川流不息。多么有意思，展览一不小心就变得"国际"了，上海就是上海啊，褶子里都潜伏了国际人士，一个展览将他们全部勾出来了。

童年好友邓祖仪的姐姐从美国寄来了刊登介绍此次画展的当地报纸。

"四人画展"几乎是陈钧德艺术生涯真正的转折点。

之前的二十年，他完全被历史淹没了，是个无声无息的业余画家。

从这个画展开始，他真正出人头地了。如果说，1979年初春的"上海十二人画展"令他初露头角，那么，"四人画展"让他一下子变得耀眼，各种羡慕嫉妒恨将他包围了。

事后很多年，陈钧德每每回想这个夏天，他由衷感激前辈画家的知遇之恩，也打心眼里感谢默默帮他筹办展事的朋友。他真切地感到：

> 朋友，多么可爱、可敬啊。无法想象，一个人一生中没有朋友，没有朋友真诚无私的帮助，是多么悲催。

对朋友，陈钧德往往也报以侠骨柔肠。

自此，陈钧德似乎摆脱了长达二十年的"边缘人"角色。这场马拉松，他跑了二十年。

他也再次感悟，人生是一场马拉松，能赢的人从来不是短跑手。

从未被官方艺术展览接受的他，开始频频受到各类展览主办者的邀请。

一场新的马拉松开跑了。

陈钧德心知肚明，世上的成功看似偶然，但真正的成功都是水到渠成。对西方现代派艺术二十年如一日的坚定追求和探索积累，使得他没有"昙花一现"，命运向他打开未来的大门，这时，他的油画艺术屡屡获选参加全国性大型展览，还捧回了各类奖章、奖状。

当年在上海美协理论研究室工作的评论家何振志，有一次在路上偶遇他，远远地就热情招呼他，用她一口地道的"京片子"普通话说道："小陈，你知道吧，我写了篇评论文章，专门评论了你……真不错啊。"

陈钧德听了心头一热，何振志的评论可是代表一定"规格"的。

他真诚向何振志道谢，也暗暗想，"世界真不一样了"。

他其实一直没有忘记，就在两三年前，大约1977年前后，上海美术馆向全市美术工作者征集作品办展，在"地下"生存了十七年的陈钧德渴望走到地面，他满腔热忱，冒着一场瓢泼大雨，赶在征集截止日之前最后一天，将一幅印象派的风景作品送去。那天，上海的街道"水漫金山"，他是深一脚、浅一脚蹚着大水赶去美术馆的，可是，老美协办公室一位同志只略微朝画瞄了一眼，就冷冷地对他说了句"拿回去吧"。

曾经的"冷遇"，是他自强不息的奋进力量。或许二十年里一次又一次被官方展览拒之门外，才使得他在成功举办了"四人画展"后也不敢轻易就飘飘然的。

他想，对一个艺术家而言，无论参加"上海十二人展"，还是

"刘海粟、关良、颜文樑、陈钧德四人画展"，所获得的成功，偶然中有必然，必然中有偶然。他的心底，切切实实感受到，被人们喝彩的作品，被媒体追逐的作品，其实早就创作出来了，为什么它们不是五年前、十年前、十五年前赢得社会认可？是自己不够努力？是当年的作品不够水平？显然不是。任何人，都需要一个平台才能表现出才华，但表现后所赢得的掌声，并不是自己真正的追求。掌声固然令人心情愉快，但掌声只是鼓励。这个时候，艺术家更需要冷静，自己跟自己较劲儿：创作能不能继续往前走？是不是还有更深入的突破？

"四人画展"以后，陈钧德不断接到境内外参展的邀约。

去日本东京办展，是陈钧德走出国门所办的第一场艺术个展，他非常向往。

20世纪二三十年代前后，欧洲文艺圈哪有中国人的身影？刘海粟对陈钧德讲过，早期游历欧洲，深感刺痛的是，所遇到的欧洲人士，一谈及美术、文学等，推举的东方代表清一色是日本人。凭什么？东方文化的渊源在古老中国，在China，日本画家在欧洲舞台上代表着"东方声音"，让中国"第一代"油画家们感到不服。如今有机会去日本办展，陈钧德暗暗心存一个意愿：想看看，日本的油画究竟发展到怎样的程度？中国人如何迎头赶超？

这次赴日办展，邀请者、主办者都是中日友好协会。陈钧德很想趁此机会去日本，最终却因为种种原因没有去成。不曾想到，他的画展第一次在东京办展就备受当地媒体和藏家关注，好评如潮，日本的收藏家纷纷提出要买画，但日本方面很守规矩，画家本人不在场，他们不会自作主张。于是，日本方面出于对陈钧德作品的浓厚兴趣，不久之后又一次郑重其事地发出邀请，这次邀请他不仅办展，还真诚地询问他日本之行有何愿望。

陈钧德表示"想看一看全日本最著名的美术馆"，对方一口允诺。

此行，他在日本待了整整两个月。

抵达日本岛的那些日子，陈钧德印象极为深刻的事情，是日本的油画创作实力不容小觑。日本国立美术馆、企业办美术馆、私人办美术馆均十分发达，展品很多，观念新颖。

但深层次里，陈钧德一边参观一边也在思量，在世界油画史上，究竟是日本还是中国代表"亚洲"？中国人何以拿出"中国油画"？这个问题，激起了他心底的民族自尊。

日本前首相竹下登的接见，也让陈钧德难以忘怀。竹下先生是个现代艺术迷，酷爱艺术，为日本许多艺术家举办画展或出版画册写过序言。听说中国有个表现主义油画家来日本举办个展，他很好奇，历经"文革"涤荡，中国怎么还有表现主义画家？

通过接待单位安排，竹下与陈钧德进行了会晤。

陈钧德原以为，已经不在首相位置的竹下登，其办公室是比较容易进出的。孰料，随轿车被接进一幢安静的官邸，他才发现，日本等级非常森严，去见竹下登的过程中要经过好几道关口，每一道关口都有专人前去禀报。当被引荐到竹下登面前时，陈钧德才看清楚，眼前这位精明强干的日本政坛"阿信"，长着一副白净的娃娃脸。竹下登会见陈钧德时，面容亲切，询问了陈钧德的创作情况，而两边站立的日本议员们始终毕恭毕敬，神情庄重。

整个会面过程气氛严肃，令陈钧德很不适应。

会面后，负责翻译的华裔女孩悄悄地问："陈叔叔，你觉得怎么样？放松吗？"

陈钧德一笑："唔，有点森严，但我是艺术家，不在乎！"

当场，竹下登收藏了陈钧德的一幅作品。

竹下登还威严地对手下说："陈先生下次再来办展，将由我亲自主持。记下了！"

日本议员们连忙点头称是。此情此景，令陈钧德和翻译忍俊不禁。

自我革命

市场漂泊

生活在大学里的一个著名画家，对学生而言，能量往往不亚于几个甚至更多教授的集合。为什么？因为画家带给学院、带给学生的思维启发和人格力量，不是依靠一板一眼的知识教学就能获得的。刘海粟、林风眠莫不如此，国外一些驻校艺术家也有此妙。

而艺术家在学院里生存，相比闲云野鹤也别有一番滋味。因为学院是自由思想孕育和生长的良田，是新锐力量的集散地。陈钧德任职上海戏剧学院，在教学、绘画之余，也感受到一种快乐，那就是志趣相投的知识分子"聚集的乐趣"。

心灵有独立意志，生活以思考为乐，为了一句"真理"甘愿承受整个时代的误读，对于这样的知识分子，陈钧德是最为钦佩的。知识分子有大有小，再小的知识分子，也深味独立思考、怀疑且探索的乐趣。在上海戏剧学院，陈钧德与不少教师彼此信任，坦诚交流，或许对他的创作未有重大改变，但令他深受启迪。

陈钧德是热衷于表现主义绘画的，同一教研室里的李山老师则是当代艺坛的一员名将。李山在学院艺术研究所画了大幅的"意识极端"的作品，譬如雄壮的骏马间的性关系，他邀请陈钧德看看，谈谈想法。陈钧德也会将自己的意象新作——譬如《花房》系列——请李山挑刺。他俩与叶长海、王邦雄等互相之间常常发生毫无芥蒂的争执，也总是迸发许多思想火花。遇到能激发灵感的朋友，可谓幸福。四个擅长业务的知识分子都讨厌为了讨论而讨论的会议，遇到无聊的会议，也会极尽调侃之能事，在会上一唱一和，弄得主持会议的领导如羊入"狼"群，心里窝火却不便发作，脸上一阵阵尴尬，而他们几个则畅怀大笑。

由于知识分子间交流频繁，这种氛围下，创作自然而然少了草根气息，多了学术追求。

乐趣远不止是与教研室、研究所的同事间的互相碰撞或互相欣赏，也在于师生之间。陈钧德的得意门生陈箴，思维灵敏，长得也高大帅气，不幸在大学四年级时生了一场严重的溶血性疾病，几近在生死线上挣扎。陈钧德去医院看望时，学生讲述了真切感受：

> 一场大病，给了我人生极大的感悟。我对艺术创作有许多奇异的想法，我的艺术生命，要么被可恶的疾病遏制和剥夺，要么被它激发出更多的力量，发出灿烂之光……

陈钧德完全理解学生的心境，彼时，他竭力安慰学生："我不愿意看到前者，我希望看到后者，你对生命的大彻大悟，用来表现在艺术上，一定会与众不同。"

陈箴痊愈后，有一次对陈钧德说，他住院的时候，特别害怕的一桩事情是"夜晚到来"，他总恐惧那一时刻医生不在身边，死神趁机将他掳走。他觉得人的一生太短暂太短暂，尤其在经历了病魔的威胁之后，愈发感到生命的美好、创作的美好，他说："我有那么多想法需要付诸实施，我唯独祈愿老天不要过早拿走我的生命，让我多完成一些创作……"

学生发自肺腑的生命感悟，再次击中了陈钧德心底最柔软、最敏感的地方。

陈钧德感觉到，与艺术天赋出色、具有献身精神的学生待在一块，启迪和激发是双向的。正因为如此，陈钧德与陈箴一直保持频繁的来往和交流。陈箴后来旅法定居，并在装置艺术等方面屡有令人击节的建树，这与陈钧德矢志不移钻研架上艺术的道路不同，但陈钧德与学生的艺术心灵一直是互通的，他们经常进行越洋交流、互相激发。学生陈箴在法国旧病复发，陈钧德非常牵挂，一再叮嘱女儿去法国出差时，一定要替自己去"看望看望"。而学生陈箴回沪举办艺术展览，陈钧德也真诚地到场表示祝贺。

学院里的画家普遍有个"心结"，就是不愿意有寄人篱下的依附感，不愿意被体制文化所"同化"。他们渴望获得"自由自在地存在感"，渴望依靠绘画创作本身养活自己，使自己不必屈从体制压力而独立创作，这几乎也是所有艺术家之梦。

陈钧德也渴望像一个职业画家那样自由自在地生活。他说，作为一个心智健全的知识分子，他当然向往能够掌控自己意志和情感，能独立生存。这就涉及了卖画，历经二十多年业余创作而实现了卖画，如同运动员首次在竞技场上夺冠，实现"零"的突破，对画家本人而言，意义"非同小可"。尽管，绘画市场始终是模糊的、粗鄙的、难以捉摸的。

自从"四人画展"举办后，陈钧德的作品突然炙手可热。

市场推手们对四个新老艺术家中最具升值潜力的陈钧德，表现出极大热情，向他询问画价的人多了起来，意味着想买他作品的人多了起来。

但市场的鬼魅，当年表现出"堰塞湖效应"。

也就是说，绘画市场是"外热内冷"，价格是"外高内低"。

起先，内地的市场一片静悄悄。历经"文革"的斗私批修，像刘海粟这样的艺术大家一开始也不敢卖画，他在北京办展时引得外商积极洽购，但卖画所得全部捐献给了政府，这一方面显示了老艺术家的高风亮节和爱国情怀；另一方面也反映了这样的事实：对于工资之外的卖画收入，画家们害怕被视做"资本主义的尾巴"，随时遭到无情的割除。所以，内地买卖绘画在"文革"过后很长一段时间"死水微澜"，但在香港地区啊，东南亚啊，艺术市场一直遵循着市场逻辑，成为影响、引领中国内地艺术市场走向的风向标。

得说说金董建平了。她人称"金太"，是香港大名鼎鼎的船王董浩云的女儿。

正是她，成了陈钧德作品的第一个买主。

金太在香港创办的艺倡画廊，专以推介海外华裔艺术家的作品为特色，具有很高的知名度和影响力。她为人直爽，办事干练，在海内外上层社会拥有广泛的人脉关系。

有一天，金太在朋友引荐下，来到上海的陈钧德家"随便看看"。她是个眼光敏锐的艺术买手，也是个经验丰富的画家经纪人。她在襄阳南路昏暗的房间里仔细端详了陈钧德的一幅幅作品，喜形于色，用一口糯软好听的沪语表示"欢喜，我交关欢喜"。

她当即爽气地要买断四幅油画，每幅五百元人民币！

五百元？今天听起来贼便宜贼便宜，当年却相当于一个大学毕业生大半年的薪水。

赤贫中的陈钧德，听了非常高兴，但他一点也没有买卖经验，不讨价还价，还为金太捏一把汗，小心翼翼地问："您是不是先买两幅去试试，不要一下子买这么多？"

"没关系，先买四幅。"金太很强势，似乎是个说一不二的金主。

就这样，陈钧德平生第一次卖了画，这是他日后成为职业画家所迈出的第一步。回看这件事，陈钧德对金太的历史性帮助铭记在心。一谈起金太，他兴致勃勃。

金太自从来陈钧德家小叙，并一下子买走了四幅作品后，没过多久，她又很快飞回了上海，热情洋溢地对陈钧德说："我准备为侬在香港办一次个人展览……"

她详细地跟陈钧德谈了办展想法，包括展品数量、运输办法、卖画价格等等。

如同"大姑娘上轿——头一回"，陈钧德对去香港办展的一切事宜也言听计从。

与金太约定好日期，陈钧德便与罗兆莲忙于准备参展的画作。

第一次飞往香港，在当年的虹桥机场候机大厅转悠时，陈钧德心里有些忐忑。

这是他从艺以来第一次举办商业性个展，也是第一次赴传说中的"东方之珠"香港办展。香港是个全然陌生的城市，那里的收藏家会认可自己吗？他心里一点底也没有。

开幕当天，陈钧德谨慎地穿了一套笔挺的西装，系着领带，满脸喜气，像做新郎。

此后他再也没有穿过西装赴自己的展会，但那次"不一样"。

来了许多名人和阔太，还有当地的收藏家以及驻港法国领事等等。

陈钧德自己的好友、宁波同乡邵逸夫的太太方逸华带着一大拨人来捧场，还送来一只硕大的花篮。开幕展的气氛格外热烈，所展出的作品《青岛海滨浴场》等等，无论是色彩、构图，气韵之鲜活，令香港的藏家眼睛一亮，才一小会儿，大半展品被抢订一空。

金太心花怒放，将各路来宾照顾得妥妥帖帖。

陈钧德夫妇也喜出望外，与新老朋友把盏交谈。

"第一次"香港个展，给陈钧德带来更大范围的美誉，香港媒体不吝赞词，热烈褒扬。

时隔一年，金太又为陈钧德策划举办第二次个展。这次展品数量更多、题材更加丰富，来宾也更加踊跃了。正在香港逗留的刘海粟先生闻讯专程赶来，并即兴挥毫为画展写了首诗以表祝贺。金太没料到刘海粟如此青睐后生，忙将刘海粟的题诗入裱、配框，在展览现场一起展出。这次画作几乎又一次一订而空，陈钧德的作品博得了香港收藏家的追捧。诸多大收藏家，如钱学文、陈森等等，都收藏了他的作品，还与他成为莫逆之交。钱学文先生经常给陈钧德提出各种建议，以艺会友，他们也成了经常来往的好朋友。

对画家而言，一间纯正的画廊，风格清晰，为人真诚，对画家诱惑力很大。而对画廊而言，一个专注的、富有献身精神的艺术家，也是生意伙伴，有望成为一棵"摇钱树"。

陈钧德与金太彼此惜缘，保持了长久的信任和友谊。

有一阵，金太盛情邀请陈钧德去她家创作。

"她家会有什么激发绘画灵感？"陈钧德行前无法想象。

到了目的地才恍然，原来，她家的"香岛小筑"坐落在美丽、宁静的太平山上，是独立的一栋别墅，从阳台望出去，远景近色，美不胜收。就在金太家宽敞的阳台上，陈钧德欣然支起画架，以满腔热情创作了一幅如诗胜景的油画，取名《香岛小筑》。

金太一看，喜欢至极，便要了一个小小"花招"，说："过去，张大千等画家都将在我们家画的作品留下的……你在我们家画的作品，也一定要留在我们家的。"

陈钧德念及友谊，二话不说，爽快答应。

这幅作品一直被金太珍藏至今。

画家卖画，百分之九十九都呈不稳定性和非持续性。今天卖出一

197

幅画，或许半年甚至更长时间里，不再卖出第二幅，或者第二幅卖价远不如第一幅。这是现实的残酷性。

陈钧德最初的市场之旅没有如此焦虑，却也不是一帆风顺，因为内地市场很冷。

1980年代，很长一段时间，上海卖画的地方只有国营"友谊商店"和"文物商店"，主要面向境外人士。民间艺术画廊的出现是在很晚之后。

大约在20世纪八九十年代交替之际，上海戏剧学院在华山路校门边上开设了一间狭长的艺术画廊，专门用来展示本院教师的绘画创作。

酒香不怕巷子深。几次办展后，名气渐响，海外藏家纷至沓来。

有个叫尼尔森的美国人，名片上印着"美国国际艺术家协会主席"的抬头。这位风度翩翩的老绅士，一头银发，十分精神，初见之下就给人很强的可信赖感。经人介绍，他专程找到华山路上的戏剧学院画廊观展，对上海戏剧学院教师们的绘画一见倾心，当即决定收藏一批老师的作品。学院的画家们自然喜不自禁，奔走相告。

陈钧德是最后一个听到消息的。他抱着试一试的念头，也拿出了一幅风景画送至画廊，嘱咐随意放在画廊一边"看得见的地方"即可。当尼尔森再次来到画廊，准备对前些日子所选中的绘画作品支付钱款时，不期然邂逅了陈钧德的作品，他两眼立即发出异样之光，当即表示，愿意放弃之前决定要买的一个画家的自画像，换购陈钧德送去的风景油画。

行将离开上海的最后一刻，尼尔森遇见了他念念不忘的陈钧德，执意提出要去他家里看看其他作品。陈钧德答应了尼尔森的请求。

就这样，这位美国藏家特地去了襄阳南路。那个石库门弄堂拐来拐去，陈钧德的家就坐落在一排旧式建筑的底楼，狭小、昏暗。在那里，尼尔森看了一批作品，他眼睛里一直放着光芒，当场表示借两幅画回国，用于亚太艺术博物馆办展。那时陈钧德的家境不佳，客厅兼餐厅兼卧室的房间里，仅有的一只沙发很老了，海绵中间被磨得完全塌陷下去，谁坐着都不舒服。尼尔森坐在那只沙发上，屁股不断挪换着位置，显示着他的不适。但他在东方国度的一个老弄堂里访问了一个艺术面目独特的画家，这样的体验对他而言，新鲜而奇妙。

借至美国办展的两幅画，最后以买断方式由美国亚太艺术博物馆永久收藏。不久，尼尔森乘飞机专程又来上海，向陈钧德双手递上印刷精美、由他本人亲笔签名的收藏证书。

陈钧德感到合作愉快的画商朋友，还有新加坡的谢先生。

记者出身的谢先生酷爱艺术，在告别新闻界后，他在新加坡乌节路百丽宫内开设了一家雅致的画廊。规模不大，但特色鲜明：向藏家推介既有传承又推陈出新的学院派艺术。

陈钧德与谢先生的相识很偶然，缘于他与太太罗兆莲一起去新加坡旅行。

一天，陈钧德与罗兆莲闲逛至百丽宫，信步走进去看看。在那里，有一家画廊的气息很独特，一下子吸引了他们。老板谢先生正好守在画廊里，看到一对游客模样的夫妻慢慢踱步，看画看得十分细致，便热情地走上去攀谈。交流中，谢先生得知陈钧德也是画家，便提出看看他的作品。罗兆莲随身小包里恰好有陈钧德作品的图片，便拿出给谢先生过目，阅画无数的谢先生一看图片就产生了兴趣。于是双方约好，抽时间"上海见"。

没过多久，谢先生如约飞至上海，专程拜访了陈钧德画室。

一见原作，谢先生顿时笑逐颜开，他表示非常喜欢现代派风格的油画，尤其喜欢陈钧德的色彩。他当即买了几幅回去。很快，又从新加坡给他回音，坦言全家非常欣赏他的艺术，商量决定在新加坡筹办陈钧德个人画展。由此，开启了他们长时间的友谊。

谢先生社交广泛，拥有一批忠实的老藏家。他还善于发掘、培养年青一代藏家，不仅受到合作画家的青睐，画廊事业也蓬蓬勃勃，不断壮大。

既然是画家，与画商打交道是必然的。

画商也是林林总总，林子很大，什么鸟儿都有。

有个台湾画商上门看画，相中了两幅油画，嘴里说钱数带得不够，先付一幅的钱，另一幅以后邮汇，结果一去杳然，从此再也不见影子了。

谈论起卖画，陈钧德也不讳言什么。有什么说什么，率真中见性情。

甚至，他明确告诉我：

卖画，不是一桩轻而易举的事情，也不是全靠"等"就会等来的。画家从零的突破，到作品"洛阳纸贵"，必须要耐心地走很长一段路，关键是自己的人品和画品，要守得住。

他就是这样，一步步走来的。

没有刻意炒作，水到渠成，自自然然。

卖画渐多，陈钧德内心泛起怎样的波澜？钱对他究竟意味着什么？我不清楚。但至少可以肯定，他摆脱了经济上的窘迫。他摆脱了窘迫后，在艺术上还能继续前行吗？他的画卖出后，有没有经历一个价格的"过山车"？

这是一个非常有趣而许多画家讳莫如深的话题。

但陈钧德让藏家没有失望，他经历了两方面的考验：一方面是学术考验，他的艺术从来没有"结壳"，一直呈现活泛的灵动，风格上也没有忽左忽右，而是一脉相承地往深处开掘，每个时期的艺术面貌均能看到无形的内在联系和新的开拓。另一方面是市场考验，他的作品的市场表现呈现正常的浮动，却从未出现忽上忽下的大起大落。这是所有研究陈钧德作品市场的人不得不承认的事实。

我无意影响或引导市场收藏行为，也没这个能力，我只感兴趣，一个画家出名了，被市场认可了，他的艺术会发生怎样的变化，他的艺术态度、生活态度会发生怎样的变化？

陈钧德不是鲁滨逊。他生活在现实社会，也渴望住房宽敞、生活无忧。随着作品不断出售，他体会到财富让他脱离了经济困境，带来了更多绘画自由。最根本的，就是巩固了作为职业画家的独立意识。没有生存上的独立，思想独立很难，很可能是摇摇欲坠的空中楼阁。

当然，陈钧德早已超越了"物质短缺"的时代。但无论处于草根阶段还是财务自由阶段，他一直坚持认为：

> 任何时代，真正让一个艺术家感到骄傲的，永远不是卖画所得，而是作品本身。

他每每想起20世纪八九十年代，自己频频被邀请出境办展，感到活得很充实。那是画家应有的生活，让作品面向观众，面向藏家，卖多卖少是第二位的，首先是交流。

那个时期，香港、东京、纽约、新加坡、曼谷、吉隆坡、巴黎等等，他密集地前往，老虹桥机场候机厅熟得无法再熟了，一次次从那里飞往境外，飞往一个个展场。他从未想过自己与飞机会有如此亲密的接触，他成了"空中飞人"、成了"展览达人"。

陈钧德的英语是蹩脚的，粤语一窍不通。在境外的画展上，遇到有人冲他说英语或粤语，他一律抱以"呵呵"，一个微笑就足够了，那是世界语。即便在语言不通的陌生国度，他从来没有感到"不安"，而是越来越从容而淡定，西装再也不穿了，因为那么多富豪、名流、明星喜欢甚至迷恋他的艺术。他到哪儿也不失尊严，这是身为艺术家的最大体面。

"杀死"作品

福利分房是中国人住房改革中的奇葩，也是一艘"渡轮"。

"渡轮"的此岸是计划分房，彼岸是市场化买房。对于这样的摆渡，你赶上就赶上了，至少搭乘上了小小的幸福之舟。若没赶上，只能恨生不逢时，望洋兴叹。

1980年代后期，陈钧德赶上了戏剧学院的福利分房，得到了坐落在延安西路五环大厦的一套三室一厅。真是住房大翻身，从此结束了十多年的"蜗居"，住进了宽敞明亮的公寓。

搬家日子确定后，陈钧德开始整理家什。翻出久违的早期作品，尘封的旧日习作，他"汗颜"了。他对艺术品质抱以完美主义的刻薄，他感到，自己的早期作品，其中一些与其说是实验，毋宁说是肤浅。检视自己的旧作，时而自得，时而叹息。翻着翻着，他反省着自己创作的迷失或肤浅，突然想到一个惊人举动：剪毁！

对，那一刻，他脑血直冲，决定将不合意的作品全部消灭。

多么残酷的自斗！一幅幅油画、素描，是他一笔一笔画出来的。每一幅画其实都是一篇日记，一份内心独白，记述着他的点点滴滴，饱浸了他青春的激情、梦想、心血和探索。但陈钧德只身在襄阳南路老房子阁楼上，上身赤膊，只穿一条裤衩，不顾浑身冒汗，疯狂地挥舞着剪刀，将自己六七十年代的绘画作品中不甚满意的肖像、风景、静物等等，亲手剪毁，将作品剪成了遍地的碎布、碎纸。剪多了，剪累了，他满脸不知是汗是泪还是颜料。但那一刻，在一堆剪碎的旧画之中，他卓然而立，一脸决绝。

第二天，学生小纪来家里帮忙整理，又被陈钧德下令"剪画"！

小纪蹲下来，翻阅着陈老师命令自己毁掉的作品，满脸诧异、惋惜："陈老师，这么多好作品，为什么毁呢，留做纪念多好啊！"

不，全部剪掉！一幅也不留！

陈钧德异常坚决。

被毁的画，有的是早期创作中明显有前辈的影子；有的是因为过度变形，令他心有余悸；也有的，他觉得"纯粹属于实验"，不足。

一次搬家，被陈钧德亲手"杀"掉如此多的绘画作品，杀得片甲不留！

他后悔吗？他痛心吗？

事过之后，他后悔过，痛心过。他深深感到，由于自己的一时"冲动"，带来的惩罚是：当独自回望艺术探索的道路时，失去了一个个"路标"；饱蘸了自己青春热血、体现自己青春意识的作品，如今只能靠追忆，几乎没有文献了。

陈钧德的"毁画事件"，也触动了刘海粟。刘海粟对陈钧德说：一个艺术家没有盲目自傲，懂得检视自己的作品，经常带着审视的眼光反思创作，是可贵的品质。画家善于反省，不死抱"瘌痢头儿子自家的好"的思想，也是可取的。但反省要实事求是，反省不意味着对曾经的艺术实验一股脑儿地全盘否定。艺术家对于自己的早期作品也要历史地看待，要挑出一些有意义的、代表自己思索过程的作品留下，一味剪毁反而切断了自己的艺术脉络，就失去了分析的文献基础。刘海粟还提醒说，毁画这样的"坏事体"，以后让别人代做，自己亲手实施，如同杀死孕育中的生命，于本人于作品都太残忍。陈钧德听了，连连点头。

事情总有两面。尽管剪毁了大量旧作，让陈钧德有所后悔，但决绝的态度，也促使他变得更加强大，他觉得，天生我才就两件事：绘画、创新。

这样的思想，使得他站在更高的起点面对创作，他的绘画面貌鲜少昔日的羁绊，越来越完满地呈现自己的创新风格，也更显得自由洒脱了。

艺术家孜孜以求的是，自己的艺术表现出成熟且个人化的面貌。

陈钧德早期的油画受欧洲现代主义影响很深，他对西方的古典主义、浪漫主义、写实主义、印象主义、野兽主义等等钻研很深，对安格尔、德拉克罗瓦、库尔贝、米勒、塞尚、梵高、马蒂斯等非常熟稔。他一度格外亲近印象主义和后印象主义，对塞尚、梵高、高更的理解和认识非常人所能比，于是在自己创作过程中不自觉就有了他们的色彩，其实是一种不由自主的模仿。但很快，他意识到，外国的永远属于外国，别人的永远属于别人，我陈钧德之所以是陈钧德，必须探索出带有中国文化特质、属于自己独有的绘画风格。

但，那是什么呢？诗性文化？老庄哲学？笔墨意趣？还是……

突破，是艰难的，痛苦的。这种思考、摸索，如同在山洞里放弃一条别人提供光亮的路径，独自在黑暗中用脚、手、听觉、触觉去寻找属于自己的道路。

还是要向历代大师学习，也向大自然学习，这是陈钧德两大思想源泉。

向历代大师学习，靠自觉阅读。既阅读中外艺术巨匠的画作，也阅读他们的画论。阅读永远不嫌多，阅历无数，其实也包含了读万卷书。

向大自然学习，就是投身山山水水，直面自然。只要褪去浮躁，沉静观察，大自然一定会给予很多东西，会填满人的脑袋。

陈钧德对几位前辈大师的分析挺有趣。他说，刘海粟的创作无拘无束，笔触苍劲，目中无人，是老天真、老顽童；林风眠沉静、自由的胸怀，其用线用色堪称一绝；关良先生笔下的形象完全来自头脑，充满童趣和想象，绘画风格是带有中国味的立体主义。

陈钧德认为，世界上没有一个画家是"十项全能"的。每个画家有每个画家的强项，有的有巨大漩涡般的力量，却鲜有想象力；有的乍看局部失真，甚至荒唐，但整体看来，气韵十足，魅力四射；有的画简直如儿童画，构图稚拙，也不完美，细细品味，又发觉画面整体充满了敏锐、纯净；有的光晕表达极其出色，但拘泥于对象，被对象羁绊了。

他的这些评论，实际都有所指向。他警惕单元模仿，他注重多元吸收，唯有如此，才能让头脑丰富，眼界大开，让思想生出翅膀。他喜欢运用"比较"的方法：

> 比较很有趣，绘画可以比较，诗歌可以比较，建筑可以比较，雕塑可以比较，庙宇和宫殿也可以比较。甚至，同样在国内，南方与北方比较，也会给人很多意外的回味。

"我喜欢看到形象的东西，越是简练的美，细节越是朴素淡化，给人想象的余地就越是开阔，这就是艺术的魅力，不在于繁复，而在于引人想象，让你似乎看清，又无法看透。"

他追求自己的独特表达：色彩要美，笔法也要美。对于色彩，陈钧德说过："色彩之于油画，水墨之于书画，如同血液之于人，是生命的所在，这是色彩的重要性。但色彩不是孤立的，孤立的色彩不是生命，有生命力的色彩是与思想、情感融合一起的。"笔法也如此。

他的画表面纯净，抒情，表象里面还透露出强悍的霸道，目中无人，唯我独尊。

　　他博采众长，却不再刻意模仿自己所熟悉的任何一个前辈大家，而是努力领悟大艺术家的绘画心态。心态决定绘画的品质，他越来越有体会。

　　他画画有技艺，但不炫技，重在表现人生感悟和思想情感。

第十一章 | **淡定"八五新潮"**

如何画下去

1985年前后，是中国美术界最为喧嚣、动荡的年代。

时代的底色是开放，是改革，彼时，广东的深圳、海南岛作为"改革试验田"风生水起，吸引了很多国人南下。而官方美术界依旧保守，"左"的阴影很浓，所办的全国第六届美展较以往已有很大变化，对形式美和丰富性给予了更大空间，但青年艺术家对它早已不耐烦了，他们尖锐地批评这届美展"重题材、轻艺术"！诸多美术会议上以及最活跃的文艺报刊上，对"艺术民主""创作个性"的呼吁蔚然成风。

一股新生的锐气和活力，冲击着画坛旧有的传统和观念。

"八五新潮"，成了新时期引进西方视觉文化、颠覆现代文化系统的革命。

但是，对陈钧德而言，他不在乎自己是"宿将"还是"号角"。当一大批青年艺术家热衷于"操练"各种现代派艺术时，他早已在现代派艺术领域浸染已久，内功深厚。他像堂吉诃德大战风车般，在"东西融合"的绘画领域勇敢奋战了二十年。

从这个意义看，他领先了"八五新潮"整整二十年。

"八五新潮"的本质是什么？是对主题创作的颠覆，是个性表达的呐喊。

而整个20世纪六七十年代，陈钧德已经抱以这样的观念：

> 绘画的最高品质，或者说最高等级，应该是画家的"绘画"。

陈钧德这样思考，也这样行动。

他从来不以政治诉求或社会观点来表现作品主题，也从来不用文学性的绘画来换取观众的情感共鸣，他牛就牛在，当新潮艺术观层出不穷时，他的追求却异常坚定、非常娴熟地运用现代派语言，譬如构图、线条、色彩，来表达自己的诗意、激情、记忆、乡愁、趣味等等。他的创新探索，是基于源远流长的历史，这十分罕见和难得！

就这一点而言，陈钧德与中国"第一代"油画家林风眠、刘海粟、关良、吴大羽等，与"第二代"油画家赵无极、朱德群、常玉、潘玉良、吴冠中等一脉相承，甚至可以与之比肩，因为，他们完全是在一个艺术境界层面，孜孜以求探索着东西艺术交融。

有人告诉我，陈钧德可以视为中国油画家"第三代"的代表，从年龄看，不错。

可是，从艺术传承看，陈钧德在"文革"前后十多年时间里罕见地受刘海粟、林风眠、关良、颜文樑等中国"第一代"油画家的私授，依据这样的师承关系，陈钧德似乎可以划归嫡传的"第二代"油画家。所谓嫡传，是与活跃于同一年代的北方、有着浓厚写实主义情怀的中国内地"第二代"油画家有所区别。但这样的划代，谁都觉得为难，因为中国油画史在1949年之后，枝枝蔓蔓，犬牙交错，头绪纷繁。

无论将陈钧德划为"第三代"还是"第二代"，都只是仁者见仁，智者见智，真正的意义在于，从中国百余年油画史的发展脉络看"八五新潮"，我们能够更加清晰地看到，它是否属于百年油画史河流中的一座奇峰，在泥沙俱下的潮流里，哪些是金子，哪些是沙子。

　　陈钧德在1985年前的二十年时间里，已经自觉地远离主题，追求个性表达，执着于纯粹画家的"绘画"，而不是宣传家们的绘画。他没有声嘶力竭的宣言，也没有鼓动这个潮那个潮，只是尽一个画家的本分，在作品里追求他的艺术思想和美学趣味。在第六届全国美术展览期间，他的作品相比同时代画家，已经体现出先锋意识，但是，当时的人们将他看做了上一个时代的人，或者说，当年没有几个人是真正读懂了他之于中国现代派艺术的意义。

　　到了"八五新潮"酣畅之时，陈钧德的内心，比以往任何时候更追求独创性、民族性。

　　这是陈钧德的先锋之处，超越之处，但他几乎没有同盟军，而是一个人在战斗。

　　当青年人囫囵吞枣地"操练"西方现代派，以肤浅模糊、玩世不恭甚至偏执极端的意识形态对抗制度和文化时，他恪守着：艺术就是艺术，必须远离各种投机，包括政治投机。

　　那时的他已经不满足于重复早已熟稔于心的塞尚、梵高、马蒂斯等现代绘画技艺。对于"还原眼睛所见"的印象派们，对于热衷"表现内心感受"的表现派们，陈钧德已经有了超过旁人的深刻认识，但令他疑惑、生气和不屑的是，一些弄潮儿叫嚣"毕沙罗、塞尚、梵高等等被中国人'误读'了，远远不是中国书报所评介的那样伟大"。陈钧德闻之惊异，内心在疾呼："你们懂他们吗？你们真的是认真读懂后才吐出了'误读'的字眼吗？！"

　　他一方面对那些半桶水的"南郭先生"恣意贬低西方艺术巨匠以

博取眼球表示鄙视；另一方面，由于他浸染现代派艺术太深，他也意识到，对先贤需要尊重，但不至于迷信和膜拜。艺术观念大动荡的时候，陈钧德最为担忧的，就是蒙昧主义大行其道。

因此，陈钧德对花腔十足的行为艺术、装置艺术等保持谨慎和克制，行为艺术、装置艺术鱼龙混杂，需要有识之士明辨。而他大胆地提出：新观念不等于新艺术。可惜，巨大喧嚣的浪潮淹没了一切理性的声音，这种时刻，他的态度是：阳关独木，各行一道。

他是一个承前启后、技艺稳定、思想专一的画家，对于线条、形面、色彩所交织的架上艺术，从来没有一丝的怀疑和动摇，坚定地信仰着：

> 架上艺术是主流艺术，永远不会落伍，只要画得足够好，画得真正打动人心。

什么叫好？什么叫打动人心？

陈钧德思考的结果是：艺术源于生活，高于生活；艺术一玄乎，上帝就发笑。

他认为，真正的艺术是存在艺术密码的，雅者见雅，俗者见俗，正是表明人人能够看出自己所能够"看见"、能够"理解"的那些部分，但是艺术忌讳"忽悠主义"。他认为，多少年来，绘画存在两个陷阱：一个是完全被阶级斗争的需要所绑架，完全不顾艺术自身的审美价值；另一个是完全脱离人类的审美经验，玩谁也看不懂的游戏，落入蒙昧主义。这两个陷阱也是两个极端，滑向任何一极，都不再存在绘画艺术的审美意义了。

陈钧德非常抗拒严重的"装"，蔑视那些大玩"皇帝的新装"者。自己的屁股已然全部露出来了，还偏说身上的衣服多么多么地华丽、庄重，言辞一套比一套唬人，导致看穿屁股全露的人们怕被人说成无知，而不得不噤声。这些人的所谓"艺术"，任谁都看不懂，然而总要有人蹦出来做长篇"解读"，即便如此，仍旧让人感到云遮雾绕，不知所云。

"观念艺术玩儿到这样的地步，就异化为巫术了，"陈钧德说，"真诚，是搞艺术的人的第一位修养要素，缺乏真诚玩儿出来的艺术，要么是欺人，要么是自欺！"

陈钧德渴望探索"世界油画，中国表达"的新路，所以，在"八五新潮"的风口浪尖，他的案头堆砌着东方、西方两座文化山峰的画册或著作，他的精神也在文化比较中游弋，他更多时候是一头扎进了中国文化的海洋，寻求现实在历史中的回声、历史在现实中的影子。

恰恰这个时期，在西方思想大潮冲击下，中国传统文化形如决堤。

叔本华的"意志本能"、尼采的"超人"、克尔凯郭尔、萨特的"存在主义"和"自由选择"、柏格森的"生命绵延"、弗洛伊德的"力比多"等等，西方哲学、历史、戏剧、文学等各种思潮滚滚而来，在思想冲破"左"的禁锢后，人们首先是潮水般涌向国门之外，年轻的艺术家尤其像饿极后闯入丰盛的宴席，胃口大开，血脉贲张，狂欢般大搞名目繁多、形态百样的当代艺术。西方世界走过千百年才陆续出现的古典派、浪漫派、印象派、野兽派、立体派、波普派、抽象派以及超级写实派、抽象表现派等等，几乎在同一时间纷至沓来，激愤的、丑怪的、变形的……各种阵营，各种流派，无比纷繁，无比混乱。

置身乱云飞渡的时代，陈钧德努力思索："如何深入下去？"

他似乎有些迷惘，又似乎比较清醒。思想上也发生过自我怀疑、否定。在新潮艺术"嘉年华"的运动中，他看到的是前所未有的"大杂烩"，更多是街头杂耍式的喧闹。

他欣赏那些真正有思想、有分量、有创造的当代艺术，这也是艺术史发展的必然，一代人自有自己的机遇。但他鄙视那些散发着饭店后门泔水味儿，本质上与"地沟油"差不多的伪艺术。种种打着艺术幌子，大玩现代蒙昧主义、投机主义的稀奇古怪的"反艺术"，严重误导或败坏了人们的艺术观、审美观。这让他忧虑，让他清醒，更让他激奋。

他本来就是"独头"，在喧闹的时期，一如既往地拼搏在自己的绘画世界。他欣慰，由于多年来阅读了无数著作，使得他拥有那么多老朋友，伦勃朗、塞尚、梵高、毕沙罗、马蒂斯等等，他经常喜不自禁地与他们"神聊"，请他们"谈谈"对中国艺术发展的看法。这种书房里私有的与前辈的精神聚会，让他越来越觉得，热闹的艺术不会真正让人过瘾，沉静的艺术才越品越有味儿。他觉得自己对塞尚的色彩推移法越来越熟练，色彩过渡不按明暗推移而纯粹运用色彩的变化予以表现。他也发现马蒂斯的线条，表面上很容易上手，这种线条很有概括性力量，但线条的生命需要根植于民族的土壤。这些源自绘画本身的乐趣和妙谛，哪里是高举"反传统""反体制""反审美""反绘画"的新一代所能感受到的？

他牢记关良的一番忠言："艺术不是宣传出来的，是在批评、斗争中建立的！"

当然，对于当代艺术与西方基金所跳的商业舞蹈，陈钧德感到"乱花渐欲迷人眼"。他非常熟悉林风眠、刘海粟、关良、颜文樑等传统知识分子画家的生存方式，却对乌里·希克们玩弄于股掌间的西方市场规则非常陌生。眼看一批中国当代艺术家纷纷参加了西方的艺术大展，也在西方拍卖行里出尽风头，价格扶摇直上，陈钧德承认"看不明白"。他说：

　　　我真心无所谓，一点儿也不羡慕嫉妒恨。对艺术家而言，售价高低永远等同不了艺术高低，价格是价格，艺术是艺术，艺术家永远不能与权力或资本穿同一条裤子，否则就是恶俗。

陈钧德坦率地说，梵高、毕加索是纯粹的艺术家，安迪·沃霍尔、达明安·赫斯特、村上隆等等是商业艺术家，永远不要混淆，不要将不同类型的艺术家放在一起相提并论。他从前辈身上悟出一个道理：人在获得一些东西的时候，也会失去一些东西。所以他不在乎自己是不是市场的"大咖"。"大咖"相比"大师"，商业味实在太浓了。

显然，陈钧德认为自己属于纯艺术阵营，而不是商业阵营。

这个时期，陈钧德的作品在国内外画展中的露面一点儿也不少，还频频获奖，被中国香港、新加坡、印尼、马来西亚等地的美术馆购藏。他以"无所谓"的宽容之心对待外界的变化，让自己的绘画心态保持着"风轻云淡"，他始终只在意内心的满足。

艺术浪潮翻滚最激烈之时，正是陈钧德内心最平静、最坚定之时。

精神回归

喧哗与骚动的时代，当代艺术是最耀眼的，当代艺术家也是最耀眼的。

早已在表现主义绘画方面深得三昧的陈钧德，无意追赶光怪陆离的新玩意儿，反而一头扎进了浩瀚深邃的传统文化。奇怪吗？不！此时，他深入思考这样的问题：毕加索的立体派绘画根植于战后欧洲的三四十年代，安迪·沃霍尔的波普艺术根植于美国五六十年代商业文化，自己探索多年的东西融合艺术能否更加深入，在细腻处更丰富，在写意处更简括呢？

这样的想法并不是受"八五新潮"激将，一时心血来潮，而是他多年思想积淀后，在这个时间点上骤然"豁然开朗"。八大山人、石涛、扬州八怪、黄宾虹、王国维等人的著作，都被他"请"到家里。他的私人会客厅不仅"聚集"了诸多西方艺术巨匠，也迎来了璀璨于历史星空的中国先贤们。他热情研读，苦苦思索。这是精神远游者的返乡！

他欣然发现，中国传统艺术理论与实践里所蕴藏的时代文化根源性，让自己的油画创作拥有了开阔的精神视野。距今三百多年前的中国书画宗师石涛，一直倡导"我"为主动，"法"为"我"用。历史上吃苦瓜最出名的这位艺术和尚，半世云游，写了一部《画语录》。他提出的"我之为我，自有我在。……纵有时触着某家，是某家就我也，非我故为某家也"，陈钧德读了深以为然。陈钧德广泛阅读，四处写生，不断创作，所谓"搜尽奇峰打草稿"，目的正是将"我自发我之肺腑"，将技巧作为表达内心的手段，尽其灵而显其神。

他发现，石涛和尚相比西方现代派之父塞尚早生了近三百年，但两座艺术山峰所呈现的"理论风景"，相近相通。"中国老祖宗是很厉害的"，陈钧德所受启示良多，不禁感叹。

黄宾虹，是陈钧德格外推崇的山水画宗师。比塞尚年长二十六岁，一生当过官吏、鉴定家、报社编辑、古董店商人，他一直绘画却从未做过职业画家，也没有享受过自己的作品售卖所得，但他独创的"黑、密、厚、重"画风，苍浑华滋，意境深邃，偶作花鸟草虫也奇崛有致，是一个死后半个世纪屡屡刷新拍卖纪录的传奇画家。拿黄宾虹运用焦墨所体现的"笔笔分明，不落皮相而求内美"，与同时代的塞尚、梵高做比较，令陈钧德惊讶地发现，生活在东、西不同国度的艺术家，于绘画实践里也存在惊人的息息相通。

王国维呢，是陈钧德心目中学富五车、学贯中西的真正大师。他在《人间词话》里讲道："古今之成大事业、大学问者，必经过三种之境界。'昨夜西风凋碧树，独上高楼，望尽天涯路'，此第一境也；

'衣带渐宽终不悔，为伊消得人憔悴'，此第二境也；'众里寻他千百度，蓦然回首，那人却在灯火阑珊处'，此第三境也。"陈钧德对这位少有的前辈"通才"钦佩之至，对他的《人间词话》百读不厌。王国维的"一切景语皆是情语"几乎成为陈钧德的座右铭、"口头禅"，成为他对艺术理解的最佳注脚。

他发现了创作的心力过程：一开始只是感觉到美，那是画风景画时的"自识"，是针对自然山水的感官认识。人活在世界上，接触到的物欲太多，一旦置身大自然的环境，能洗涤心灵上的铜臭或污浊。但当自然美与人格美有了贯通时，画面就显示出了一种力量、一种品格。

扬州八怪所画的"竹"，就表现出传统士大夫特有的气节。陈钧德对风景画的创作也有深切感悟，自然是有生命的，是有情感的，是能够表达自己思想人格的。

当别人在"超艺术""反艺术"道路上边唱边跳时，他安静地守在画室里，享受着耳根清净。他似乎是孤独的，整天打交道的只是故纸堆上的老人，中国的，外国的，但他已经习惯了远离嘈杂和浮躁。他没事找事大玩中国书法，游走于王羲之、欧阳询、颜真卿、柳公权、苏轼、黄庭坚的摹帖世界。书法的意趣、书论的精妙，临习越多，感悟越多。待他将各种书体笔法研习一番后，他自嘲，看来我很有"老人缘"，给他启发良多的，统统是"老者"。

有个名叫谢赫的老古头，说："画有六法：一曰气韵生动，二曰骨法用笔，三曰应物象形，四曰随类赋彩，五曰经营位置，六曰传模移写。"

陈钧德评价他：

> 这是个有趣的老头，拥有一流的研究，二流的创作，说的比做的漂亮。

陈钧德认为，西方传统绘画强调的造型技术，与中国传统绘画自创的造型手法，迥然不同。西方绘画的双脚深深扎根在科学化、立体化和逼真化，骨子里讲求明暗对比和具象真实，而中国绘画一直依靠平面化、图案化、意趣化，画面构成对抽象的点线运用有着严格的章法规制，点与线是基本语言，只有先掌握了基本语言，然后才能"讲话"，"讲"出形式各异、思想独特的话。陈钧德主张，中国人画油画，不可能简单地重复西方一百多年前的技艺、思想，而必须融会贯通。而借鉴中国绘画里的思、悟、行，意在笔先，在油画创作中体现民族审美中的画意画趣，体现哲学意境上的高和远，这是西方绘画罕有的东西。

他深入探索"世界油画、中国表达"，同时非常警惕跌入僵硬搬用民族元素的陷阱。有的画家选取中国的甲骨文、山水图像、阴阳符号等糅进自己的图式，太生硬了，他说。他饶有兴味地探索新的笔法，却不愿意走得太远，譬如放弃画布和油彩去画所谓的"油画"。

他也算有胆有识的霸道之士，想开创西方绘画史上没人走过的路，但怎么入手呢？

想来也挺奇幻。古人倡导："疏处可走马，密处不透风"，这样带有中国高远人文意境的画趣，陈钧德废寝忘食地去琢磨，去探试。油彩天然是凝滞性的，不具备水墨的晕染效果，陈钧德一笔一笔在画布上尝试，如何以西方的油彩去融入中国文人画的情趣？

有一天，他一边听《英雄》交响乐，一边创作一幅风景。这幅风景几乎没有具象的素材，只有积淀在头脑深处的山啊，水啊，云啊，树啊，等等，他先是运用大量金属般的浓纯、响亮的色块，像弹钢琴一样，左一块，右一块，上上下下错落有致地布局，然后他让色块与色块之间建立情绪的联结，他想表现《英雄》的雄壮、伟岸，但物质色彩的表面和谐是远远不够的，为了让色块呈现金属般的光辉，使得崇高的空灵感得以强烈体现，他施以了大团大团的白色。咦，仿佛有了神助，迷人的白色抹上以后，画面顿时灵动，一幅油画上的"英雄史诗"诞生了。陈钧德在这幅画上所做的"迷白"处理，以往中外油画大师从来没人画过，真心是他的独创啊，他兴奋得手舞足蹈，大声地呼唤："兆莲，兆莲，赶快来看。"

罗兆莲闻声赶来，远瞧近看，高声赞美丈夫："妙，非常妙，真是突破了！"

她鼓励说："我非常喜欢。顺着这条路子，能否多画一些意象作品呢？"

"当然！"陈钧德豪情万丈，掩饰不住内心的喜悦。

艺术家的劳动就如这般，看似一切尽在自己掌握之中，但出其不意的效果，往往伴随着无数次的失败尝试，而突然从天而降了！

自此以后，陈钧德做了许多微妙尝试，线条提炼更加蛮横，画面色块日趋抽象。

这时，他结识的新朋友里，有个姓陈的著名藏家，是一位长者，主动找他争辩。

这位大藏家是个"富二代"，一生享受了各种高级玩趣。他有多个头衔，令陈钧德印象最深的是"英国皇家摄影协会会员"，他运用世上最贵最酷的摄影器械装备，拍了无数他心目中的艺术化影像。他也是个中国艺术粉丝，家里悬挂着丁衍庸、林风眠、关良等大师的作品。他非常喜欢陈钧德作品中的野兽派基因，赞叹陈钧德将马蒂斯的野兽派驯化成了"中国的野兽派"。有时，他热情上来，大声地直呼陈钧德——"中国的马蒂斯啊"！

他看了陈钧德的近作，直截了当地提出尖锐的、直率的质疑："我的马蒂斯啊，我发觉你已经远离野兽派了，你作品里多了许多新的线条啊，浓白的，让我越来越陌生了。"

陈钧德笑呵呵地说：

你陌生的东西，恰恰是我自己的东西。现在你感到陌生，五年、十年后，你看熟悉了，就晓得我原本就不是马蒂斯，我是陈钧德啊！

两位陈姓的本家，你一句来，我一句去，互不相让，各执己见。

类似的争论，陈钧德深受裨益，也多是愉快的。艺术家与艺术家的争论，艺术家与艺术圈外好友的交流，乃至艺术家独自的沉思默想，都是创作生活的一部分。

有个上海的收藏家，其父亲是著名书画家，他本人也收藏了大量黄宾虹、张大千、任伯年等近代名家字画。他擅长从书画的角度，琢磨陈钧德的中西融合探索。他热情地对陈钧德说："有人不理解侬的新风格，阿拉看得懂的，里厢有中国传统文化的因素……灵呃！"

香港的画家尤绍曾先生，也是陈钧德的好朋友。他精通金融，对艺术也极为迷恋，持续了半辈子的金融家身份被他扔了，现今自己动手画，才觉得做回了心中的自己。他全无学院派的清规戒律，笔端无拘无束，充满情趣。尤先生与陈钧德多年保持书信来往。陈钧德去香港，常常去尖沙咀探访，一聊就聊很久。有趣的是，尤先生总是力劝陈钧德在创作风格上改弦易辙，而陈钧德则拼死抵抗，不屈不挠地与尤先生争辩。

好朋友，争论归争论，但互相尊重，各走各路，这样才舒服。

远在美国、法国，也有陈钧德好多画友。有个贺兄，典型的纽约范儿，与陈钧德一见面就滔滔不绝地谈论绘画，谈他对各种画派的理解和看法，也恣意评点陈钧德的作品变化。

陈钧德享受这种"听"，尽管外人的意见、建议很难动摇他。他感到，与真正的朋友保持坦率的交流，甚至观点交锋，促发他更多地思考，也感受到友情的温暖。

无论外界如何评价，陈钧德在"八五新潮"期间进一步走出了

"旧我"，从各种依附中终于摆脱了、自由了，他由原先的写实表现，进入了更加单纯的写意表现。他的线条、色块去除了各种羁绊，释放处更释放，飞扬处更飞扬。刘海粟在1980年代中后期专门撰文说道："他（陈钧德）执着地走自己的路，倾其全心寻索着两种文化彼此互相吸引、融合的一面，扬长避短；沟通中西。虽在个别画幅中尚能依稀分辨出某家某派的影子，但无论如何却分明是他自己的面目，无论如何变幻，终能体会出他那一贯的精神。"到了1990年代，陈钧德带着画册去香港给老先生看，海老先生依旧不吝赞扬，鼓励他："坚持下去！"

第十二章

学会风波

声誉日隆

或许，关于"会长"的流长蜚短，是陈钧德身上引发议论最多的一桩事情。

这桩事情并不复杂，却让他一想起就五味杂陈。

大约是1995年前后，中国油画学会在北京宣告成立。会长詹建俊、副会长朱乃正等等，都是响当当的美术界领军人物。这些大佬们善意地"一厢情愿"，十多个人集体提议和签名，给上海市有关部门以及陈钧德本人送了一份"公函"，建议上海成立"中国油画学会上海分会"或"上海油画学会"，对于会长人选，他们提出是——陈钧德。

为什么选择陈钧德呢？或许，是因为陈钧德的艺术影响力可谓"势头凶猛"；或许还因为他的人品、性情已经给了别人较高的可信度。

从公开的资料上看，那段时间的陈钧德炙手可热。

1987年，首届中国油画展在上海隆重举行。如同1977年刚刚恢复的高考吸引了历届学子蜂拥而入，这个"首届中国油画展"经过严格遴选和精心筹备，也成为几代油画家角逐的竞技场，是"文革"结束后油画界一桩具有里程碑意义的展事。而来自上海的油画家陈钧德以一幅气度不凡的油画《帝王之陵》，引得评委和同行刮目相看。

之前，人们印象中的海派油画精致有余，力量不足。而昔日美术界表现帝王之陵，也大多阴森、灰沉。但，油画《帝王之陵》冲破了人们对海派油画的旧有印象。陈钧德所表现的"帝王之陵"出乎专家以往的审美经验，一样表现昔日帝王的威势，他没有沿袭以往油画常见的层层叠叠造型的所谓"经典套路"，而是罕见地运用了一块块金属般浓纯、响亮的色彩，以及遒劲有力的线条，将内心升腾起的崇高感、激奋感，表达得淋漓尽致。它如史诗般的交响乐，唤起了观者内心的庄重感和辉煌感。

不久，陈钧德的作品又相继入选中国油画双年展、第二届中国油画展、第八届全国美展等等一系列新时期中国油画最为重要的展事，他的一幅幅油画作品一次次地带给观众惊喜，也为上海捧回了一块块艺术奖牌。

陈钧德入选1994年"第八届全国美展"的作品是《教堂》，题材属于敏感题材。作品描绘的是香港尖沙咀的一座教堂建筑，画家一度在那一带逗留，敏锐而好奇地发现，尖沙咀附近属于繁华闹市，永远是熙熙攘攘的热闹景象，但只要一靠近教堂，气氛顿时静谧恬然，却一点儿也不沉寂阴森。是宗教的力量使然，还是自己内心的感觉使然？他说不清楚，但不管如何，他按捺不住冲动，将自己对于教堂的瞬间感受，化成了风格奇妙的色彩和线条。

当这幅作品出现在宽敞的展厅时，吸引观众关注这幅作品的，并非教堂建筑、一旁的树丛和天宇间的云彩，而是画面洋溢的画家饱满的情绪和醉心的语言。显然，在当年的中国画坛如此表现教堂完全令人耳目一新，人们惊叹，来自上海的这位油画家，技艺如此娴熟，感悟力如此奇妙。实际上，独特的艺术面貌是艺术家长期不屈不挠、水滴石穿的努力结果。

陈钧德多年默默执着于东西方绘画语言的交融，到了这个时候，就进入了秋天的收割期。他轻松绘出的那些风景，无论是可以循迹的风景，还是完全来自心象的感受，越来越恣意洒脱，作品《怀古》《山野》《查济村的午后》等，相比前辈刘海粟、林风眠、关良等，属于陈钧德独有的面貌已然出现，且非常清晰。他自己也非常享受那种洗脱和自创，他说：

> 当一个艺术家找到了自己的语言和风格时，如同发现新大陆，感觉自己就是那一片新大陆的主宰，那种感觉是让人骄傲的。
>
> 当然，即便有了自己的风格和语言，艺术的表现不是一劳永逸的，不同题材不同对象需要不同的表现，这些同样需要探索精神，需要劳累心智。

可以说，彼时的陈钧德，当仁不让地成了上海油画界代表，在一线画展上屡屡闪耀。

外省市的画家看了陈钧德的作品，暗暗称奇，承认他"显赫的存在"。

时值"八五新潮"后中国美术的一段繁荣期，艺术界两大阵营的边界似乎越来越清晰。一路是国内国际声誉卓著、传承历史脉络的"第二代"油画家代表人物，以朱德群、赵无极、吴冠中等为首，"第三代"油画家难以清晰地辨识，但新时期崛起的靳尚谊、罗中立、何多苓、尚扬等等，代表了1990年代华人油画创作的一座高峰；另一路，是受到神秘国际资本力量力捧的新锐当代艺术家，他们经历了狂欢、消沉、停滞、挣扎后，有的在西方艺术市场的行情得以飙升，作品源源不断走向国外，有的就此渐渐隐退、改行。这支当代艺术家行列中，声名显赫的有张晓刚、岳敏君、方力均、王广义、曾梵志、周春芽、毛焰等等。

而陈钧德究竟属于哪一路，一直不明，有待历史定酌。但他于这些方阵的行列之外独立地存在着，是个"有趣现象"。在他的心目中，无论何派，只要画得足够好，他都欣赏、赞同，他在艺术上是宽容的，然而他自己从来不愿意被"划归"任何阵营或画派！

影响力卓著的邓小平"南方讲话"，也发生在这段时期的1992年，那是时代的分水岭。中国自此启动了全新的改革开放，"摸着石头过河"引导人们在经济建设方面大胆前行，大批乡镇企业、民营企业风起云涌，跌宕起伏，步鑫生、马胜利等沉沉浮浮，刘永好、任正非、郭广昌、史玉柱、俞敏洪等创业家纷纷登台，新的财富英雄引得穷惯了、穷怕了的人们竞相折腰。这时，"不管白猫黑猫，抓住老鼠就是好猫"的价值观盛行，"让一部分人先富起来"的政策在争议中前行，赚钱的欲望四处弥漫，而在艺术界的变化，简而言之，人们的思维从1980年代的新启蒙运动，倏地转向了1990年代的功利主义。

恰恰这个时候，也是陈钧德艺术面貌清晰后旺盛创作的喷发期，他的作品忙着参加国内外艺术展览，评论家给他的评价也不吝赞美，1995年，《陈钧德油画集》等几种画册接踵问世。他的作品被美国亚太博物馆、日本前首相竹下登、香港邵氏兄弟有限公司、印尼大企业集团等机构或个人纷纷收藏。

"机遇"找上门请他出任上海油画学会会长，大概也是基于这样的学术背景。

但在地方美术界呢，一向又存在两个系统，一个是"美术官员"系统，一个是美术家系统，两者虽有交集，却并行不悖。孤高、清高的陈钧德从未想过在"美术官员"系统的协会、社团谋个一官半职，他被邀请担任会长，有人认为符合"情理"，也有人感到"意外"。

可笑的公文包

问题就出在，两个系统看问题的标准和角度表现"很不一致"。

作为上海"走出去"的油画家，陈钧德在全国赢得声誉，也是上海油画界乃至美术界的荣耀。首肯他适合出任会长的，认为陈钧德的艺术品质和学术影响堪以受任。但反对者从"美术官员"的思维出发，认为陈钧德油画画得好，并不意味着他懂政治、善行政啊。油画学会与美术家协会是什么关系？上海油画学会会长人选为什么不可以是有局级行政级别的美协领导、油雕院领导、上大美院领导兼任？学会注册资金谁出？财务谁做？种种利益纠葛在一起，其背后存在着的复杂关系，是单纯为艺术而生存的陈钧德始料未及的。

陈钧德属于不事张扬、不擅在大庭广众面前抛头露面、滔滔不绝的人。他的确也不熟悉官方、半官方行政系统的语言，不懂得组建上海油画学会以及他出任会长这些事，除了北京授权，地方上还有一个环节叫"圆通"。陈钧德不知道啥叫"圆通"，他天真地以为，油画学会只是个学术社团，便与另一个知名画家拿着中国油画学会寄来的"公函"，径直找到老美协有关领导，当面报告了筹备上海油画学会的意愿，并将筹备计划提交给了美协。

老美协负责人接过筹备计划，聊了没几句，明显话不投机。

陈钧德出门时隐隐预感：看这情势，上海油画学会的成立将会好事多磨。

果然不出所料，随着各地油画学会纷纷宣告成立，上海油画学会迟迟在尾巴上拖着个"（筹）"字，无法如期成立。申请报告递上后如泥牛入海，浪花不见，风言风语反而多了。

陈钧德不为所动，他的确想为"油画学会"尽心做点事。他感到，如果上海有个油画学会，将松散的、形似一盘散沙的油画家组织起来做学术交流、办年度艺展、开展对外合作、组织沙龙活动，是很有意义的。自己正值壮年，为上海油画的创作、研究、推广等多做贡献，也是义不容辞。因此，他满怀热忱投身学会的筹备，那个时期，画笔、调色刀碰得少了，每天电话骤然多了，他几乎天天与几个油画家骨干通电话讨论筹备的种种事宜。

世界上有人的地方难免就有冲突，更何况筹备组成员里也有积怨已久的"对头"。

"对头"的意见常常相左，势如水火。

遇到这样的矛盾和冲突，资历更老的陈钧德尚能晓之以理，竭力"摆平"。毕竟，都是受过良好教育的文明人，是非纠缠时还是能辨出大方向的。但对十当年的"老美协"，他催办了数次无果，无计可施，清高且倔强的他，只能抑制内心的愤怒，像等待戈多一样，一个劲儿地"等"！等待的日子很漫长，等待的日子很憋屈，等待的日子消解着他的热情和干劲。

其间，北京的中国油画学会组织交流活动，陈钧德每每以上海油画学会（筹）会长的身份赴会，名头上总是拖着个"筹"字，在各地分会中绝无仅有，令他心里颇感难堪。场面上，他代表上海油画学会，态度积极，身影活跃，但上海老美协长久不落实应有的名分，学会事务繁杂又出乎意料，令他的积极性不断受挫。

陈钧德原本是个艺术家，性子急，一不小心与"会长"沾了边，学会的事情让他备尝煎熬，令他无法摆脱焦虑和烦躁，为了油画学会，创作上深受干扰，好多个夜晚，一想起就无法入眠。身为中国油画学会常务理事，他感到自己是愉快的，与北京方面的学会同行相处甚欢。但主持上海油画学会，累积的无功劳作以及由此带来的不愉快，如同压在骆驼身上的"稻草"，终有一天，他不堪忍受"最后一根"，毅然决定卸掉肩上沉重的"麻烦"。

更让他感到"心塞"的是，凡是一牵涉"老美协"的权力，他总是不顺。

他是善于反思的人，一度非常迷惘，自己与"老美协"间为何总有一道深深的鸿沟？

噢，通过一桩事情，他似乎恍悟了。

那是申请加入"中国美术家协会"一事。

对于协会之类，性情本如闲云野鹤的陈钧德，不参加也罢。但当时他"在乎"，是因为在中国，由于体制文化的原因，加入美协，某种程度上具有颇大的吸引力，意味着画家是被学术界认可和辨识的。正因为"中国美协会员"有一种体制授予的微妙力量，陈钧德身处这样的大环境，颇有不得不屈从的无奈感。好在申请加入协会，公开的标尺是学术，他相信公开彰显的标准，他没看到涌动在规则以下的暗流。结果，收获的是一颗酸梅！

陈钧德申请加入"中国美协"，按规则，各省市画家申请成为中国美协会员，先要得到地方省市美协评议。凭陈钧德当时参加全国美展并频频获奖的文化贡献和社会影响，首批获评并无什么异议。但是，社会如同江湖，有利益就有争夺，一争夺，学术啊，影响力啊统统成为幌子，剩下的硬实力只是赤裸裸的"关系"了。由于当年申请入会者一大堆，中国美协给予地方的会员名额有限，老美协评委的权柄就"意味深长"了。评选过程"你懂的"，不必赘言，有意思的是评选结果，一些影响力远不及陈钧德的画家都评上了，恰恰，声名如日中天的陈钧德"落选"了。他异常心堵。怪谁呢？不知道！

有人诧异，有人狂喜，有人愤慨，有人来电话打抱不平。

孤傲的心再次蒙受奇耻大辱。那一刻，陈钧德几乎决定再也不申请加入协会了！

之后不久，有一天正值画家们聚会，陈钧德乘电梯时遇到其他画家，几个先他一步评上"中国美协会员"的熟人一见他似乎感到"不好意思"，主动为他打抱不平："陈老师，这次中国美协会员评选结果一出，阿拉感到非常非常吃惊，侬陈老师居然……落选了。"

"勿搭界！（沪语，没关系之意）勿搭界！"陈钧德无意向"胜利者"讨取任何同情。

"唉，评选嘛，侬也需要走动走动呃……"有人同情他，也提醒他。

陈钧德闻之，如同一盆凉水从头淋到了脚底。

"我陈钧德需要走动走动？我需要对谁溜须拍马吗？"

他难抑悲愤，悲叹：天哪，文化圈什么时候变得如此市侩和功利？

无处追问，无处诉说。

这次评选给他的打击，使得陈钧德的独立意识如同弹簧，外力愈压，他内心愈倔。

我发现，许多知识分子的孤傲，一方面源自自身的天性，另一方面往往也源自社会环境带来的心理重创。对于社会上的庸俗关系，利益纠葛，陈钧德深感厌恶。

一度带给他喜悦的社交满足，遭到潜规则的熏染，他彻底灰心了。

罗兆莲常常有着与众不同的洞察力，对于陈钧德的闷闷不乐，她敏锐地察觉了。

有一次，趁他又准备出门开会，她以轻松的口吻，调侃道："钧德，我觉得侬越来越像干部了，要不要我为侬准备一只公文包啊？"

像干部？公文包？罗兆莲的意思？看似一句平常话，促使他反思起来。

"伊讲得对啊。"陈钧德认识到，自己频频参加学会活动，本意是获得与更多画家的交流，既然"交流"磕磕碰碰，常常引发堵心，何苦继续介入扯不清、理还乱的复杂关系，而改变自己的艺术家本色？艺术家的贡献，最终还是靠作品说话啊。

他重新思考做个"隐者"：从喧闹纷繁的江湖告退，隐入"一个人的王国"。听起来蛮不错，实际上，这需要心理上下一番决心的。因为，一个画家的存在感，往往与其在专业学院以及文联、美协等艺术团体里占着什么位置密切关联，这是中国特有的奇葩现象。评奖啊，评职称啊，一官半职的人多半能够先享受"排排坐，分果果"，以致许多领域，最活跃的专业工作者都是头戴官衔的，拥有的头衔，恰恰是他们争夺名利或免遭倾轧的一道护身符。

而陈钧德呢，一介普普通通的大学教授，从来没什么显赫头衔，他的所谓"江湖影响力"不亚于一些美术官员，纯粹是来自他的艺术、他的作品。这是他深感自豪的。既然如此，他还需要"会长"头衔往脸上贴金？对"体制"的深奥和微妙，他弄得懂吗？

学会令他身心俱疲。罢了罢了，拜拜了！

他突然大梦初醒：自己年事已高，精力有限，唯有集中于创作更有意义。

他终于决定：放弃，放下！回到艺术家的本色。

自卸任上海油画学会会长一职后，与"筹"字相关的一切烦恼不复存在了。

在"一个人的王国"里，他是个出类拔萃的绘画将军，他统率千颜万色、线条和构图而没有任何屈辱，常常赢得凯旋。画布才是自己的疆场啊。

于是，他再次读懂了自己。

此后，很长一段时间，他与中国美协、上海美协的负责人私谊不错，偶有来往，但在艺术江湖，他成了真正的独行侠，独来独往，很少与人"扎堆"。

回归到"独头"状态，他的身心完全是自由了，放松了。创作力越来越旺盛，甚至可以说，就是从那时起，他的艺术精神呈现了一种崭新面貌。

"独头"毕竟是独头，在人际关系上常常会显得"不近人情"！

有一次，上海的老美术馆派了陈钧德的学生 W 来陈钧德家商量，说准备组织一批有代表性的上海画家作品去波兰等国巡展。陈钧德起初犹豫，因为邀请他参展的太多，他对这次出国巡展委实兴致不高。但在自己学生的劝说下，他最终还是答应了"支持"，但他提出："我所借一幅画只是参加展览，千万不能出售。我不想随随便便出售。"

学生 W 拍响了胸脯保证："绝对做到。"

于是，陈钧德提供了一幅风景油画《教堂》。

谁料，波兰等国巡回展览结束后，陈钧德的得意之作还是被"出售"了。

学生 W 不好意思再出面，老美术馆有关人士致电陈钧德，诚恳地表示："陈老师，实在不好意思，您的作品被波兰友好人士购藏了，人家非常喜欢您的作品，考虑到中波友谊，我们就卖了。请您抽空来一趟美协，将卖画所得的几百美元签领回去。"

"签领？谁答应卖画了？"陈钧德很生气。

且不说售价远远低于正常售价，如此言而无信，陈钧德接受不了，"发格"（沪语，发脾气之意）了。

他重重地扔下电话，立即出门，冲到了美术馆办公地。

"说好了不卖，怎么还是……讲话不算数呢！"陈钧德满脸愤慨，坚决要求"追回"！

美术馆的同志骑虎难下，竭力劝慰，还透露"是波兰领事馆一位外交官买走的"。

"我可不管谁买走的，说好不卖就不卖！"陈钧德拒绝领钱，气呼呼地扔下一句狠话："我只要你们追回作品！如果你们是两百美元卖出的，我出两千美元买回！"

看到陈钧德带着愤怒回家，罗兆莲了解了事情的原委。她一听马上"顾全大局"，耐心做陈钧德的工作。

她对陈钧德说："不必生气伤身，也不必跟政府部门弄僵。你抽空去领回钞票吧，虽然不多，但我们也不是看中钞票。再说，你喜欢的画卖掉了，再画一幅嘛。"

陈钧德气仍未消，但既然妻子发话了，隔了一段日子，他还是去美术馆办理了收款手续，但在签收时，陈钧德在收据单上清晰、有力地写上："陈钧德被迫签收"。

"被迫"二字写得异常之大，弄得美术馆的财务人员哭笑不得。

陈钧德就是这样执拗、较真，不懂得、不善于与官方部门"搞好"关系。

类似的事情真可谓不少。

作为省市级首个以艺术家名字命名的上海刘海粟美术馆，还在筹建并遴选首任馆长的过程中时，时任上海市文化局领导一行，带着一厚叠建筑设计稿飞赴香港，征求刘海粟老先生的意见，并就首任馆长人选，请刘海粟先生提名。

海老先生毫不犹疑地说："要说合适的人选，非陈钧德莫属！"

的确，陈钧德的艺术探索与刘海粟、林风眠一脉相承，陈钧德与刘海粟的情谊也不是普通师生关系能比，更重要的是，陈钧德的学术品质和人品，老先生始终认可。

消息传至上海，有关部门派人与陈钧德沟通，陈钧德感谢海老先生的器重和美意，但他毫不犹豫地婉拒，推说："我身体不好，不合适。"私下里，他对罗兆莲说，当领导要有组织能力，而自己没有这方面的能力，不做为好。

结果，刘海粟美术馆馆长一职，由时任上海中国画院副院长的张桂铭赴任。

陈钧德敬重海老先生，但经历了那么多风风雨雨，他切实感悟，身为一个艺术家，其实能管好自己就很好了。

"女人体"

争议不休

"画，还是不画人体"，上海戏剧学院一直在挣扎，永远被争议。

每当政治运动一起，反对声就占了上风，认为搞舞美设计的，根本不必画人体。"文革"时期，就有人将某个画家画"女人体"作为揭发材料，向当时的市革委会揭发。

而在宽松时期，民主意识抬头，赞同声就格外高调，因为画人体，是绘画训练不可或缺的基础，尤其对于一个未来的画家，婀娜的女人体，结构最微妙，色彩最丰富，无论今后走纯粹创作道路还是从事舞美设计，也无论追随野兽派还是立体派，于人体写生训练里练就的扎实基本功，将一辈子受益无穷。

问题的症结就在上海戏剧学院的培养方向上，是往小戏剧方向还是大戏剧方向？

学院要不要培养画家，争议断断续续，绵延已久。带来的副题是，画人体与舞美设计有关系吗？画"女人体"会不会导致意识问题？因此，中国画坛出现了一个"上戏现象"，真是非常难得。中国有一批画家出自"上戏"，是"上戏"的荣耀，但大凡"过来人"都知道，戏剧学院的课程设置其实并不有利于画家诞生啊。偶然诞生一个画家，可能与学院整体的艺术氛围有关，更多的却是靠画家自身的毅力和执着：如果他酷爱绘画，更需要克服学院里的种种羁绊甚至苦难，才可能脱颖而出。陈钧德对此体会至深。

回到人体话题。陈钧德平生所画的第一幅裸体，是个老男人。那个瘦瘦高高的男人，骨骼长得非常清晰，极易抓住特征。毕业后，十多年的蹉跎岁月随风而逝了，当他重新被母校录用为教师，偶尔的一次整理办公室时，他发现一幅画得格外精细、似曾相识的素描飘落在地上。捡起来一看，惊喜万分：居然是自己念大三时的一幅习作，作为获得"5分"的学生优秀作业，被学院教研室老师一直保留着，时光荏苒，他在故纸堆里遇到自己旧作。

命运的有趣安排？费解，却有意思。

陈钧德依稀记得，读大三时，学院还算开明的，组织画人体，男模女模都画。

但后来，自工宣队进驻学院后，"画裸体"开始经历风风雨雨。

有一次，舞美系教研室讨论绘画课是维持原先一至三年级都上，还是修改成只在一至二年级才上。讨论还延伸到学生的"人体写生课"：存，还是废。

舞美系不是绘画系，当时多数老师审时度势，是不主张开设人体写生课的。

但陈钧德"独头"就独在，对政治空气嗅觉并不灵敏。身为一位艺术信徒，他坚持从他的经验和感受出发，坦率地表达自己的主张。那天，他说：

> 任何舞台布景设计，都需要很强的绘画基本功。而从事绘画的人都知道，人体写生对学生的造型训练意味着什么，那不是猎奇，也不是纯粹为了画人体，那对舞美设计没有直接帮助，但能

更好地训练学生审美与造型能力，所以，我主张保留这门教学。

"冲撞"在所难免。谁都看清楚了，在场的工宣队领导脸上浮现着不悦。他组织讨论，原本只图走个形式，希望大家一致附和后，就名正言顺地决定取消"人体写生"，但陈钧德就是"独头"，只有他不顾别人面部表情的复杂，固执而坚守。

Z老师是惯于见风使舵的系负责人，平时号称"我也画过许多人体"，以表示自己在绘画方面也拥有"专业主义素养"，但他隔着肚皮看出了工宣队领导的心思，一改平时说法，表示："舞美系嘛，是以搞舞台布景设计为主，我看，人体写生课，也没啥作用，就取消吧。"

工宣队领导频频点头。他兴趣十足地问："Z先生，你也是留学归国的舞美教育专家了，你说说取消人体写生课，对舞美系人才培养有影响吗？"

"我看一点也没有！"Z没有退路，硬着头皮死抱工宣队负责人的大腿。

看Z如此投机，陈钧德心里直骂"阿无卵"（沪语，意为混账东西）。他知道，Z的绘画功力尚不足以恭维，但他毕竟学过绘画，也尝到过人体写生训练的好处啊。他对艺术基本功的训练不至于无知到如此肤浅地步吧！一个人可以屈从政治压力，可以顾左右而言他，也可以选择沉默，但怎能巧舌如簧，睁眼说瞎话呢？陈钧德鄙视这种变色龙的行径。

毫不买账的陈钧德，此时怒发冲冠，一冲动，对着Z吼道："我最看不惯你这种做派，难道你不知道人体绘画的专业价值吗？你不懂得绘画对舞美系学生意味着什么吗？"

说罢，他站起身，愤愤然扬长而去。

"办公室的论战"很快传遍学院。有的教授支持陈钧德的观点，有的为他捏一把汗。但陈钧德无所畏惧。他不想缩头缩脑玩"世故"，他觉得自己说出的只是众所周知的常识。

论战一度导致舞美系剑拔弩张。所幸，中国再也没有发生类似"反右""文革"那样的运动，否则，单单凭陈钧德刚才的一番言行，他注定要为此吃足苦头的。

时代不同了，"裸体画"今非昔比，不再是洪水猛兽。但时至今日，画人体依旧容易招来闲言碎语，但陈钧德是个顽固的纯艺术派，无论身处怎样的时代环境，他始终主张，上戏舞美系必须开设这门功课，它对学生造型技能的训练和审美意识的培养无可替代。

事实上，陈钧德的绘画生涯里，"女人体"是继风景后画得最多的题材之一。

当他六七十岁的时候，画人体画得尤其多。

陈钧德认为，艺术的本质是善，是致力于探求和表现人对自身的认识，人对自然的认识，以及人对宇宙和时间的认识。就说画"女人体"吧，他孜孜不倦去发掘的，并非是人体表象的形态美。他从不着眼于脸蛋、形体的美丽，他的"女人体"作品，脸部往往是虚化的，五官也是模糊的，乳房可能是他画得最为饱满，充满生机的。但根本上，他画的是自然赋予人体的力量，也是他对自然造化的敏锐而丰富的感受，他画得有时写实，有时夸张，有时像是呐喊，有时宛若细语，一切一切完全取决于绘画时的心情。

说心里话，我对他怎么画"女人体"的关注，不如对他与模特儿之间交往态度的关注。耳熟能详的毕加索与六七个情人之间的故事，以及他为每个情人所画、如今皆为世界名作的作品，让我意识到，"荷尔蒙"的发达不仅给艺术家带来旺盛情欲，也带来艺术上的变化和突破。一个看似情欲对象的人，实则是一个灵感源，一台动力十足的发动机，会深刻导致艺术家的创作状态和创作风格的变化。因此，我想知道，像陈钧德这样，成长在1949年以后的艺术家，在社会主义伦理道德的环境里，他与模特儿间的交往是否与欧美国家有所不同？

果然，有很大不同。欧美国家的画家是自己与模特儿打交道，换而言之，画家和模特儿之间是自由地订立"契约"关系，有时凭一个口头约定，模特儿就翩然而至。一对一的交往，互相对上了一个眼神，艺术家与模特儿就可能发生更密切的关系，事例不胜枚举。也正因为如此，许多热衷画"女人体"的外国画家，多为单身或鳏夫，有妻子的多半忌惮另一半的"不高兴"。但在中国呢？至少在上海戏剧学院，对于人体写生创作是有严格纪律的，规定任何个人不得单独约见模特儿，人体写生创作只能是群体行为、组织行动。偶尔，也有画家单独在学院外面私约模特儿，但非常少见。所以，陈钧德迄今已经画过了无数个女人体，但那些对象，再曼妙诱人，也永远不会让他产生毕加索式的灵与肉碰撞，作为绘画群体的一员，他从模特儿身上感悟的东西，几乎都是超越情欲、属于意识层面的感受。

罗兆莲从艺术高度认同陈钧德画"女人体"，也相信在这样的体制管理下，陈钧德再怎么"见多识广"，也不会像年轻男人一样发生莽撞和冲动，反而担心，哪天他对画"女人体"也不再提得起兴致，那可能真的喻示着——"人老了"。

阿佛洛狄忒

由"女人体"，我曾经跟陈钧德聊到过世界上一些大画家与女模特儿的暧昧。

我说，当年"巴黎画派"标志性画家藤田嗣治被世人诟病最多的，是他与历任女模特儿的关系。他整天混迹在各式各样的女模特儿之间，由于他的名气，几乎每天有漂亮的或妖冶的女人主动找到他，说："画我吧！"美国记者采访藤田嗣治时，曾经问他为什么喜欢画女人和猫，藤田嗣治说："因为猫和女人是同样的生物，一到晚上就两眼放光。虽然看上去可爱，而且懂事，但稍不留意，女人就会忘记所有的恩义，轻易地背叛主人。请看一下，只要给女人加上胡须和尾巴，不用做其他任何装扮，不就是猫吗？"在我讲了藤田嗣治与女模特儿的逸事，并转述了他的所谓"女人即叛徒"的诙谐人生观后，陈钧德听着不禁哈哈大笑。

陈钧德也"回赠"了我一个故事，讲的是美国著名的舞蹈家伊莎朵拉·邓肯，她在自传里讲道，法国雕塑艺术家罗丹第一次遇见她，就以一个雕塑艺术家的眼光盯着她看，眼里喷着火焰，随后，他走近她，就像走近一尊雕塑，用他的手在她的脖颈、乳房、臀部、赤裸的腿部等游弋，直到脚上。最后，他还像捏黏土那样揉捏她的全身，但邓肯认为是她所受的"荒唐教育"令自己恐惧，最后一刻，她退却了，矜持地穿上外套，将罗丹送出了门。

有意思的是，我们所讲的两个故事主角，藤田嗣治与邓肯，互相也有交集的。藤田嗣治熟悉邓肯的哥哥，他非常认同邓肯兄妹所崇尚的：

最自由的身体，蕴藏着最高的智慧。

我与陈钧德讨论这个话题，试图了解他乐此不疲画"女人体"的隐秘意识。

这是非常艰难的事情。话题撩起数次，深浅"你懂的"！

陈钧德给我的感觉是，他所受的中国式"正统教育"，让他对藤田嗣治的"乱性"感到不可理喻。他是这样一个人：他对性的态度，也代表着艺术的态度和生活的态度。

他不认为拒绝与女模特儿发生"一杯水"关系就很高尚，他却笃信，性，比画更私密，谁想拿就给，我陈钧德是这样容易被玩耍的吗？他不失诙谐地说：

> 我也懂得自卫！一旦我被哪个女模攻占了，越过了边界，我就不是原来的自己了。我将变成一个自己也不知道的另外一个男人，一个玩世不恭、随心所欲、始乱终弃的感官之奴。

陈钧德是信仰爱情的。他喜欢一个女人，决不会拜倒在对方外貌之下。

对于热衷画"女人体"，他早就暗暗提醒自己，要么能把控腰带，要么干脆别画，绝对不能在欲望方面想得豁边（沪语，意为出格）。所以，他认为：

> 艺术尽可风流，人不可下流！

这是陈钧德的性爱观、艺术观。

对情色魅惑的艺术探索，他一直未断。即便七十多岁了，仍旧兴致勃勃。

陈钧德所画的"女人体"作品，无论单独的，还是双人的，千姿百态，完全褪去了轻佻的、暧昧的气息，观者站在那些作品跟前，你只会感受到自然造化的女人体是如此神奇，内在有一股喷涌而出的原始力量，以及这样的生命力量所充溢的感性美。

陈钧德创作过《双裸的女人》，画面是彼此相对的两个女人，丰满的肥臀，营造了一种幻想性、情色性的艺术气氛，引人浮想联翩，但很多人看了，不会产生猥亵意识，而是感受生命的崇高和造化的伟大。他的绘画感性中有一股冷静，表达的是思想和情感，而非欲望。

陈钧德刻意剔除挑逗的、轻佻的意味。他认为，人活着，异性或同性间爱欲结合，也是生命存在的意义。但只有欲，没有爱，形同禽兽；只有爱，没有欲，看似超凡，则是禽兽不如。他创作人体画，与爱欲无关，与造型训练无关——他早已过了绘画训练的阶段了。在他意识深处，人体本身是神奇的造化，是美感的源泉。画优美的身体，无论男人体、女人体，都有审美价值，都能反映艺术家的情感。而所有这种情感，只是对自然造化的由衷赞叹。

有人问过陈钧德这样的"八卦"问题：你觉得，这个世界，男人体美还是女人体美？

陈钧德答得委婉却直接，他明确表示，我不喜欢肌肉过于发达的男人体，骨子里还鄙夷非自然形成的、刻意锻炼出的、实质虚假的肌肉。他说：

　　那玩意儿谈得上审美吗？我看一点也不！

"山林云水图"

三元素

有人说，陈钧德的红绿线条与某某某的黑灰线条相比，各有奇妙；陈钧德的人物描绘与某某某相比，个性特征更加鲜明，有了明显超越。陈钧德听了，常常莫名其妙。他寻求自己的绘画语言，不是综合诸多大师的结果，而是由心感悟，由心而造。

他的创作中，多数时候是有特定地理特征的风景对象的，但着力于表现主观感受。但也有些时候，他也任性地抛弃一切对象，静心孕育心中的风景，在凝神构思好画面后，一旦落笔，他总是极其果断，很少犹豫，做到一气呵成。而线条，是他特别醉心的一种绘画元素，是他表现美学特质的重要语言。

陈钧德曾说：

> 世界上原本没有孤立存在的线条，所谓线条是画家凭借自己的眼睛看出来的，或者是画家凭脑子无中生有的，但这种线条是画家与外界交流很重要的工具。

他在琢磨老子、庄子哲学意蕴的时候，头脑如闪电一般，对中国传统书画里的线条产生丰富联想，他苦苦寻解：东西方艺术相通之处的"神迹"，会是"线条"吗？

真是大胆有趣的想象。西方古典绘画里只有明暗而无线条，但到了现代主义盛行的时期，表现派、野兽派、立体派等线条开始活跃。陈钧德游弋巴黎的奥塞博物馆时，斑斓的西方绘画里，神奇的线条牢牢俘获了他的目光。但那些线条统是西方的味道。

东方的呢？他回溯传统经典，发现石涛、八大山人、黄宾虹等人作品中最迷人、最饱满、最富有神韵的东西，也是线条。线条被灵魂附体，线条蕴含了艺术家的修养。自己能否独创一种线条语言，运用到自己的油画创作中？

他对这一绘画元素反复尝试，沉醉不已。

他将想法告诉了交情甚笃的香港好友钱学文。

钱学文是著名科学家钱学森的远房堂弟，也是大藏家，他非常支持陈钧德在油画创作中的线条运动，对陈钧德说：我从你的近作里看出了中国书法的功力。他盛情邀请陈钧德去自己家看黄宾虹原作，将自家珍藏的黄宾虹精品，让陈钧德一一饱览。

犹如猎手确定了射猎的目标，身为"猎手"的陈钧德兴奋不已。每每在创作中捕获到一个兴奋点，他就格外勇敢、专注，甚至执拗、霸道。这次，他瞄准了"线条"。他探索油画里的线条运用，仿佛闯入了一片线条的森林，自己就是骑在骏马上的英武射手，有着十足的自信。他将八大山人、黄宾虹等书画大家的线条表现，拿来与塞尚、梵高等西方巨匠的大小笔触进行比较，从看似浑身不搭界的对比里，发掘了异曲同工之妙。他深深感到，中国传统文化源远流长，只有承继了传统文化中的精华，将它们与西方艺术精髓融合创新，才能实现"变局"。而中国的老庄思想、魏晋玄学、天人合一乃至佛家的禅宗理论，如同汪洋大海，无不需要沉潜。很难说，西方现代主义艺术理论是不是受到中国艺术理论的影响，但有一点，陈钧德体会到，中国书画中的线条表现、图式化表现完全可以融入油画写意，但这种融合切忌生硬，贵在灵动，以给不同文化背景的中外观众提供新鲜的赏画体验。

线条如此。那么，色彩和构图呢？

陈钧德琢磨着，传统书画是用水墨表现写意，现代油画运用油彩表达写意精神，如果只是简单地通过调色油替代水墨中的水，去表达东方文化中特有的韵味，就失去了油画本身的绘画性。因为油彩天然带有凝滞的特质，一个东方艺术家，如果试图去表现写意，必须结合油彩本身的特质和油画的质感，那才是"最有意思的"。

这样的探索也如入迷阵，很难找到出口。在相当长的一段时期，陈钧德勇敢地尝试结合油彩特质的写意表达。他曾经试图在刘海粟、林风眠、关良、颜文樑等人的艺术中寻找突破，但未能如愿。后来自己反复尝试，在画布上摸索各种油彩的组合，渐渐地，曙光初现，他发现的一丝光亮，是在色面运用上，于深颜色里大胆运用白色，而白色不是稀薄的，不是运用调色油将油彩变得更淡，恰恰是浓纯的、厚实的；运用白色增加画面的空灵感，也通过白色的调配，让五颜六色的色面巧妙组合后，顿时显现深远的意境……如此这般，中国传统水墨特有的写意气息，在陈钧德的油画作品上"站立"了起来，得以潇洒体现。

构图，作为绘画的重要元素之一，也是陈钧德前行途中奋力攻克的堡垒。

传统油画是焦点透视，传统书画是散点透视，前者基于科学，后者基于哲理，方向不同，却各有规则和妙处。而陈钧德从后印象派、表现派、野兽派出发，探索了很长一段时间，到了这个时候，他的构图难点不在于科学与哲理的冲突，而在于如何运用普世性的油彩和画布表现东方的审美哲学。有一天，他在画布上画柠檬，勾勒轮廓时无意间越过了色面边界，索性就大胆地将色面外溢在勾勒线条之外，如此完全迥异于西画的焦点透视，也不同于书画的散点透视，而是一种带有童趣的任性画法，如有神助，画面呈现出了少有的灵韵。这一画面构成和空间营造，令陈钧德像是发现了新大陆，他狂喜地发出了吼叫。

思想的舞蹈

线条啊，色彩啊，自己的绘画语言越来越丰富，也越来越顺手了。

此时，积淀在他的记忆深处的大自然的山峦、树林、云朵、江海等等，渐渐积蓄成他的内力。常常，他身在都市的工作室里闭目养神，却感觉整个人在自然的怀抱里飘浮、游弋，感觉到奇异的优哉游哉。

有一天，他心情不错，灵感一闪，便尝试着放弃现实中的各种对象，纯粹将刹那间内心所感受的山山水水、云朵树林，随着自己的悠然心情，在画布上随心所欲创作着。一时间，此处无景胜有景，不再拘泥于客观对象的形体有无，也不再拘泥于客观对象的色彩如何，心底涌起潮水一般的感觉，任他手上的调色刀、画笔在布面上自由地舞蹈。

几乎就是梦游般的创作！绘画的过程如同做梦，梦境、梦呓，都幻化成了色彩。

似乎借助了神力，这样的创作滋味妙不可言。

断断续续，在很长的一段时间里，他迷恋纯粹属于"意识流"的创作。那种状态飘忽不定，时有时无。一旦进入状态，他仿佛处于梦游状态，轻松自如地在画布上宣泄着情绪。

纯意象的创作，几乎全部使用了 1.2 米 × 1.6 米的大尺幅画布。作品完成后，他替这批新作起名为《山林云水图系列》。作品在上海的展览上甫一露面，专家和同行再一次"弹眼落睛"：玩太虚、玩半抽象，玩出这番境界，堪称一绝。这批画后来被推荐到北京参加全国美展，也再次赢得首都的专家和同行高度赞誉，并获了大奖。

有个叫杜志刚的评论家，在专业性杂志《中国油画》上撰文评论道："在十届全国美展获奖油画中，陈钧德先生的《山林云水图系列之九》是品格最高的。看到它就犹如受到郁特里罗《蒙马特的街道》和奥尔巴赫《教堂》带来的感染，一幅如此简单的风景，其情感的蕴藏如此饱满动人，真是难得，我好是喜欢。"

评论家还写道："如果你静静地面对《山林云水图系列之九》，就会觉得大自然中的静雅与生机都被老先生提了出来，生成了味道。蓝的线，直的曲的深的浅的流畅的与生涩的，都随意搅在银灰色的云天和山的区域里，空灵与超拔一下子就来到了我的心里住下……"

被这位评论家称为"老先生"的陈钧德，那年才六十七岁。依旧处于创作力最旺盛的时期。那些年，他疯魔般到处写生创作，达到了"腹有诗书气自华"的状态，就是脱离写生，长久以来沉淀他心底的风景感受依旧丰满，这种看不见，摸不着，通过"意识流"活动所创作的意象风景，洋溢着与写生创作完全不同的东方哲学意味。从他的线条、色彩、画面凝聚成的气场里，人们分明感受到，苍劲有力，力透纸背，意境高远，天人合一。

所有《山林云水图系列》在展览时都被人追着问："卖不卖？卖不卖？"

这组作品被收藏家热烈追逐，印尼、新加坡、马来西亚以及中国香港的大收藏家几乎"垄断"了第一阶段的《山林云水图系列》，迄今只有一两幅珍藏在他自己家中。

其实，不仅仅是自然界的山、水、云、林钻进了陈钧德的脑子里，心底里。画多了无数个人体，那些曼妙的、充满造化神奇的女人体也无须站在他面前，他在画布上随意涂抹，一幅幅意象中的女人体作品就诞生了。他的多幅在蓝紫色底子上创作的"女人体"，完全是意识流创作，线条简约灵动，看了似乎更让人向往。他还尝试过系列"花果图"，画面上所有花草、水果等等也是一笔笔源自头脑，自由自在画出来的，想到什么就画什么，整个画面安静自得，一任自己的情绪如涓涓细流，充满了文人画特有的笔法之美、意趣之美。

当然，如此异常美妙的意象创作，是一种心力和精神的巨大支出。画久了，他也会惶恐自己头脑变得空荡荡，躯体像被掏空了，精神异常疲乏、饥饿，这时，他极度渴望走出书斋式的工作室，返回丰富的大自然、返回美妙的大小都市，去补充艺术能量。只要与大自然、与真切的社会生活深度拥抱，神奇的山山水水、日日夜夜，又会迅速填满他的思想、他的躯体，他浑身又充满了灵感的细胞、创造的活力。写生创作与写意创作，如同双翅，带着他自由自在地翱翔。陈钧德总结这方面的创作体会，说：

> 写实和写意，其实如同入世和出世，两种精神交替不息，是灵感和哲思的源泉。

陈钧德对梦游般的创作，感触最深的是，中国传统绘画里存在一种空灵的东西，很奇妙。空灵不等于留白，空灵源自然和生活，是一种生命气息，也是深刻入骨的哲思。

陈钧德渐渐熟悉、喜欢、迷恋空灵，他运用西方的油彩去拥抱了空灵。

神秘来客

有一天，陈钧德家里来了几个客人。

为首的是东南亚首屈一指的大收藏家G先生，拥有令人瞩目的产业，富可敌国。他的美术馆也堪称亚洲一流，格外壮观，馆藏了诸多世界级绘画大师的大量作品。

多年以来，G先生曾通过一个吴姓朋友陆陆续续购藏了陈钧德近二十幅作品。他非常喜欢陈钧德的风格，将其作品陈列在美术馆的显赫位置，迄今一幅也舍不得转手。

陈钧德对这样只买不卖的收藏是心存感激的，感激人家对他艺术的偏爱和珍惜。

但这一次来，大收藏家表现出他的另一个侧面：市场的大鳄、顶尖的推手。

对于他的这一面，陈钧德早有所闻：他的身影一出现在国内外哪个拍卖行，这个拍卖行注定会热闹起来，他有着将吴冠中等诸多艺术家作品价格有力推高的实力和能力。

这一次，他相中了陈钧德，他深信，陈钧德画作好，"炒作"空间大。

于是，他带着董事会的骨干远道而来，拜访画家。

与往常不同的是，所来几个人，与陈钧德夫妇见面后，立即兵分两路。一路提议与陈钧德单独聊聊，另一路与罗兆莲攀谈。两路交谈其实是一个主题，即希望陈钧德的全球代理权交由他们打理，他们承诺，不出多少时间，陈钧德作品的拍卖价会实现"历史性突破"。

与陈钧德交谈的大佬，口气友好而婉转，询问陈钧德每年大致创作多少作品，目前他的作品存量有多少，等等。一切像谈家常，格外亲切。

与罗兆莲交谈的几个，就顾不上客套了，直截了当开导她："艺术家的作品售价，从来不会无缘无故地扶摇直上，艺术家变成艺术大师，不仅仅靠艺术家本人，还需要策展人、媒体人、评论家、画廊、美术馆等多方面推动，其中最重要的力量是金融的力量。"

他们直率相告，任何大藏家不会满足于以市场价格去购藏一个艺术家十幅、二十幅作品，他们的乐趣和专业进一步体现在，与画家建立亲密的战略合作，通过相当年限、相当数量的代理权，像坐庄股票一样，保障艺术家作品的售价不再是毫无规划地起起落落，而是科学地、理性地实施运作，这种运作是全世界通行的做法，也是艺术金融领域最尖端、最隐秘、最好玩的资本游戏。"我们是这方面的专业机构，真诚来寻求合作的！"

言之凿凿，情之殷殷。罗兆莲没有发觉对方有任何不良图谋，他们站在艺术金融和商业运作的逻辑上、立场上，劝导自己配合做陈钧德的思想工作。但，这绝对是件大事啊。

罗兆莲谨慎而坦率，告诉对方："这个，我做不了主，得找陈先生本人沟通。"

而陈钧德这边呢，人家和颜悦色了解了基础情况后，也亮出了深藏的底牌："我们以前买了您许多作品。接下来，不可能再继续按照原来的方法头画，而是希望重新商议战略合作，每年向您提供数额可观的资金，只要您答应每年提供我们一定数量的作品……"

大佬的言语里，隐隐约约透露了他们运作大师级艺术家的奥秘。

艺术推手们总喜欢说，拍卖行所拍出的价格比画廊价格高得多，主要是竞买者在现场，"恐怕失去"的心理冲击强过"马上得到"，此所谓禀赋效应带来的斗富游戏。其实，并不完全如此。艺术品的市场运作客观存在，大致呈一个"三角形"，其基础，永远是画家的作品品质，但品质好而未能晋级大师的画家委实太多太多。自基础层面再往上，是美术馆、博物馆、评论家、媒体等，以美术史为坐标，为艺术家找到适当的学术位置。再往上，就是"运作"层面，需要画廊、拍卖行、艺术基金等共同参与，在这个层面，资本的力量最为神奇，资本能调动、整合各种资源，最终帮助艺术作品实现向金融产品的转化。

陈钧德听了，晕眩不已。市场深如海，规则很复杂，他不敢贸然往"海"里跳。他隐隐约约感受到，这似乎是命运带给他的又一个机会，人家远道而来，所谈的"运作模式"是有逻辑的，成功案例也明摆着。他跃跃欲试，又害怕失去自由，艺术家的创作自由。

他内心很纠结。如果我今天在协议书上签字同意，意味着从此被别人"包养"了，大佬每年给几百万乃至上千万的金钱，而我每年交给他们十几幅乃至几十幅作品，看似我再无金钱方面的忧虑，但为了完成任务而去一次次交付"作业"，这不是出售自由吗？

看到陈钧德沉吟不语，在犹豫，在挣扎，陪大佬一起来的男人忍不住发急了，赤裸裸地提醒陈钧德：

> 多么难得的机会啊，陈先生，许多才华横溢的画家，一生就等待着遇到真正的金融知音。您今天遇到了，也是缘分，后半生的辉煌，只要一签，就可以预见了。

大佬微笑不语，只是充满期待地望着陈钧德。

经过片刻的深思，陈钧德坚定地表示："我不习惯这样的合作，谢谢好意！"

大佬顿时流露出深深的失望和迷惑："很多画家求之不得……他？"

陈钧德与罗兆莲一起，将客人送到电梯口时，抱拳致谢："我喜欢自由自在地、没有压力地创作和生活，让你们失望了，得罪得罪！"大佬一行神色凝重，格外压抑。

将客人送走后，陈钧德跟罗兆莲说："我需要静一静，静一静！"

其实，他的内心并非毫无波澜。

他独自坐在画室的椅子上，两眼望着窗外，琢磨着刚才的一切。

望着望着，想着想着，他睡着了。

睡梦里，似乎出现了两个人，一个是"财神"，一个是"自己"。

互相在激烈地争辩。

财神说："G先生来一趟很不容易啊，多么好的机缘，许多画家真的求之不得。人家有人家的商业逻辑，世界上许多大师的画价或许都是运作出来的，而不是自然生发的。"

自己说："你甘愿成为市场的木偶吗？你甘愿拿自由去换取荣华富贵吗？"

财神说："你家里多么需要钱啊，房子等待改善，孩子马上要结婚，家里这点钱哪够啊？"

自己说："慢慢筹呗，没必要非要这样做啊。"

财神还说："钱，钱，谁会跟钱过不去？你与G先生合作了，从此就大富大贵了！"

自己说："做艺术家不能贪财，艺术的本质是反商业、反流行的，否则就可能市侩和恶俗……我做不到，做不到！"

他醒后依稀记得两人的争辩，但他确定，在梦里，自己依旧拒绝"包养"式合作。

没过多久，新加坡传来消息，G老板在陈钧德这里碰了个"软钉子"，不爽至极，一度发誓再也不买他的作品。但，事情很微妙，此大佬是东南亚艺术收藏的风向标，他"包养"陈钧德不成，其他著名收藏家闻讯纷纷前来洽购收藏；更微妙的是，大佬再生气，也无法与自己内心过不去，他是真正懂艺术也喜欢艺术的，他克制不住继续关注和喜欢陈钧德的作品，过了一段时间，逢人谈论到陈钧德时，G先生又表示："陈钧德的画确实好……就是人太怪了。"

而时隔多年，有时回想起G先生，陈钧德觉得，或许自己与G先生签约是件双赢的"好事"，一个艺术家凭一己力量，对市场价格走势永远是无能为力的。如果作品价格果真如大佬所描绘的那样，能上一个或几个台阶，对他的生活是很好的改善，更重要是有助于艺术传播。但想是这么想的，陈钧德并不后悔当年的选择。他有时扪心自问："一旦被'包养'，你真的能对抗资本的意志，创作不受干扰？""你心里真的接受这样的生存方式吗？"

"不能！"他的心如此回答。

他想明白了，在有些人看来，艺术可以是个职业，但艺术家永远不是。

他绘画不为钱，他绘画容不得一点儿"为钱而画"的委屈，几十年那么严重的拮据都挺过来了，什么时候曾经为了钱而去画画的？

他像一个疯癫癫的老汉一般，有时自言自语道：

名利诚可贵，品格价更高；若为自由故，两者皆可抛！

默念至此，他嘴角泛着笑意，心底浮起的是自豪。

陈钧德的作品早就在一流拍卖行频频露脸。但他从来不愿意去为拍卖行的价格操心。他的确格外超脱。他抱定这样的想法：那不关我的事情，我只做一个画家应该做的，真诚地画，一直画下去，不断前行！至于市场的价格表现，听天由命……

体制内外

罢课出走

大约六十九岁那年，陈钧德从上海戏剧学院艺术研究所教授职位上，经历了一场难堪的"罢课"和"出走"。事情过去很多年了，但这一遭遇，让他对中国高校艺术人才培养机制之弊端，有着痛切的体悟，至今想来，记忆犹新。

那时，他年近古稀，但鉴于他的艺术造诣和绘画成就，学院没舍得让他退休，按照有关政策，继续延聘他担任研究生导师。彼时，戏剧学院还没有申请到绘画博士教学点，只有绘画硕士教学点，即便申请到这个，也已经费了九牛二虎之力。陈钧德胜任且珍惜，先后带教了几个油画研究生，教学与创作齐头并进，让他感到很充实。孰料，美术教育与舞美教育之间宿命般的冲突，在培养绘画硕士生的问题上又爆发了。

那天，陈钧德去学院，路过学院进门处的告示橱窗，发现众人挤成一团在那里看什么，原来，橱窗里面张贴了一张有关研究生课程的安排，引起了大家的关注和议论。

他驻足细读，一看就发现了"匪夷所思的错误"。

"课程安排"里写着，舞美系油画专业方向的研究生必修课为："剧本分析""戏剧文学"等等。真正是奇了怪了，"剧本分析""戏剧文学"怎么能列为油画硕士研究生的必修课？会不会是院办的同志打错了？

陈钧德之所以是陈钧德，从他意气风发的青年时期，到学养深厚的古稀之年，他始终不改艺术家的直率、良知和视角。社会是个"认俗"的世界，许多人活得风调雨顺，是因为能够"入乡随俗"。但陈钧德不，他待人处事从不愿意盲从。他是急性子，心直口快，遇到绘画研究生主修课问题，如同眼里揉进了沙子，哪里肯得过且过？

他立即"噔噔噔"地跑到学院办公室"兴师问罪"。

正巧，学院"头儿"从门外进来。

"您看，油画专业的硕士生必修课是不是印错了？"陈钧德的语气克制而客气。

"没有印错啊，我都已看过了，学院就是这样规定的，这正是戏剧学院的特色啊。""头儿"不紧不慢，微笑着，凭他的世故练达，似乎一眼看出了陈钧德内心所想，他说："戏剧学院不同于美术学院，也不同于综合性大学，绘画研究生课程设置要与戏剧搭界的。"

陈钧德耿头耿脑，说："这样安排，我认为违背了艺术教学规律。我带教的是绘画研究生，必修课与绘画浑身不搭界，你让我怎么去带教？任何事情总该有个标准或原则吧？这样设置看似变通，实质是'糨糊'，绝对不合理，应该纠正啊。"

"不可能纠正。""头儿"态度变得轻慢起来。他说，"戏剧学院研究生教学点，必须突出戏剧特色，申请硕士研究生点，也是围绕这个中心，不是你想怎样就怎样的。"

"你们可以敷衍上面，我可不愿意误人子弟。申报归申报，实际安排的课程设置，我希望遵循艺术规律，而不是七搭八搭。"

"没有人七搭八搭，课程设置是经过讨论的，没必要更改。""头儿"生气了。他真想骂他"死独头，走极端，一点儿不懂社会，不懂国情"。

而陈钧德听了，更加生气。他认为，尽管"头儿"本人算不上是"混蛋"，也不是不理解绘画研究生的含义，但他太现实、太功利了。他认为，戏剧学院完全应该有气度，朝着"大戏剧"方向办出新型的综合性人文戏剧大学。绘画也是舞美系历来就有的特色，也可以有多个方向，交叉、复合中凸显基础的厚实。而"头儿"一味守着"老传统""老规矩"，精于算计行政关系上的利害得失，不敢或不愿开拓创新，格局太小了。像绘画硕士生课程安排这般名不副实的做法，早晚要闹出笑话，他陈钧德才不愿意蹚这样的浑水呢。

怎么办？陈钧德对教学，对学生，还是充满感情的。起初招硕士生，他非常起劲儿地忙这忙那，还自掏腰包去请模特儿来，指导研究生进行结构造型的训练。现在呢，"耿头耿脑"与"现实世故"撞上了，学院的做法被陈钧德视为"淘糨糊""海外奇谈"，他几次找院办要求调整。院办的同事为难了，一个是院长，一个是教授，课程调整这样的大事，该听谁的，还用得着大脑思考？！于是，对付陈钧德的办法只能是：拖！

遇到如此情形，陈钧德失望透顶，但也不依不饶。

这时听说学院里有个名额，可以派遣一个研究生去俄罗斯留学。陈钧德想，俄罗斯绘画优势是非常突出的。既然绘画研究生课程设置存在"大纰漏"，导致他无法带教，何不将这留学名额争取给绘画硕士生呢？何况，其他专业没人愿意报名去俄罗斯，今非昔比了。

当陈钧德再次找学院"头儿"据理力争，为自己的学生争取名额时，谁料，"头儿"误认为，陈钧德这么做是"逃避带教责任"，"头儿"宁愿放弃学院派赴俄罗斯的留学生名额，也不同意给陈钧德的学生放行。一语不合，两个老男人如两只老山羊"顶杠"起来。

陈钧德指责"头儿"："你这是滥用职权，故意作梗！"

"滥用职权又怎么了，你可以写匿名信上告啊！""头儿"一脸轻蔑。

陈钧德听了，气得浑身发抖。写匿名信？谁写过匿名信了？堂堂院领导竟敢子虚乌有，嘴里吐出有辱人格的字眼。他也不是唯唯诺诺的孬种，立即回敬："依脑子冷静冷静，绘画的人是不屑搞匿名信勾当的，倒是某些人，拿生活当演戏，擅长玩弄一套套把戏。"

"你——""头儿"气得吹胡子瞪眼睛。

"绘画硕士生课程如此胡搞，我陈钧德不教了。"说罢，他气呼呼就朝门外走。

身后传来"头儿"扔下的一句话："你不带教，就没有课教了，也就没有工资！"

陈钧德站住了，狂笑，回头反问一句：

小看人了。我是看重工资才带教研究生的吗？！

狂笑变为冷笑，他扬长而去。

这天夜晚，他噩梦不断，醒来时一身冷汗。

他竭力回想前一天发生的冲突。他觉得自己没错，"头儿"或许也有难处，大错在于当年的教育机制。站在陈钧德的教学立场看，绘画硕士生就应当突出绘画研究的学术性。毕竟，硕士生不是通识教育，是研究型教育。但学院作茧自缚，想当然地对每个专业的课程设置均"一刀切"地往戏剧上靠，违背了教学规律，也违背了艺术规律。与其苟同，不如退出。

更现实的是，高校的行政权大于教授自治权，一旦教授与行政管理者之间出现冲突，结果永远只可能是一个：即便教授的意见再有远见，也是绝对拗不过权力的。

不愿意屈从"荒唐安排"的陈钧德，唯一的选择是：出走。

学院领导非常恼火，堂堂学院，迄今还从未发生过一起"罢课"事件。于是对他课以重罚：取消他的一切奖金补贴，只给一份"下岗工资"。

此后数年，陈钧德身为著名教授，领取的只是相当于一个普通打杂工的月收入。

而作为学院，也不得不吞下一颗苦涩之果：名义上拥有一位大名鼎鼎的画家教授，研究生导师，实际上，绘画研究生缺带少教，一时尴尬地"悬"在半空。

驻校艺术家

陈钧德"出走"了。有同事暗暗为他"叫屈"，陈钧德却越来越淡然。虽说受到了这件事的打击，但他从未向外界公开他的愤怒，所以没有演绎出一起"教授出走"的公众事件。

我了解了"出走"后他在学院里的"存在感"，发觉有一顶帽子适合他。

"驻校艺术家"！

驻校艺术家，按照西方的做法，就是将著名作家、画家、表演艺术家、作曲家等邀请到高等学府，为学生开设短期讲座或学分课程，以此促进学生的人文修养。

陈钧德也自嘲地坦言，那一段日子他只画不教，真像是"驻校艺术家"。

因为他家住在延安西路五环大厦，与学院只是一街之隔，他习惯了呼吸学院里的空气，老建筑、老树木、老教授，新学生、新观念、新事物，校园积淀的几十年人文素养，像飘漾在空气里的清香，闻着舒坦。因此，尽管他与"头儿"发生冲撞、主动"罢课"，但他时不时情不自禁会问起学生的情况，他与学院之间的血脉之情是切不断的。偶尔，衣着随意的他，会像一阵风，在校园里倏然飘过。熟悉他的老师会热情招呼他，嘘寒问暖。新来的学生会被人告知说："喏，戴眼镜的那位老先生，就是大名鼎鼎的油画家陈钧德！"

有时，学生上门求教，他也不吝腾出时间接待。他总想，自己年轻的时候，也是受惠于许多前辈私下的传授和栽培。有时，哪个教师组织人体写生，受到邀请的陈钧德欣然前往，画人体最能调动他身上的兴奋因子了，他说："这是做画家才有的权利啊！"

有个男生告诉我，陈钧德在上海戏剧学院是个"奇特的存在"。他很像一个影子，很少见到人，但影子若隐若现。这个男生从来没有听过陈钧德上课，只是翻过陈钧德的画册，也听到过关于陈老师的一些逸事。夏季的一天，他在华山路上亲眼目睹了陈钧德头戴遮阳帽，在炎热的太阳底下专心致志地进行油画写生。那次他驻足观望陈钧德很久，他看到陈钧德身板较弱，沉浸在创作的兴奋中时，周围的一切似乎都不存在了。他目光时而在景上，时而在画面，异常专注，令他感悟很多。

男生说，我多么希望，像陈钧德这样的艺术家越来越多地出现在校园，驻校画家、驻校作家、驻校戏曲家、驻校导演乃至驻校音乐家、驻校哲学家等等身影越多，学院文化自然就越有魅力，对学生的影响也是潜移默化的。当然，他认为，"艺术大腕"能经常在学院的讲座、沙龙露个面，与学生对话，这样才有意思啊。

是啊，学院的人文气息，名师滋养，存在于各种形式之中。

陈钧德像上海戏剧学院里的一棵大树，上不上课，都默默地"站"在那里。

其实呢，陈钧德与上海戏剧学院之间气息互通，彼此无法割舍。

一些学生早已成名，成了知名画家，还经常拿了最新出版的画册赠送老师，请他指教。

陈钧德对学生有一说一，有二说二，从来不玩客套。

有一次，陈钧德一页一页翻阅一位学生的最新画册，一眼就发现，所画人物有点儿刻板，像事先邀请模特儿穿好古装摆了姿势，拍成照片后再进行创作的。他直言不讳地指出：

嗯，构图不错，但根据拍好的照片绘成，就少了画味儿。

学生尴尬地坦白："我是根据照片创作的，但没照片做拐杖，无法画下去啊！"

这时，陈钧德讲了个故事启发他：有一天赵无极先生去杭州中国美术学院讲课，发现有不少学生在进行现场创作时，都带着事先画好的小稿（素描稿或色彩稿）。赵无极非常不悦，当场提出，根据草稿放大而进行的创作，只能画出"死"的、没有生命体温的东西。你们谁能生动地表现出内心的喜怒哀乐，将画画活，将感情画出来了，才算合格！

陈钧德的创作实践里也排斥对着照片或小稿，进行再放大创作。他一直主张，直面对象，无论人或自然，细致观察后大胆用笔，哪怕第一笔画得不尽如人意，也是有生命的，可以在后面的绘画过程中进行调整。只要对所绘对象产生真情，便会有神来之笔。绘画不必拘泥于像不像，只在乎画家的心灵在绘画那一刻真诚不真诚，自由不自由。

他离开教职后，先痛后甜，对时间、心智的支配力越来越强了。

他尝到了独立艺术家的滋味，随心所欲，陆续去了黄山、青岛等多地写生。

外出写出，常有意想不到的事情发生。有一次，他与画友一起在舟山海滨写生，那天他俩站在沙滩上，对着一波又一波雪白的海浪滚滚来袭，画得十分投入。谁知，那时正是涨潮时分，潮水很快淹没了小膝，画友仓皇逃向岸边，而陈钧德依旧忘我地奋笔写生……

查济村，是陈钧德一去再去的迷人之处。这个深藏于黄山山脉群山里的古村落，看似破败颓废，却有一股沧桑之美，让人窥见中国乡村时代的辉煌。陈钧德第一次去时，穿梭在小溪、民居、凉亭、古树间，似乎听到宁静的大自然对自己说着许多悄悄话。后来每次去，坐在空旷的山谷，感到人被放空，完全抛却了尘世，万籁俱寂里，感知生命瞬间的静谧，这一刻，唯有自己的心灵与周围的树木花草对话，灵感顿如泉涌。

陈钧德奔跑在大自然的怀抱里，有时像哲人，有时像顽童。为了捕捉更好的角度，他毫不顾忌年纪和尊严，有一次偷偷爬上农家的屋顶，想居高而获得更开阔的视野和景色。谁知，刚踩上，一脚竟然将人家的屋顶踏穿了，他自己受惊不小，还得向老乡赔礼赔钱。好在当地民风淳厚古朴，老乡要求的索赔总是合情合理的。

后来再去，他发觉，古村落变得越来越"没意思了"。由于经济过度开发，游客成群结队，过去乡土味浓郁的泥路变成了宽敞的柏油路，假古董商贩排成长龙，令他兴味索然。

他只能一次次另辟蹊径，寻找新的桃花源，但时常伴有各种凶险。

有一次，在安徽劳驾山写生，正逢当地人烧山，山上的枯枝败叶被烧为灰烬后，随着雨水冲到下有农田的水沟里，是难得的天然肥料。但那天气候异常干燥，陈钧德正在写生时，四周山峦不知咋的突然起了大火，而且火势凶猛，将陈钧德包围了。他惊骇、大叫，终于，闻讯赶来的解放军战士杀出了一条道路，才将陈钧德从山火围困中救出。

种种"水深火热",陈钧德一一经历了,那是艺术带来的生命体验!

一个人的旅行

桀骜不驯的陈钧德自"罢课""出走"后,略有沉寂。

但他本质上是个"绘画狂人",绘画才是他的命根子。暂时的郁闷过后,只要往画布面前一站,他很快找回了创作带来的喜悦和满足。

这时他是自由身了。昔日,历史与个人的命运冲撞,导致他年少时渴望漂洋过海,却难以梦圆。现今,时间宽裕,国门也大开着。他兴奋地计划着环球写生,与妻子、孩子一起规划着自己出游的"艺术路线"。短短数年间,欧洲的法国、德国、英国、俄罗斯、瑞士、挪威、芬兰、意大利、希腊等等,亚洲的日本、新加坡、印尼、马来西亚、柬埔寨等等,该去的都去了,凡有重要博物馆、美术馆、教堂、宫殿的,他一个也不落,都去领略,去发现。

陈钧德体会到,世上有些地方很奇特,能激发出自己充沛灵感,这些地方他一去再去,仿佛行吟世界的抒情诗人,在远方,在少时不敢想象的地方,留下了无数足迹。

他也曾自嘲:这是命运在给自己"补课"!

法国是全世界绝无仅有、艺术至上的"文化大国"。第二次世界大战之后法国政府拨出了大量资金,资助戏剧、绘画、音乐等艺术工作者。巴黎,就有由市政府贴补、租金低廉的市中心公寓作为工作室,提供给各国艺术家们,让他们在有卧室、厨房、卫生间、客厅兼画室的房子里专心从事创作。很早以前,潘玉良、常玉等一批中国画家都住过这样的公寓。1999年,由中国美术学院朋友推荐,陈钧德也获得在巴黎国际艺术城（艺术家公寓）居住半年的机会。

陈钧德早就向往法国，喜欢美丽的塞纳河水，喜欢巴黎的气息。无论刘海粟、林风眠，还是颜文樑，都在这座伟大的艺术之都游历过，他们讲起巴黎的博物馆、教堂、宫殿、展览会，总让他心驰神往。这次到达法国，他终于在塞纳河附近的公寓安顿下来。

公寓距离著名的塞纳河不远，从窗口就能闻到河水的气息。

陈钧德十分满意工作室位置，一安排好住地，他就迫不及待地安排各种参观的行程，马不停蹄地深入各大博物馆和美术馆观展、研究。在卢浮宫，乔托、波提切利、提香、安格尔、罗丹、塞尚、毕加索等好像都在深情召唤来自东方的艺术信徒，向他展示无穷的艺术魅力。而陈钧德也一连数日在馆内流连，时而凝视，时而沉思，以往只能在印刷画册上看到的名家名作，这时候与自己"无声地交谈"，面对原作的体验是永远无法从印刷品上感受的，这令他万分愉悦。还有奥塞美术馆、凡尔赛宫、蓬皮杜艺术中心、毕加索美术馆、罗丹艺术馆和巴黎的非洲艺术馆等，仿佛也是好客的朋友，让他备感惬意。而巴黎圣母院，念大学期间就从大文豪雨果笔下读到过，是一处揭示人性美丑善恶的著名胜地，此时巍峨地矗立他的眼前，令他景仰，他细细欣赏这座恢宏建筑的内内外外，如痴如醉。

巴黎的奇妙不仅在于艺术场馆，还在于街头巷尾的雕塑，不经意间就让人惊喜。

陈钧德每每在街上散步，常有灵感骤至。四处穿梭观摩的间隙，他也乘兴穿插着写生创作。一天不画，好像一天没有吃喝，他会感到日子虚度，生命浪费。

罗兆莲呢，也没闲着。偶尔与陈钧德去巴黎的餐厅大快朵颐，但平时，他俩哪里吃得惯法式快餐？陈钧德吃多了比萨、热狗，见了就想吐，那么就只能靠罗兆莲的妙手烹饪了。罗兆莲去巴黎的农贸集市寻觅中国食材,每天让陈钧德的中国胃过得舒舒服服。

天气宜人的傍晚,罗兆莲陪他沿着塞纳河畔悠然漫步。

巴黎的日子,陈钧德看的东西越多,对自己的风格追求越坚定。他感到,一些画家兴冲冲地赶时髦,以为在当代思潮冲击下,印象派、野兽派、立体派等等"过时了",唯有观念艺术为尊,这是多么的无知和幼稚。艺术历史的长河里,流派纷呈多样,一个画家成功与否,最重要的不是所选择的那个流派最为时髦,而是你内心被那个流派所感动,对其堂奥研究最深,最终在传承、发展中能寻找到哪些突破。忽东忽西是断然没有未来的。

陈钧德每天风尘仆仆地外出游览,归来像渔民捕捞归巢,总带回各种收获。一天,去荷兰阿姆斯特丹参观梵高博物馆,回巴黎的大巴上,他不慎将脚部扭伤,导致骨裂,剧痛难耐。已在巴黎定居的得意门生陈箴夫妇闻讯赶来,及时将老师送进医院救治,结果陈钧德的脚上打上了厚厚的石膏……暂时无法出门奔波了,那就安心待在画室吧。

他一条伤腿高高地搁在椅背上,挥舞手臂,倾心创作。

是啊,巴黎是海明威的"流动盛宴",也是陈钧德的灵感之源。脚伤养病的日子里,参阅平时积累的一厚沓速写笔记,他竟然激情四射,一坐到画布面前,便忘了所有的病痛。

一个多月下来,朋友走进他的巴黎画室,吃惊不小,画家脚部肿成那样,却激情澎湃,带伤创作的油画竟然挂满了四壁。游历巴黎的见闻和感受,转眼都化成了一幅幅动人的作品。《蒙马特高地》《圣心教堂》《巴黎圣母院》《塞纳河畔民宅》《巴黎初春》《小教堂》等等。作品里物象的地理位置依稀可辨,但陈钧德用色彩描绘的,无论建筑、桥梁、街景、河流等等,都不仅仅是肉眼所见,而是他的内心所感。那些意象作品,纯净清澈,奇趣洞开,烟雾缭绕,绚丽多姿,让人情不自禁地感染到艺术家的奔放情绪。

1999年6月9日，陈钧德在巴黎国际艺术城展览大厅举行了油画个展。旅居巴黎的画家K君自告奋勇充当展会翻译。艺术城坐落在巴黎市区，与著名的巴黎圣母院相隔一条塞纳河。展览前一个夜晚，经友人介绍，朱德群与陈钧德夫妇共进晚餐。身为法兰西院士、华裔艺术大师，朱德群并不孤傲，他看了陈钧德的大写意油画，格外欣赏，主动为此次展览题写了"陈钧德油画展"几个大字。个展开幕当晚，整个艺术城大厅灯火辉煌，来宾穿梭不息。当地的中国驻法官员、艺术界、收藏界朋友和许多旅法华侨闻讯赶来，他们流连在大厅里一幅幅作品面前，惊叹西方油画的色彩魅力与中国传统的写意技艺奇妙融合。陈钧德作品中的真率、空灵、力量、诗意、线条、色彩，交汇成动人的视觉旋律，在人们心头回荡。

　　观展来宾中有个神秘的金发碧眼女郎，开幕当天来，随身带两个戴墨镜的保镖，看起来"来头"不小。她久久停留在《蒙马特高地》和《巴黎圣母院》画前，表示想购买这两幅作品。第二天她又来看画，同样也带着保镖，径直找陈钧德要买画。好心的K君对陈钧德说："她出的价格在巴黎算是很高了，你完全可以接受了……"但陈钧德婉言谢绝了。

　　陈钧德深知，自己在画中倾注了心血和激情，这些画他想全部带回国内。

　　域外旅途的美妙，让陈钧德的"旅行创作"一发不可收。

　　短短数年间，他的大量作品是在"一个人的旅途"中完成的。作品如日记般，记叙了他的兴之所至。每赴一地，那些密林环绕的人居环境频频进入他的画面。有一幅画，题为《海德堡的雨后景色》，给我印象很深。从画面看，雨后初霁，落日的余晖照耀着湖畔，此时画家独倚阳台，心情愉快地迎着微风，俯瞰着满是翠绿的树荫河畔，一个女子在悠然散步。画家一时产生强烈的创作冲动，立即支起画架，记录了这个瞬间的魅力。画面光和色彩柔和，洋溢着大自然的体态、情绪甚至灵魂。真是一幅散发生命力的艺术杰作。

画这一路作品时，陈钧德表现出作为抒情诗人的一面，他会手舞足蹈，对着自然和生活赐予的美景尽情地歌唱。他不仅擅长使用油彩，还独树一帜，将油画棒运用得像孙悟空的金箍棒，看似寻常、日常多为儿童使用的油画棒，在他的挥舞下显现神奇，画出了优美至极的纸本作品。他运用油画棒的笔触十分老辣，无论线条、色面、构图，非常自由，随心所欲，将旅途中邂逅的奇妙景色，一一收纳到自己的笔下。这些画尺幅不大，只有20厘米×30厘米左右，却可谓"传神"。看了会颠覆你对油画棒的观念，不会再将它们视作是油画的附属品，相反，这些纸本画也形成了一个完整的系统和品种，令藏家们爱不释手。

瑞士湖山甲天下，世人皆知。陈钧德一谈论起欧游，也像诗人一样，口吐莲花，妙语连珠。他说：所乘的汽车一驶进瑞士，只见沿途群峰耸碧，湖水如镜，天色水光，胜似海市蜃楼，那里的峰峦绝美，色彩妖娆，任谁用再绮丽的画笔，也画不尽自然的奇妙，我只有心悦诚服，忘掉尘世烦闷，尽情吸收天地间的精气，我也深深感到，生命多么美好！

有座名叫因特拉肯的小城，是陈钧德念念不忘的瑞士驿站。宁静的城里，有一座美术馆，小巧精致，藏品却出乎意料地丰富，这些画出自艺术巨匠克利、马蒂斯、夏加尔、毕加索、米罗等，居然一幅幅都是精品。陈钧德一直喜欢马蒂斯，研究马蒂斯。从1905年马蒂斯野兽派奠基里程碑至1918年前后，野兽派经历了一场危机，原先一同探索的伙伴们一个个背弃而去，唯有马蒂斯坚定信念，坚守不渝，最终成为世界野兽派画风的唯一代表。

陈钧德感叹道：

人，一旦认准了自己的艺术方向，就必须锲而不舍，坚定不移地走下去。只要方向对，坚持终有回报，你早晚会摘获自己应该得到的果实！

就在因特拉肯的美术馆，陈钧德第一次直面这么多现代派大师的原作，激动不已。

陈钧德在馆里一幅一幅仔细地观看，似乎听到了马蒂斯对他耳语，快乐得无法言表。

他惊叹于大师天才而任性的艺术情味，也真切地享受着美术馆的布置技巧，作品与环境和谐相处，相得益彰，观展气氛宁静且安详，相比之下，巴黎著名的奥塞美术馆简直像乱哄哄的集市。但相比卢浮宫，陈钧德认为，奥塞美术馆又显得略胜一筹。

陈钧德也留恋日内瓦。这里的房屋像是被高山森林拥揽怀中，蓝天白云映衬下，更显娴雅、安适，天地人的和谐接近于极致，置身其间，内心唯有感动、感慨。

陈钧德逗留欧洲的时间累积起来，似乎远超亚洲。原因无他，只因为欧洲的建筑、道路、雕塑等所凝聚的气息非常适合他的绘画语言。每次出行前，他随身携带一只符合航空行李标准的最大的画箱，里面塞满了颜料、画笔、写生纸等，另外还要准备一捆绷好木框的画布。细心的女儿总是事先替他预订好酒店，并要求酒店提供"看得见风景的房间"。

陈钧德下榻欧洲任何城市后，喜欢自己在城市里随意闲逛，用自己的眼睛寻找心仪的风景。也有好多次，酒店房间面对的景色就异常丰美，他便在阳台上展开画布，那是他最舒心的时刻了，像是住在自己家里，可以随时对着美景，在画布上尽情抒发感受和思考。

在陈钧德的作品里，欧洲题材恐怕占了绝大多数。大到油画，小到速写，莫不如此。

但有个有趣现象，是春夏秋三季景色居多，冬景奇少。

为什么？照理说，烈日、暴雨、大雪，在画家眼里各有其美。陈钧德中年时期画的上海雪景，也是藏家们非常中意、耳熟能详的。噢，原来罗兆莲对他下了命令：雨天不要外出写生了，雪天更不准外出。

原来，有一阵子，陈钧德心脏明显不适，症状是感到心悸，气短，心跳不规律，有时还眩晕。罗兆莲陪他去华东医院一查，诊断结果是"房颤"。这种疾患，不严重时，感觉并不强烈，一旦严重发作，往往很快致命。得到诊断报告的当天，陈钧德还准备与约好的朋友一起去画"女人体"。但医生立即劝阻，并命令"马上办理手续，安排住院"。陈钧德站着犹豫，还想着爽约多么不礼貌。"你还要不要命了？"医生这么一说，这才降服了他的"犹犹豫豫的心"。

住院治疗结束后，根据医嘱，罗兆莲成为陈钧德健康的首席督察。首席督察的态度很清晰也很坚决：从今往后，雨天减少外出写生，下雪天，天寒路滑，杜绝外出，小心为妙。

就这样，陈钧德中青年时代所画的冬雪愈发珍贵了，因为近几年他基本不再画雪景，也不画枝丫光秃秃的冬天了，除非完全画头脑中"无中生有"的意象冬日。如今，他描绘的四季，秋天是最多的。秋天是成熟之季，许多山丘森林之地，淡黄、中黄、橘黄、褐黄、朱红、深红等等，层层叠染，色彩神奇，令陈钧德诗情万丈。他尽情地在调色板上调制不一样的颜料，将自然的生命气息、神韵、妩媚、力量，在画布上尽情抒发。

激情不灭

写意交响乐

七十岁过后，陈钧德内心并不荒芜，相反，草木葳蕤。视艺术为生命的他，离开了教职，远离了各种团体和圈子，不受任何攻击、骚扰和羁绊，深居简出，悠然作画。

看起来，他似乎沉醉在"清明高远"的境界，成了一个饱经沧桑世故的老人。但实际上并非如此。他选择低调，很少参展，远离了舆论和社交，是因为不愿意勉强自己参加绘画之外的应酬。

他不怕寂寞，不怕静独，唯独害怕应酬，怕去见不愿见的人，怕去吃不愿吃的饭。

因为他的过于"独头"，几乎不参加美协或相关圈子的活动，导致或冷或热的议论。有人认为他裹着坚硬的壳，看他像个谜。有人以为他淡出了绘画界，怀疑他是不是还有精力继续搞创作。还有人传说着他的古里古怪，想当然地认为：老头儿愈发倔强，不近人情了。

一个人如果总在乎自己在别人眼里是什么，那他只能在池水里沉浮了。而陈钧德呢，风声雨声声声入耳，家事国事事事关心，但身为艺术家，他保持着自己的本色，挺直了脊梁，一心一意绘心中画，认认真真做好自己。外界任何评价对他并不重要，他活在自己的世界里，不在乎别人怎么看待他。他轻易不肯说高调的话，他内心里，始终觉得，一个中国艺术家，理应为民族艺术的创新发展、发扬光大做出贡献。但他很明白，别人所期望的贡献，与他自己所想的贡献不完全一致，甚至风马牛不相及。因为他认为纯艺术的东西不是轻，而是重，"去意识形态化"的艺术创作不是不要思想，恰恰是维护了艺术本身应有的思想和尊严。

他的油画创作自由发挥"境由心造"，给人们带来独特的审美，这是他的文化贡献，将中国油画艺术的真境界又极大地推进了。

如今的他，依旧能在画架前一站就是几小时，不知疲倦，所以他一点也没有啤酒肚，连微胖也称不上，保持着清瘦、利落，这是他严于律己所获的奖励。他对自己如此，对市场也如此，不暧昧，不结伙，更不献媚，一副超然少有的独行侠态度。

没有了体制内的紧张关系和莫名干扰，创作毫无压力，是不是就灵思泉涌，很爽了？

不。他此时的不爽，是他自己跟自己"常闹别扭"。

真正的画家，总是奋勇向前的。每天绘画，他最害怕的，最不愿发生的，是重复自己，是绘画过程中毫无"冲锋陷阵"的新鲜感、冲动感。

陈钧德的油画已经形成了自己的独特面貌，但他越往前走难度系数越高，仿佛道路前面横亘着一座座大山，需要他不断拿出勇气、意志、才情和智慧继续翻越。他无时无刻不惦记着艺术的变化和突破。在上海的画室里画得久了，沉思冥想久了，他一定会叫罗兆莲安排外出，只有寄情于山川、田野，甚至街道、弄堂，才会感到精神舒畅。而外出漂泊久了，仿佛电池充足了能量，他又渴望重新回到画室，尽情挥洒感悟，将新的思考化成一幅幅新作。

这个时期，陈钧德在艺术创作上思量最多的，是将之前焕发过的"意象创作"，再度升华为自己的"下一步"——以一种悠然自得的心绪，随心所欲地描绘内心的情景，画出中国人的意趣、态度乃至哲学，画出油画这种普世性语言应有的中国风骨和神采。

他想起关良先生说的："一切对象的存在，主要取决于你自己的内心。你的心到了，客观存在的对象也就存在，客观不存在的对象也在你心里。反之，你的心没到，对象客观地站在那里，也不会走到你的心里，出现于你的画面。"

他还反复咀嚼王国维的"一切美景皆是心景"，一次次出征新的战场。

他深信，东方艺术和西方艺术，到了高处和远处，不是绝对平行的两条线，而终会在某个点交汇。这一点，他在梦游般创作《云林山水图系列》的过程中隐隐约约已经感受到了。

偶然地，他发现自己的创作与音乐也有不解之缘。

他每天一早起床，吃完简单的早餐后走到画室，第一件事情，就是旋开音响，让气势磅礴的交响乐如海潮、如野马自由地在屋内奔腾。这是他自己发现的绘画"热身运动"，没有人告诉他，指点他，也从来没有从哪本书里读到过，只是一种奇妙的"邂逅"，是有一天突然撞见的，听了一段音乐后，他突然就high了，突然就进入某种澎湃、疯魔的状态。他在晚年捕捉到这种"热身运动"，自己欢喜得不得了，屡试不爽，渐渐成瘾。当今演艺明星时常嗑药以寻求灵感，而他的"灵感丸"居然是音乐，是由小提琴、大提琴、长笛、小号、铃鼓、响板等组成的乐章，它们有叙事有抒情，时而舒缓悠扬，时而紧张地引向高潮，一切又在掌握之中，这样的混合物激发出奇妙的画面感，牵引着他的情绪起伏不已。

他再次感到上帝与自己的亲近。感谢上帝，赐予他音乐的灵感！

绘画与音乐原来如此相通相近，置身音符的世界，灵感如同手舞足蹈的精灵，对他左拥右抱。

说不清是古典音乐给他带来视觉感，还是古典音乐的旋律和节奏与他的色彩表现合拍，反正，他的绘画里面越来越有音乐的内力，节奏感、旋律感，似乎形影相随。

有一天，我去他的画室，满屋子回响着金属般辉煌的交响乐，旋律抒情而奔放，而陈钧德手里的调色刀像指挥家的指挥棒，停在了半空，他对着姿态不同的三幅并排放着的"女人体"，微微蹙着眉头。

"有什么不对劲的地方吗？"我问。

"我觉得这幅画少了一点旋律感。"他指着其中的一幅说。

"我倒觉得这幅很好。相比较而言，左边那幅的手臂变形过于夸张，整体看起来有点突兀，不够流畅……"我直率表达看法。

"是吗？那是整个画面节奏最昂扬、最响亮的部分。"他嘴里不断冒出音乐术语，奇怪。

紧接着，陈钧德自言自语："我倒是有意让那部分变形的，我不要平缓、忧伤，我要的是表现力量、力量！"

陈钧德晚年所画的带有中国特质的写意风景、写意静物以及写意人体等，是耐人寻味的学术现象。就说他的"女人体"作品，没有刻意渲染她们或恬静或温婉或严肃的表情，几乎可以说没有表情，而是表现画家本人纯粹的视觉感觉的综合，织出了某种令人陶醉的情感。他笔下的"女人体"如此彻底地弱化脸部表现，而突出地将粗野奔放的线条，用于表现看似奇特甚至丑怪而非普通人审美习惯里的那种女人美，那是一种你不敢走近抚摸，不会产生低级联想，令人内心感到敬畏的、原始的、内在的自然美、力量美、旋律美和节奏美。陈钧德在行如静流的创作中，其内心自有暗礁和漩涡。他的艺术面貌的创新，始终致力于在艺术技艺和思想深度上进行开掘，而不是形式上、表象上的游弋。

作品《色草丛中的女人》，正是这种精神的体现。

2014年9月，上海中华艺术宫举办了一系列中外表现主义画展。参展的艺术家有德国、美国等多国的"大牌"。中国艺术家中，陈钧德的作品作为此次多国艺术家联展的标志性代表，赫然摆在整个展厅的最显眼处。这是他多年"隐居"后的首次复出，展出了他的风景、静物、人体等十多幅。他画的人体、云雾、静物等再度引发热议。人们惊奇，他的油画美得撼人心魄，笔调简练，色彩霸道，画面的构图、气韵、语言，早已摆脱西方油画固有的立体化、明暗化特征，也不再带有印象派、表现派的影子，而是洋溢着鲜明的中国审美情趣和哲学。

此处无声胜有声，作品就是如此，静静地表达了他的"文化宣言"，他的"审美主张"。

他的独创并非横空出世，而是在对前辈的继承发扬中的创新和突破。他所开掘的深度，体现了他的高深修养。他创下的艺术形态既属于他自己，也属于当代美学，能表现中国民族的审美特质，且易于和世界不同的文化产生对话交流。

生 与 死

近些年，世界上发生了太多的突发事件和生离死别：

新一轮流感H1N1爆发、客机失联、客机击落、埃博拉病毒蔓延、外滩拥挤踩踏。

上海有个著名书画家，有一天"突然离世"，也引起我们的议论。

陈钧德似乎没有伤春悲秋的感叹，只是声音低沉，"我也听说了"。

"每个人来是偶然，去是必然。生命的降临，或消逝，想穿了，都是规律和过程。"

我很意外，谈论这个话题，他表现出一种超然的态度。

他那天跟我说起了很多有关"死亡"的事情。他的思绪"嗖"地穿越到1940年代：死，对我而言，曾经是三选一的几率，我们仨兄弟一起得了"天花"，卢家伯伯来抢救的时候，三个男孩里面，是二哥骤然去了。为什么是他，而不是我或者大哥？纯粹是一种几率。死，并不遥远，死很容易，所以我一直珍视生命，不愿意虚度。这么多年以来，罗兆莲的祖母，我的父亲、母亲以及许多熟悉的师友去世了，从感情上讲，我希望自己挚爱的每一个都能永生，但从理性上讲，人人终有一死，无可避免。每一个身边人的离去，都让我体验到"生命的终点"。而每个人最终都要奔向这个终点的，只不过方式不同而已。

他这样想，但他并非虚无主义。他还谈了对刘海粟、林风眠、关良、颜文樑等去世的感受。那是1994年，深秋的一天，陈钧德突然接到电话，被告知"海老走了"。

"那天，我有一股深深的悲凉感。我想到，尽管刘海粟活到九十九岁多，差一点点就是百岁老人了，但相比历史长河，人的生命多么短暂。一百年也只是历史的瞬间啊。"

由死谈到生，在陈钧德的观念里，艺术家在我们的城市里，本来完全可以化身为文化资源，得以永生，让城市像一个人，更优雅、更性感、更有趣。可惜，我们的认知还远远没有达到这样的阶段，即：真正意识到一个出色、有影响的大画家、大戏剧家、大导演、大作曲家等等对于一座城市的深远意义。陈钧德去过世界许多城市，每次置身一个陌生的城市，他从街头人们的神色、衣着、步履、态度等等方面，一眼能感受城市的气质和内涵，洋溢在街头巷尾、流露在每个人脸上的存在，当然与城市里许多出色的人物息息相关，包括教师、医生、律师、工程师、官员、银行家、学者，也包括饭店厨师、咖啡馆服务员、公交司机、清道夫、快递员等等，每个人都在造就城市的一部分，或大或小。但他固执地认为，大画家、大戏剧家、大导演、大作曲家、大演奏家等等有着特殊性，他们最有文化灵性，他们以及他们的艺术杰作，能深刻地陶冶、影响城市几代人的气质和精神。就说刘海粟吧，上海目前有了一座刘海粟美术馆，但刘海粟的精神、刘海粟的艺术，与普通市民有关系吗？

"刘海粟不是我的正式绘画老师，却胜过以往有过的任何导师。他是我在灰色年代追求绘画的精神支柱。他去世后，有关部门召开纪念座谈，找到我，希望我写写回忆之类的悼念文字。看似人之常情嘛，但我还是婉拒了，"陈钧德说，"我不愿意应付一些人热衷的表面文章，也讨厌读那些矫揉造作的回忆文章。我会以自己的方式，深切悼念我的恩师们。"

聊这些时，陈钧德完全不看我，两眼直视前方，时而激奋，时而静默。他在时光的隧道里来回穿梭。他说，"刘海粟一生经历了无数次大起大落，他的肉身远去了，但给世人留下的东西，是有'历史存在'的。他早年为绘画倡导的'模特儿事件'，一度与提倡性知识的张竞生、与唱'毛毛雨'的黎锦晖一起，成为'民国三大文妖'之一，事实证明，他的思想先进，启蒙了一代中国人的观念。刘海粟在'反右'扩大化，以及'文革'运动中，都深受迫害，但他一直顽强地生活，顽强地绘画，他的态度和精神，是真正撼动我、激励我的力量。我觉得，一个人终究要死，死的本身不可怕，只要生时懂得奋斗，则死得其所。"

陈钧德认为：一个人活在世上，他们的职业可能是官员、金融家、教师、医生、工程师等等，也可能一个人兼有好几个职业角色。譬如，我自己，是画家，也是教师，是儿子，也是父亲，还是爷爷。但本质上，我对这个社会而言，是一个知识分子、一个文人。我想表达什么呢？我想说，对任何人而言，生命都是一趟有去无回的单程旅行，生命也很短暂。如果一门心思在钱堆里打滚，以为钱越多越体现价值，就可笑，荒唐。如果一门心思在官位上处心积虑往上爬，一样也不足取，很短视。生命的意义最终不是以一个人职位的卑微或高贵而区分，不是以一个人的寿命长短来衡量，而看你为社会留下了什么"文化"。

"您的这个'文化'，指的是？"我请他详说。

"文化，不是政治口号，文化是看他的精神、趣味、主张，给市民怎样的启发。林风眠、刘海粟、关良、颜文樑，他们身上有多少可歌可泣的东西值得发扬啊，但他们去了，偶尔，我们的书报会提到他们，但他们并未转化为城市的文化资源，没有人去做这些工作。我相信，总有一天，会改变的。所以我不怕死，我一辈子拿着画笔在画，我很幸运自己当初探索和追求的现代派绘画风格是一个开放的、未来存在无限多发展空间的艺术，而不是一种诞生便是终结的死胡同道路，它让我至今仍旧可以延续半个世纪多的探索，可以一直往前面走，往深里走，去创作更大胆、更自由、更奇异的东西。这是美好的艺术体验，也是美好的人生经验，我想，每个人，尽自己的能力、才华，为社会做了积极有益的事情，做了创造性的事情，是充实的，死也不怕。我一直反对碌碌无为，虚度年华。我年轻的时候，立志像约翰·克利斯朵夫那样奋斗、奋斗。到了这把年纪，快八十岁了，我越来越觉得，个人奋斗是有意义的，奋斗的生命是精彩的。古人云：人无志，非人也。我过去也惧怕过生命消逝，惧怕肉体的消失，现在不怕了，因为恍惚间'没有来过'的遗憾已经不存在了……"

噢，陈钧德一口气的内心独白，捧出了他的人生观。

他原来抱以那么执着的"历史的存在"，我记得他多次重复了一句话：

> 任何有抱负的人，生存的意义在于力尽所能，实现"历史的存在"。但这种"历史的存在"不关乎名利，只是能给后人带来

人生或文化方面的启迪。

这是一个真正艺术家的生命目标啊!

所谓"历史的存在",可以发生在历史、文学、戏剧、美术、电影、理论、科技、运动等各个领域。而身为一个画家,他孜孜以求地探索绘画,终极追求是留下一点儿文化记忆。

他是一个专注于绘画的艺术家、一个美的创造者。他希望自己的创造,并非浮云般轻巧,而是基于人生曲折思考和现实土壤的美,是一种沉甸甸的、包含民族意识和文化精神的美。

当然,陈钧德也看到,时间、历史都有自己的另一种价值尺度。一个画家是否实现"历史的存在",不由自己所处的这个时代判定,而是靠一百年甚至三百年以后,时代做出怎样的选择和评价。对于画家自身而言,一生会受到各种束缚和局限,但自己主宰不了的东西他不去强求,只是顺其自然!

这是他的"人生哲学"和"美的哲学"!

此时的陈钧德坚韧、恬淡。回顾以往,谈到部队生涯、工厂流放中的曲折,他不再怨天尤人。青春的虚空与寂寞,迷茫与疑惑,现在看来,是给了自己磨砺和启迪的。

有诗人写道:黑夜给了我黑色的眼睛,我却用它寻找光明。

这也是陈钧德过去岁月里的生动写照。

陈钧德历史地看待自己的绘画和教书。他说,时代的变化其实是大起大落、惊心动魄的,作为个体的每一个人,包括他自己,无力去抗拒,去改变历史的走向,但在无数小的关口,在无数具体的事件面前,完全可以表明自己的态度,付诸自己的行动。

他拿自己与世界上一些艺术巨匠进行比较。莫奈、毕沙罗、塞尚、梵高等等,都是他耳熟能详的鲜活的人,他们过得非常纯粹,农夫般地生活与存在，一辈子以绘画为生，常常挣扎在温饱线上，却成为人类文化史上的不朽。而他，生活在新世纪的画家，经历曲折，却从来没有过像毕沙罗那样，贫困得以至自己的妻子要带着孩子去投河。他更感到幸运，自己终究没有受到体制的"同化"，也没有成为四平八稳、左右逢源的艺匠。

我守卫了自由和独立，我做了"自己"！他说。

当然，他并非两耳不闻窗外事，对现实的观察和看法常常颇有锐度。

他多次跟我谈到，眼下社会是粗鄙的，仍旧只是将文化作为点缀，而没有形成全社会对文化艺术的尊崇和敬仰。如果哪天，我们的文化艺术关乎城市的荣誉，也关乎市民的道德，每一场大的展事，每一次重要演出，都能令人们趋之若鹜，成为市民生活里最看重的"大事"，我们的城市，北上广深等等，就屹立于世界文化名城之列了。对一个国家而言，当纯粹的艺术之美获得全社会的尊重，获得它应有的文化地位时，中国才算是实现了"真正的强大"。

目前远远没有达到这样的境地。

他说："对我而言，当务之急，是多多创作，多多探索，为人们多留存一些美好的作品。"

陈钧德有超强的自律，更有坚定的信仰。
他一生无党无派，是个彻头彻尾的艺术信徒。

要说信仰，我敬畏大自然，也敬畏每一天。我的所有灵感，所有感情乃至所有绘画，都是大自然的馈赠，生活的馈赠。要说感谢，我首先感谢大自然，感谢生活！

晚年的他，每天在工作室转悠，看书、听音乐、作画，偶尔接待来客。

他滴酒不沾，也从不抽烟，更没有买过一块钱的股票。他满足于生活的简单，他说，如果沉浸于安逸享受，富足的生活也会演变成一种包袱，所以他只是不停地绘画，别的一切都远远称不上是嗜好。他每天绘画，也是保持灵感和状态的重要方法，犹如古人所说：拳不离手，曲不离口。我有时疑惑，他生活看似简单，内心却异常丰富，这是如何做到的呢？

"还是靠绘画。灵感不是等来的，灵感是在创作过程中迸发的。"

所以，无数日子，两点一线，其实就是从一个楼面的东头走到西头，半分钟而已。

他就在两点一线中生活，战斗。从不厌烦，从不疲倦。他说：

> 唯有当我们热爱这个世界的时候，才算是真正活在了这个世界上。而战胜衰老的最佳良药，不是物质，更不是名利，应该是那永不丢弃的梦想。

陈钧德向我讲述艺术家灵感的时候，还多次重复讲到一个关键词：感觉。这感觉，包括直觉、梦觉、幻觉。他说："作为一个艺术家，需要有天赋，有悟性，有技艺，归根结底，是要有感觉。画家与画家的高下之别，很多时候反映在直觉、梦觉和幻觉的差异上。"

陈钧德至今仍在创作许多人体画。

"你画人体，为什么只画女人体？"我有时打趣地问。

"女人体带给我感觉，我喜欢……"他答得毫不做作。

自由意志

陈钧德事业卓著，却没有停留在个人的小爱、小恨、固执和狂傲中。

他也关心窗外事，关心身边人，甚至陌生人。

四川汶川发生地震那会儿，陈钧德在家里看电视，看到那么多生灵一瞬间被掩埋在废墟之下，他泪眼婆娑。细心的罗兆莲发现陈钧德有异样，问他："怎么了？"

陈钧德说："我想捐钱！我想捐给汶川……"

"捐钱好啊，"罗兆莲极力支持，"我明天一早就去银行提款。"

事不宜迟。第二天，陈钧德赶到上海戏剧学院舞美系，将厚厚一摞现金交给组织，没有二话，只要求：不必声张，不要任何宣传……

前不久，寒冷的一个星期六，傍晚。我从陈钧德家出来，冒着蒙蒙细雨，沿斜土路往西，往中山公园的方向走，任雨水飘落头上、脸上。我内心有一团火，熊熊地、猛烈地燃烧着，让我根本无视眼前飘零的枯叶、肆虐的寒风。因为就在刚才，在一间没有掌灯的光线昏暗的画室里，陈钧德讲述了美国之行的感受。这是我数十次与他无拘无束交谈中的一次而已，但那天他的语气激昂，时而痛心，时而慷慨，让我深受感染。

他不是一个轻易说出"油画的民族精神""艺术家的责任"之类豪言壮语的清高之士，他从来就鄙夷那些口号满嘴跑的官痞和艺术投机客。但那天，他谈了去美国二十多天，与学生一起游历纽约、华盛顿、波士顿等诸多博物馆和美术馆后的亲历感受，他时而发出畅怀的笑，时而发出带着讥讽的笑，甚至还笑出眼泪。他感叹，美国佬真有钱，那么多博物馆、美术馆，那么多艺术精品，大饱眼福是其次，首先感到的是汗颜！令他无限感慨的是，国内如雷贯耳的诸多当代艺术，居然在美国多有它们的"原版"，昂然站立在那里。悲哀啊！

这是美国向他显示的最冷酷的一面。

陈钧德意识到了中国当代艺术的粗鄙。美国之行的所见所闻，再次让他感悟，艺术创作不该图一时之快，更不该哗众取宠；艺术也永远不是让几个评论家吹捧上天、让几个炒家抬高了拍卖价就能实现的，艺术的生命在于根植自己土壤的独创。所有中国艺术家，包括他自己，都需要严肃地自我拷问：

我在拿起画笔的那一刻，我真诚吗？

这也是对中国艺术家道德和良知的拷问。宁可不画，也不要苟且地自欺欺人。

陈钧德更认定自己的道路：西方面前不低头，传统面前不弯腰，吸取借鉴外国的技艺，继承发扬传统的精华，根本上，是要形成独立的思想和独特的技艺。

对于他所说的"真诚"，我如实相告，像他认真得耿头耿脑，在当今已经"不合时宜"了。时代变了，步入了一个事事游戏的时代，似乎以游戏的姿态和心态对待人生、事业、社交，才是最智慧、最酷的，谁若认真，谁就输了。艺术似乎也不例外，所以，有人视"文以载道"为过气，而热衷于艺术上的种种"玩世不恭"。

陈钧德听了直摇头，一脸严峻。他说，玩世欺世，能得逞一时，得逞不了一世。艺术加入一些"游戏"元素，是可以的，却应该是"严肃的游戏"。如果玩世不恭成为价值观主宰了人们头脑，"玩世文化"成为艺术界的座上客，就只能说明我们的审美"病"了，时代"病"了。

他觉得现代艺术的观念再怎么变幻，真诚不可或缺。这是艺术的生命所在，也是他孜孜以求，想为世界也为民族奉献的"美的哲学"和"美的文化"。

他新近在老庄的道家哲学方面思考很多。这是中国人骨子里的东西。从小到大，学校、家庭、社会等不断灌输或潜移默化的这种文化，需要扬弃，需要发展。表现在油画艺术上，将"天人合一"的意

278

境和思想淋漓尽致地表达出来，表现出来，是西方油画史上从未有过的，而陈钧德钻到了这个领域，有一种豁然开朗的感觉。

他最近重新思考自己的"山林云水图"系列，"花果图"系列，以及他的"女人体"系列，在画新作时，几乎摆脱了在写生过程中与林林总总的对象交流而引发的感受，而是升华到一种东方化的随心所欲之境，只画自己心中的意象，现实与梦呓的交叉。

心中有，就有；心中无，就无。一切一切就像岛屿，浮出海面的是我的观察，深藏海里的是我的思想……

陈钧德以前总担心，脱离了客观对象的创作能够进行，却很难持久。

但他现在狂热地迷恋这样的创作，好像是与自己的思维在游戏，在对决。

他就这样，在喜欢的音乐里，一笔一笔画下去，很安静，很清新，很写意，很简括，充满了禅意。我不知沿着这条道路他能走多远。他说，他也不知道自己能走多远。

他只是一直往前，往前，再往前！

世上本没有路，只是走的人多了，路就形成了。这是鲁迅先生说的。

画家的路，不是靠双脚走出来的，是靠心走出来的。这是陈钧德先生告诉我的。

与陈钧德交往的这些日子，我几乎摸透了他的日常规律：

要么在作画，要么在去作画的路上。

他就是这样的人，走在自己的路上。

第十七章 ｜ **不是结尾**

写到这里，大概你对陈钧德的了解有些眉目了。

他就是这样一个浑身充满了绘画细胞、为画而生的人！

鲜艳、遒劲、浪漫、写意、漂亮、奇异，拿诸多形容词来形容陈钧德的每一幅作品，几乎都可谓八九不离十。他的艺术就是这般丰富、绚丽。

静水深流、宠辱不惊、锲而不舍、特立独行，拿这些成语来形容陈钧德的生命状态，也几乎相当匹配，他的生命就是那样的做派。

他在不正常的年代经历了那么多漂泊、曲折、辛酸，却从未对别人述说，经历也就经历了，待到那个时代等也不等地兀自走过了，远去了，他没有做不平之鸣，更没有积累怨恨，而是沉默、隐忍，让灿烂的、乐观的绘画去照亮更多人的道路。

对于他和他的作品，人们尽可以仁者见仁，智者见智，美者见美，色者见色。

有人说："他的作品是中国三代油画家中色彩最美、最罕见的，是情色大师。"

有人说："世上的油画一共分三极，一极属于纯西方的，一极属于东西融合的，还有一极属于纯中国的——the oil painting of China。

而陈钧德已经从第二极走向的第三极，将写意精神和东方哲学表现得淋漓尽致，是第三极的标志性画家。"

还有人说："他的作品是现当代架上艺术代表。真诚第一，技艺第一，自由第一。"

林林总总，不一而足。

过去，我们喜欢不喜欢一幅画或一个画家，往往不是自己亲眼去看，去穿透画面了解画家的经历和思想，而是喜欢"听"，听"别人"怎么说，这就容易被所谓的权威之墙阻隔，妨害了你获得自己的第一感受，抑制了你产生自己的看法。

但今天，我们已经驶入了一个"开放的时代""多元的时代"，话语权不再成为少数人的垄断，曾经的"沉默的大多数"已经人人握有麦克风，你可以相信自己，去感受，去琢磨吧。而我的观察和观点，也只代表我的"一家之说"而已。

我认为，从年龄看，陈钧德属于他的时代，半个多世纪以来，他的道路崎岖，经历曲折，其艺术审美、观念、技艺也脱不开他所处的社会环境，他是"他时代"的产物。然而，从他坚持东西方融合的纯艺术探索所基于的思想看，从他的作品给观众的体验和感受来看，他的艺术始终是充满真诚的、激情四射的。

他的创作，不是应付一时需要或计较一时得失的东西，而是着眼于朴素、自然、记忆、永恒，包含真情、人性，经得起时间冲刷的审美艺术，似乎可以跨越几个年代：过去和当下，他的艺术被人们关注、议论和欣赏，将来，也很有可能继续被人们享受，被"议论不休"。

绘画与戏剧、电影、音乐、曲艺一样，它能被人称为艺术，一定满足了几个方面：审美需求、情感需求、技艺需求、娱乐需求。而陈钧德的绘画是不是符合这些要求呢？我的回答是非常肯定，不容置疑的。但我的回答只代表了我。任何人了解了他的艺术思想、艺术主张、艺术态度，也在看了他的艺术作品后，有权发出自己的态度和观点。

我们再也不需要迷信任何官方或大人物的权威，我们再也不愿意被任何话语霸权者所捆绑。我相信，未来的社会，终会有一天，一个中央政府高官，或一个跻身福布斯富豪排行榜的富豪，走在街上能享受自由漫步而不用担心被围堵；终会有一天，一个伟大的艺术家，影响力超过联合国官员，拥有成千上万的"粉丝"；在我们的银行大厅、证券交易所门口，均会张贴艺术画展、音乐会的海报，人们议论一个艺术家，如同议论一个公共事件，所有人通过自己的眼睛、大脑、心灵所产生的思想，可以通过微博、微信、博客、拍客、播客……表达自己想表达的一切。对于陈钧德的认识和看法，我也期待"五花八门"。

对画家、戏剧家、导演或演员、作曲家或演奏家等等，都一样，你完全可以带着自身的经验，自由的精神，去介入，去接纳或拒绝，去表达你的思想存在。

我的叙述，主要采取了新闻报道的手法。因为本书主人公的成长史、文化精神实在繁多庞杂，难以简化，所以也运用了美国的新新闻主义（New Journalism）的手法，去尽可能丰富、全面地表现人物的内心世界和内在气质。为避免与陈钧德相关经历有关人士发生纠葛，书中人名除了必要的真实，其余能用化名者均用了化名，以尽可能保证内容的单纯和逼真。

岁月是一条宽阔的河流。无论中国百余年油画史，还是人的生命过程，所有个人只是这股洪流上的一叶蜉蝣。极端地说，消逝而去的一切都是一种镜像或比喻，我描写的艺术家也可以理解为是漫长的镜像或比喻。即便如此，我坚持认为，陈钧德的艺术成长史，体现了西方现代派艺术在中国的流变，而他承前启后所独创的绘画艺术，已经超越岁月河上的"蜉蝣",成了一个标杆。相比他的艺术,他的人生态度和文化精神,更加充满能量,给人启迪。

或许,在事事游戏的时代,这本书、书里的主人公,也可能被人"游戏"。

无所谓!如果你视其为"戏",我也坚决捍卫你的戏言戏语。

在这个意义上,我想说:天下没有不散的宴席。

我的叙述就此打住。

"散戏喽——"

初稿完成于2015年1月10日

二稿完成于2015年3月10日

跋

这本书终于完稿了。从计划撰稿，到书稿完成，历时一年左右。

这是一个辛苦的过程，也是一个快乐的过程。我漫步中国油画史百余年的时空隧道，无意间撞见了陈钧德这位曾与林风眠、刘海粟、关良、颜文樑、闵希文等大师均有频繁交往的艺术家，顿时被他的艺术经历所吸引。在泥沙俱下的艺术长河里，闪闪发光的毕竟属于绝少，而陈钧德的才情和艺术，是我与许多学者、画家、收藏家的讨论乃至辩论中最具"历史位置"的一个。我搜集了许多史料，发掘一些细节，试图去证明自己的研究和判断；也试图去描绘和还原一个有着独立人格的知识分子形象，不企望影响一代人，我想，或多或少，它会激励一些人。陈钧德很孤傲，很清高，但他的个人奋斗以及精神品位，是充满正能量的。

在这本书出版之际，有三个"关于"，我想坦率告知于读者。

一是关于书名。以我个人的趣味，以及对本书主人公陈钧德的理解，诸如"一个人的王国"或"艺术隐者"之类，都是我中意的书名。但我最终选择了看似极度闷骚的"激情不灭"，是因为这本书记述的不是"我"，而是"他"——陈钧德。对于陈钧德先生而言，没有比"激情不灭"这几个字更符合他的激情和心灵了。绘画创作是一个人的战争、一个人的旅行、一个人的演奏，如果没有激情自始至终的支撑，没有心灵上极度敏锐的触觉，陈钧德也就不成为陈钧德了，他的艺术纯粹就是激情与心灵激烈碰撞的结果，是他自我燃烧的结晶，所以，我最终为本书起名，还是选择了这样一个与我的性情、趣味有点差异的名字。

二是关于写作。当看到我拿出的厚厚一沓书稿时，好朋友满脸惊诧：你平时处于非常忙碌的状态，每天要为封面选题、开拓广告发行、内部管理等纷繁事务操心，怎么有时间写书呢？其实，这恰恰是我工作状态的一种体现和延续。因为这是一部非虚构书籍的写作，针对它的所有采访、查阅资料、思考乃至写作，与一次专题的深度调查报道过程几无不同，这个过程也是我长期从事深度报道的基本功。所以，尽管整个过程持续时间较长，占据了我大量业余时间，但它本质上就是我的报道作品，基于真实的图书形式的报道，对工作不无裨益。

三是关于时间。采访研究写作一本书，是我"上班"之外的一段奇妙旅程。在这段旅程中，我看了大量历史、美术史、艺术家、拍卖、画廊经营等方面的书籍。它如同"外遇"，总发生在一个特定的场合，譬如咖啡馆。无数个夜晚，离开办公室后，我就径直去延安西路上的一家咖啡馆。在宽敞、安静、自由的温馨空间，要上一杯拿铁或鲜榨猕猴桃汁，一坐就是四五个小时，不吃晚饭，偶尔吃点儿坚果，带着半饥状态投入撰写，享受着思绪飞扬到high的境界。还有一家咖啡馆，坐落在中山公园地铁站旁一个半空的地方，窗外映入眼帘的是"不同于往常"的鸟瞰之景，正是在这个奇异之地，启发我一次次有意识地寻找不一样的视角，去观察、分析陈钧德的艺术、财富和人生。

对各方面给予的帮助，在此也一并表示感谢：

首先要特别感谢陈钧德先生，对于我的登门采访、查阅资料等，老先生给予了许多帮助，我们一起度过了无数个坦诚交流的"下午茶"时光。

　　也感谢妻子、儿子的理解和支持，感谢我的父母和姐妹，本来许多周末时光应该与他们在一起，但我都给了这本书的采访与写作，而他们一直给予理解、鼓励和帮助。

　　还感谢美术史专家、上大美院教授、博导李超在百忙中抽空审稿，提出了宝贵意见；感谢摄影家潘文龙，数次放弃休息时间替本书拍摄照片；感谢资深媒体人夏佑至和资深出版人王瑞祥，业余时间抽空阅读了书稿，并给予建议和帮助；也感谢乐业、吴轶君的支持。

　　最后，我非常感谢三联书店的责任编辑徐国强和李佳，由于他们的帮助，使得这本书得以顺利出版。

　　由于本人知识和经历有限，书中或许存在谬误或不够严谨之处，期望得到真诚的批评和指正。

2015年3月22日

图书在版编目（CIP）数据

激情不灭：艺术隐士陈钧德的成长史／丁曦林著. —北京：
生活·读书·新知三联书店，2015.8

ISBN 978 - 7 - 108 - 05384 - 8

Ⅰ．①激… Ⅱ．①丁… Ⅲ．①陈钧德－生平事迹
Ⅳ．① K825.72

中国版本图书馆 CIP 数据核字（2015）第 118368 号

责任编辑　徐国强　李　佳
装帧设计　康　健
责任印制　徐　方
出版发行　**生活·讀書·新知** 三联书店
　　　　　（北京市东城区美术馆东街 22 号 100010）
网　　址　www.sdxjpc.com
经　　销　新华书店
印　　刷　北京市松源印刷有限公司
版　　次　2015 年 8 月北京第 1 版
　　　　　2015 年 8 月北京第 1 次印刷
开　　本　880 毫米×1230 毫米　1/32　印张 9.25
字　　数　238 千字　彩插 24 面
印　　数　0,001－7,000 册
定　　价　58.00 元
（印装查询：01064002715；邮购查询：01084010542）